MARABOUT

Erica GUILANE-NACHEZ

Vous n'aimez pas ce que vous vivez ? Alors, changez-le !

MARABOUT

SOMMAIRE

INTRODUCTION

Un journaliste interviewe un milliardaire texan, ce genre de milliardaire parti de rien et arrivé à tout — même à l'humour :

« Quel est le secret de la richesse, pour vous ? »

L'homme le regarde, sourit et répond :

« Je vais vous le dire. C'est savoir ce que l'on veut et... payer le prix ! »

Dans ce livre, laissez-moi vous montrer **comment arriver à ce que vous voulez**. En avançant dans votre lecture, vous pourriez même vous rendre compte que, pour arriver à vos buts, le prix à payer est, somme toute, minime, aussi bien en argent qu'en efforts. En argent : celui que vous avez donné pour cet ouvrage suffira. En efforts : ce sera à votre choix, à votre rythme, facilement, et vous trouverez excitant, passionnant et motivant le fait de vous voir changer, vous et votre vie.

Changer, ici, c'est toujours aller du *moins* au *plus*, de l'ombre à la lumière. Du gris à l'or. Du problème à la solution. De l'insuffisance à la compétence. De la frustration à la satisfaction. De la culpabilité à la force d'impact. De l'angoisse à la confiance. De la peine au plaisir.

Changer, ici, c'est toujours *vous développer*, augmenter votre pouvoir et vos ressources, métamorphoser une défaite passée en une victoire présente. C'est vous rendre apte à vous créer un avenir solaire, lumineux, rayonnant.

... *Si c'est bien là ce que vous voulez !*

Ce n'est pas difficile de se changer et de changer les choses. Penser le contraire n'est qu'une croyance, un mythe, non fondés. Les techniques que je vous donne ici changent des hommes et des femmes tous les jours. Vous pouvez les expérimenter dès maintenant et vérifier cela par vous-même rapidement.

Si vous suivez l'une ou l'autre des techniques de Training Neuro-Programmé* que je vous propose, **vous changerez !** Et vous modifierez vos conditions d'existence !

Grâce aux méthodes que vous allez découvrir ici, vous apprendrez :

— comment *dialoguer* avec votre Inconscient pour mettre au jour infiniment plus de ressources que vous ne pensiez en posséder ;
— comment éliminer vos réactions inadaptées, vos insuffisances, vos angoisses. Et les remplacer par de la force et de la joie ;
— comment transmuter ces croyances négatives qui vous paralysent. Et vous offrir élan, enthousiasme et belle vie ;
— comment modifier votre jugement limitatif sur ce que

* Abréviation : TNPro™.

vous êtes. Et constater que la vie vaut d'être vécue, avec fierté, tête haute et sourire ;

— comment redéfinir votre vécu pour *votre avantage*, *votre plaisir*, *votre succès* ;

— comment redevenir réalisateur, rester maître et atteindre vos buts et vos objectifs ;

— comment, en quelques mots : jouir de la vie, vous enrichir et réussir…

Ce livre est *pratique*. Il ne m'intéresse pas de planer dans l'abstraction, à cent coudées au-dessus de la vie. La vie, c'est la santé, c'est l'amour, c'est l'argent, c'est le job… C'est aussi le bien-être, le bien-vivre, le bien-communiquer. Les grandes phrases hermétiques, avec des mots compliqués, ne sont pas ma tasse de thé : j'aime trop les humains pour avoir envie de leur embrouiller la cervelle. Le Training Neuro-Programmé, c'est simple et clair comme un ciel bleu.

J'ai donc voulu ce livre utilisable par *VOUS*, tout de suite, sans que vous ayez besoin de qui que ce soit pour cela.

J'ai voulu ce livre en pensant à Vous. Pour l'écrire, j'ai imaginé que vous étiez là, en face de moi, et que je vous parlais comme on parle à un ami. La pensée de Vous, et mon Inconscient pour mettre à ma disposition toutes les ressources nécessaires, voilà qui a suffi pour me permettre d'en boucler la rédaction en une vingtaine de jours seulement.

Vous saurez, vous aussi, dans quelques pages, comment relever toutes sortes de défis, grâce à votre imagination, à votre Inconscient, à votre réservoir inépuisable de talents et de ressources. Vous ressentirez vous aussi, dans quelques pages, ce léger vertige, cette légère excitation qui accompagnent la découverte de profondeurs insoupçonnées, d'horizons inconnus.

Je vous en prie, ne vous encombrez pas d'un rationalisme rigide pour partir en exploration dans les pages suivantes. Votre esprit, votre mental, sont *bien plus et ont bien plus de pouvoir* qu'une vue étriquée ambiante ne leur en accorde. Aventurez-vous avec l'esprit vierge, découvrez avec un regard neuf, expérimentez avec fraîcheur : c'est là la bonne attitude pour tout voir sans œillères, et pour tout vivre pleinement dans cette Terra Incognita qui est… *VOUS*…

Alors, maintenant que vous êtes prêt, laissez-moi prendre votre main et, ensemble, allons voir les splendeurs cachées de votre Inconscient…

PREMIÈRE PARTIE

VOUS ÊTES BEAUCOUP PLUS QUE CE QUE VOUS CROYEZ

Voici un chimiste russe, dans la seconde moitié du XIXe siècle. En 1868, la chimie avait réussi à isoler 63 éléments et à déterminer leur poids atomique relatif. Il y a donc une liste dans laquelle on peut ranger ces 63 éléments en rang d'oignons. Il n'apparaît aucune corrélation entre ces éléments ou entre leur poids. Tout au plus peut-on les classer en quelques grandes familles chimiques.

En 1868, notre chimiste russe, Dmitri Mendeleïev, travaille depuis longtemps sur ce sujet. Une nuit, il rêve… Il voit en rêve un tableau rectangulaire divisé en cases. Les colonnes verticales rassemblent les éléments d'une même famille chimique ; les cases des colonnes horizontales reçoivent les éléments par ordre croissant de poids atomique. Il y a 92 cases pour 63 éléments, numérotées de 1 à 92 — et donc des cases vides.

C'est ainsi qu'est apparu, en rêve, le Tableau Périodique des Éléments, une des bases majeures de notre connaissance de la matière.

A la suite de ce rêve, Mendeleïev fait une prophétie si audacieuse qu'elle hérisse la plupart de ses pairs. Il dit :

« Les cases vides correspondent à des éléments non encore découverts, et qui existent dans la nature. Je peux prévoir dès à présent — sans les connaître — leurs propriétés chimiques, à cause de leur place dans le Tableau Périodique. Par exemple, la case 32, vide aujourd'hui, correspond à un corps de poids atomique un peu supérieur à 70, et dont les propriétés s'apparentent au silicium et à l'étain... »

« Folie ! », s'écrient les savants de l'époque.

Quelques années plus tard, on découvre le germanium, tel que défini par Mendeleïev pour la case 32, et puis l'hélium et l'argon, qui remplissent les cases vides 2 et 18, et les autres encore.

Ce rêve de Mendeleïev a dégagé une synthèse qui devait se révéler prodigieusement féconde...

Et d'où est venu ce rêve de Mendeleïev ?...

Le vrai gagnant

> *« Notre vie présente est dominée par la déesse raison qui est notre illusion la plus grande et la plus tragique. »*
>
> C.G. Jung

Vous avez déjà vu une course en sac ? Peut-être même avez-vous pratiqué cet exercice vous-même ? Vous voyez ce que c'est : vous mettez vos deux pieds dans un sac de jute, vous remontez la bouche du sac jusqu'aux aisselles et vous le ceinturez autour de votre poitrine. Et après, vous courez. Enfin, vous essayez…

Parce que le sac, qui enserre tout le bas de votre corps, entrave votre mobilité. C'est cela qui est drôle : le premier arrivé gagne — c'est une course — et il n'est donc pas question de mesurer ses mouvements et d'y aller doucement. Alors, les chutes font partie du jeu et il est souvent nécessaire de sautiller à pieds joints pour avancer. Dans ma région, ce jeu d'enfants se pratique dans la montagne et donc sur des terrains pentus, ce qui en accentue la difficulté — et la drôlerie.

Là où c'est moins drôle, c'est lorsqu'on prend conscience que ce jeu est assez symbolique de ce qui se passe dans notre vie. C'est même, en fait, une image assez exacte de notre existence : la vie, c'est comme une course ; il faut autant que possible gagner ; et nous avons des tas de handicaps — raideurs, entraves, mobilité et liberté d'action et de moyens réduites…

L'analogie va plus loin encore : ce qui est libre, dans la course en sac, c'est le haut du corps, qui sert en fait très peu à la locomotion, juste en améliorant l'équilibre. Et ce qui est entravé, ce sont précisément les organes de la locomotion : le bassin et les jambes. Or, dans le pire des cas, il faut au moins être libre du bas du corps pour courir. Et pour aller vraiment de l'avant, vite et facilement, il vaut mieux être libre du haut **et** du bas, qui ainsi s'allient pour permettre l'avancée.

Celui qui gagne la course en sac, c'est celui qui se débrouille *le moins mal* avec son handicap, le sac. Mais n'importe qui, qui a les jambes libres, vaincra facilement le meilleur du challenge en sac ! Et pourquoi ? Parce qu'il dispose de toutes les ressources nécessaires à son libre mouvement, à son libre essor : le meilleur de la course en sac ne lui arrive pas à la cheville, quels que soient ses mérites. Le vrai gagnant, c'est celui qui arrive au but le premier et le plus facilement ! Et non celui qui a le plus peiné pour y parvenir.

Apologie de la facilité ? Oui et non. Oui, parce qu'il est stérilisant de s'épuiser en efforts non utiles pour parvenir au but. Non, parce que les objectifs les plus intéressants à atteindre sont souvent les plus rudes d'accès.

Et voilà le problème : on nous envoie dans cette course qu'est la vie avec beaucoup d'entraves et de raideurs. C'est comme si l'éducation qu'on nous dispense oubliait de nous donner le plein usage de nos « jambes » psychiques : nous voilà donc clopinant, chutant et peinant pour avancer. N'importe qui, qui a appris à se servir de ses « jambes » psychiques, nous devancera alors aisément… Donc, apprenons à nous servir de nos « jambes » psychiques…

Une tête sans corps

L'équation humaine, c'est : Conscient **et** Inconscient. La plénitude humaine, c'est : Conscient allié à l'Inconscient. Être un être humain *complet*, c'est avoir accès à l'énergie, l'inspiration, la mobilité, l'élan et le potentiel de progression de nos « jambes » psychiques — notre Inconscient, pour rester dans cette analogie — tout autant qu'à la conscience de nos buts — conférée par notre Conscient.

On verra plus loin que si le Conscient est la fonction intellectuelle en l'homme, l'Inconscient, c'est *tout le reste*. C'est notre « cœur » psychique, notre « ventre » psychique, notre « moelle épinière » psychique, nos « jambes » psychiques, nos « organes génitaux » psychiques.

Un iceberg, c'est 10 % au-dessus de la surface et 90 % en dessous. Il a, en cela, quelque ressemblance avec l'être humain : l'homme, c'est 10 % de Conscient et 90 % d'Inconscient.

Or, l'éducation qui nous est dispensée à l'école et à l'université cherche à « bourrer » au maximum le Conscient et ignore complètement l'Inconscient. Cela fait 90 % de l'être humain qui est négligé, pire : ignoré...

Nous sommes une culture de la raison, du Conscient. Pire : nous sommes, à beaucoup d'égards, encore une culture du XIXe siècle. Pas pour les avancées technologiques, mais pour l'éducation dispensée à nos enfants.

Ce XXe siècle a établi le concept de l'Inconscient. Personne ne sait ce qu'est l'Inconscient. Il n'est possible de le concevoir que par ses *manifestations*. Les uns y voient la « poubelle » du Conscient, réceptacle des refoulements divers. Les autres y voient ce qui en l'homme est capable de toucher au Sacré, au Divin. L'Inconscient est probablement tous ces pôles-là, mais il est d'abord le *vrai patron* en l'être humain. Et cela ouvre à un champ de possibilités fascinant. S'allier au vrai patron...

Nous sommes héritiers du XIXe siècle occidental, pour lequel la raison consciente est au sommet de la hiérarchie des capacités humaines. 10 % de l'homme, érigés en valeur majeure, quelle pauvreté et quelle infirmité psychologiques ! Or, la raison seule, c'est comme une tête sans corps, cela ne fonctionne pas : une tête sans corps est morte.

Sans l'Inconscient, il n'est point d'homme et point de créativité humaine, point d'inspiration, point d'invention, point de technologie. La raison consciente peut « brancher » l'Inconscient, le mettre sur la piste de ce qui est recherché. C'est l'Inconscient qui va déclencher l'inspiration et l'intuition créatrices. Des preuves ? Elles abondent, comme vous allez le constater.

La source de l'inspiration

Lorsque *Einstein* était embarrassé par quelque difficulté, il disparaissait un petit moment. Si on lui demandait où il allait, il répondait :

« Je vais à mon laboratoire. »

Ses interlocuteurs pensaient qu'il était distrait, car il sortait à ce moment de son laboratoire et s'en éloignait en réalité. En fait, Einstein allait faire un somme, après avoir demandé à son cerveau de lui donner des éléments pour vaincre la difficulté. Et cela marchait très souvent. Ce « laboratoire »-là était un lieu dans sa tête, accessible par le sommeil, et non pas un local avec des instruments.

Elias Howe rêve, une nuit, qu'il est dans une jungle inconnue, entouré de sauvages. Ceux-ci le menacent de leurs javelots avec des mouvements du bras de haut en bas. Le rêveur remarque que chaque javelot est percé d'un trou à sa pointe.

Au réveil, Howe réalise que son rêve lui a fourni la solution d'un problème qu'il n'arrivait pas à résoudre depuis des mois : comment créer une machine à coudre qui fonctionne. Mais oui : il fallait mettre le trou *au bout* de l'aiguille pour que ça marche sans casser le fil ! Elias Howe, c'est l'inventeur de la première machine à coudre — et il a fait fortune grâce à ce rêve.

Edison, lui, avait remarqué que ses rêves lui apportaient souvent des idées précieuses pour ses inventions. Il avait mis au point une technique tout à fait particulière pour stimuler cela, et surtout pour se souvenir ensuite des contenus de ses songes. Lorsqu'il cherchait ainsi une réponse, il s'asseyait pour un micro-somme, une petite sieste très courte, en tenant dans les mains de petites billes d'acier. Quand il s'endormait, ses mains s'ouvraient, lâchant les billes qui tombaient à grand bruit au sol, le réveillant aussitôt. Il raconte que, très souvent, les images qu'il ramenait de ses brèves incursions dans le sommeil lui donnaient des réponses ou des éclaircissements quant à ses problèmes du moment.

Friedrich August Kekule a découvert en rêve la structure du benzène. Quant à *Otto Loewi*, c'est à la suite d'un rêve qu'il a trouvé comment mettre en évidence la transmission chimique de l'influx nerveux : cela lui a valu le prix Nobel en 1938.

Les rêves sont à la source de l'inspiration de *Wagner*, *Mozart*, *Beethoven*, *Saint-Saëns* ; et *Robert Louis Stevenson* a attribué nombre des écrits qui l'ont rendu célèbre à des informations venues des tréfonds du sommeil.

Il n'y a pas que le sommeil pour voir à l'œuvre le génie de l'Inconscient : beaucoup de gens ont expérimenté à l'état de veille le « coup de flair » subit, l'intuition soudaine qui parfois les sauvait. Une espèce d'intelligence supérieure, quoique non logique, semble être là à l'œuvre.

Le vrai patron ?

Par-delà ces récits de célébrités — dont on peut toujours prétendre qu'ils font partie du légendaire de ces personnages —, qu'est-ce qui permet d'affirmer que c'est l'Inconscient le vrai patron de l'être humain, et non pas ce Conscient dont nous sommes si fiers ? Regardons autour de nous.

— JEAN-PIERRE souffre de timidité. Il a 27 ans, est issu d'une classe sociale confortable. Il a été élevé dans une certaine aisance, ses parents sont des parents normaux, ni pires ni meilleurs que beaucoup d'autres — du reste, ni son frère ni sa sœur ne sont timides. Jean-Pierre est intelligent, mais la timidité l'a empêché de poursuivre des études : par manque de confiance en soi, par peur de sortir de sa coquille, par des comportements secrets et bloqués. Il est célibataire aussi. Il n'a jamais osé aborder une femme et, bien sûr, sa vie sexuelle, c'est zéro. Il a un job manuel qui ne le satisfait pas : il travaille sur une machine dans une imprimerie.

Si Jean-Pierre examine objectivement sa vie, il ne trouve rien qui explique cette inhibition. Écoutez-le :
« Il n'y a pas de raison objective pour que j'aie peur, pour que je me recroqueville sur moi-même, comme ça. J'ai beau me répéter cela, ça ne sert à rien. Lorsque je suis parmi des gens, il m'arrive d'avoir des angoisses incompréhensibles, que rien ne justifie : personne ne m'agresse, personne ne me menace, personne ne me veut du mal. Personne même ne me regarde — et pourtant j'ai envie de rentrer dans un trou de souris. »

Il dit aussi :
« Il faut que ça change ! Rien que le fait de savoir qu'il n'y a absolument aucun risque, ça devrait me permettre de maîtriser ça ! Et pourtant je n'y arrive pas… »

Jean-Pierre nous montre là le nœud du problème : le savoir, la certitude du Conscient, ne lui sont d'aucune utilité pour dépasser son malaise. Combien d'entre nous, dans l'une ou l'autre situation, ont pu se dire :
« Je ne devrais pas réagir comme cela, je devrais fonctionner autrement, mais je n'y arrive pas !… » ?

Je n'arrive pas à réagir comme il serait positif, qu'est-ce qui m'en empêche donc ? Mon Conscient sait très bien comment il serait bon que je fonctionne maintenant — qu'est-ce qui m'entrave, alors ?

Des réponses à ces questions dépendent beaucoup de choses, et toute la suite de l'existence de Jean-Pierre entre autres. La réponse facile :
« C'est mon tempérament, c'est mon caractère. Je ne peux rien changer à ma nature. C'est comme ça. »

Et si cette réponse-là était trop facile, trop simpliste ? En tout cas, elle n'ouvre à aucun développement, alors cherchons autre chose, au moins à titre d'hypothèse. Essayons :
« Il est vrai que si je me dis consciemment que je ne risque rien, que personne ne m'attend au tournant pour me nuire ou m'humilier, et que ça ne change rien à mon comportement, c'est peut-être que le Conscient n'a pas le pouvoir d'influer sur mon attitude. Dans ce cas, ce serait l'Inconscient qui dirige ma réaction ? »

Voilà une hypothèse plus féconde. Car, si cela se révèle juste, cela donne un moyen d'action *pour résoudre le problème* : agir au niveau de la source, l'Inconscient.

Tout cela a l'air d'enfoncer une porte ouverte. Mais c'est très important en fait : car ce n'est que lorsqu'on a une cible que l'on peut commencer à la viser. Si l'Inconscient est, là, « l'interlocuteur valable », c'est à lui qu'il faut s'adresser pour résoudre et dépasser la difficulté.

S'adresser à « lui »... Cela sonne comme si l'Inconscient était une autre personne. Serais-je deux ? Est-ce que je ne frôle pas là le dédoublement de personnalité ? Un interlocuteur valable : un autre Moi ?

Non, pas du tout : je ne suis pas double, je suis UN, et cet UN est Conscient et Inconscient. Mon Inconscient est une composante de cette unité qui est Moi comme, pour donner une analogie, le cuivre est une composante (avec l'étain) de cette unité qui est le bronze.

Personne n'a jamais « vu » un Inconscient, ni n'en a mesuré l'amplitude, ni n'en a établi une topographie et je n'y prétends pas non plus.

Dans le contact avec l'Inconscient, c'est le résultat qui est significatif, pas la théorie. Lorsque *tout se passe comme si c'était ainsi*, on est évidemment face à un quelque chose d'agissant, quelque chose *qui fonctionne*. Vous pouvez ne rien connaître à l'électricité et vous rendre compte qu'en tournant le bouton, tout se passe comme si cela allumait votre poste de radio. Ça marche, ça fonctionne.

Au niveau de l'Inconscient, tout se passe comme si… comme s'il était la « poubelle » ci-dessus évoquée, et aussi, comme s'il était *l'interface* entre l'humain et le Sacré ; comme s'il était le « réservoir » de toutes les ressources et de tous les pouvoirs ; comme s'il était connecté à des sources d'informations n'existant pas dans le champ conscient, dans la vie ordinaire, dans le savoir contemporain. Tout se passe comme si l'Inconscient était un *interlocuteur* valable pour le Conscient. Tout se passe comme si l'homme coupé de son Inconscient était un infirme. Tout se passe comme si l'homme allié à son Inconscient devenait un être complet, développé, fort, créatif et évolutif.

Tout se passe comme si l'Inconscient… Vous trouverez souvent cette formulation au fil de ce livre. Souvenez-vous qu'elle fait référence à un processus qui fonctionne, qui agit et qui est efficace. **Qui marche…**

Pas un échec ! Mais une réussite

L'Inconscient semble être évidemment tout ce qui, dans l'homme, n'est pas le Conscient ni le corps. Tout se passe comme si le Conscient avait pour seule fonction la pensée discursive, l'analyse logique et le raisonnement. Et tout se passe comme si l'Inconscient était tout le reste : l'affectif, l'émotif, le sensible, le pulsionnel, le

« réservoir » d'énergie vitale, les mécanismes vitaux et de survie, l'intuition, le flair, l'instinct, l'inspiration, toutes les ressources, les rêves, la transe et même les facultés parapsychologiques… Là où le Conscient s'interrompt chaque jour pour dormir, l'Inconscient, lui, reste vigilant en permanence — et pas que vigilant : actif, efficace, protecteur.

Aïe ! Protecteur ?… Cette horrible timidité qui handicape Jean-Pierre et qui l'empêche de vivre, une protection ?

En s'arrêtant aux apparences, la timidité de Jean-Pierre apparaît comme une défaite, comme un échec : elle l'oblige à rater sa vie professionnelle, affective, sexuelle, relationnelle. Elle le contraint à rester en dessous de ses possibilités, sans compter toutes les émotions et tous les sentiments pénibles qu'il subit et les jugements de valeur négatifs qu'il porte sur lui-même.

Mais faut-il nous arrêter aux apparences ? Et si cette timidité était en réalité, d'une certaine manière, une *réussite* ?

Allons un peu plus loin et, pour cela, prenons une métaphore. La sagesse populaire dit : « *Chat Échaudé* craint aussi l'eau froide. » Pourquoi Chat Échaudé craint-il aussi l'eau froide ? Parce qu'il a vécu une expérience de souffrance, une brûlure à l'eau chaude et qu'une association, une empreinte, s'est créée en lui entre l'eau et la souffrance de la brûlure. Et, bien sûr, il ne veut plus se brûler : sa peur de l'eau vise à le protéger de la douleur. Chat Échaudé n'ayant pas l'intellect logique, analytique et raisonneur, ne distinguera pas la différence de souffrance à attendre de l'eau chaude et de l'eau froide. Et les arguments logiques qui pourront être avancés ne changeront pas cette association, cette empreinte. Par contre, les arguments sensoriels le pourront : mettez la patte de Chat Échaudé dans l'eau froide. Lorsqu'il aura réalisé que cela ne brûle pas, il pourra accepter le côté inoffensif de l'eau froide et intégrer cette expérience-là dans son expérience globale de vie : il pourra continuer à craindre l'eau chaude pour sa sauvegarde, et cohabitera sans problème avec toutes les autres eaux. Il pourra oublier qu'il fut un temps où il craignait l'eau froide : il se sera ainsi guéri d'une difficulté, d'une limitation, tout en gardant la capacité de se protéger de l'eau dangereuse.

Il a suffi à Chat d'une seule fois, d'un seul événement, la brûlure, pour que soit créé un réflexe de survie absolument et irrésistiblement efficace : la peur de l'eau. Cela prouve déjà que Chat apprend vite et est capable de trouver des solutions immédiates et efficaces pour se protéger. De ce point de vue-là, la peur de l'eau lui est non pas un échec mais un succès.

Traduisons cela en terme de **Conscient-Inconscient dans un vécu humain**.

— JEAN-PIERRE a trois ou quatre ans. C'est un dimanche d'été et il est allé avec ses parents à la kermesse d'un village voisin. Il y a des stands avec des objets d'artisanat local et des victuailles, spécialités de la région. Il y a un orchestre et une piste de danse en plein air. Le maire du village vient de finir un discours sur l'estrade où se tient l'orchestre et il avise le petit garçon qui a chahuté et ri pendant qu'il parlait, là, à la main de sa mère au premier rang des spectateurs. Il se penche et fait signe qu'on lui passe l'enfant. Et voilà Jean-Pierre saisi par la taille et qui se retrouve sur l'estrade sans avoir compris ce qui lui arrivait. Le maire le saisit par une main et cherche à lui faire esquisser quelques pas de danse ; Jean-Pierre est raide, il a peur, le maire le secoue un peu, la foule rit, l'enfant se met à pleurer, la foule rit plus fort. Il se sent impuissant, sans défense, personne ne vient l'aider, sa terreur est immense.

Pour la première fois, il se sent seul, là, sous le regard de tous ces gens qui rient et le montrent du doigt — et même sa mère applaudit à sa détresse. Sa cohérence

interne s'effondre et son image d'un monde sécurisant vole en éclats. L'homme lui dit :
« Allez danse, petit ! Tu vois, tout le monde te regarde, danse ! Maintenant que tu peux faire le clown, profites-en. »

Et il continue à essayer de le faire bouger. Finalement, Jean-Pierre parvient à s'échapper et s'accroupit derrière la grosse caisse, recroquevillé, cherchant à disparaître de la vue de tout ce monde méchant. Sa mère vient l'extraire de là pour que les musiciens puissent commencer à jouer, et le houspille parce qu'il s'est comporté comme « un petit imbécile » et qu'il ne lui a pas fait honneur.

L'Inconscient de Jean-Pierre, ce jour-là, EN UNE SEULE FOIS ET INSTANTANÉMENT, a appris une chose : les gens sont méchants — et même les personnes les plus proches peuvent être cruelles. Être en vue d'autrui est source de souffrance aiguë et de danger, de désintégration psychologique et de perte de repères. L'Inconscient veut aider et protéger à tout jamais Jean-Pierre de cette souffrance et de ce danger. Et il imprime immédiatement la solution qu'il trouve : un comportement inhibiteur, la timidité, parfaitement efficace pour éviter au maximum de risquer à nouveau cette souffrance et ce danger.

« Pour vivre heureux, vivons caché », voilà encore une parole issue de la sagesse des peuples. Pour Jean-Pierre, la timidité lui permet de « vivre caché » : s'il fuit toute occasion d'être remarqué, il court beaucoup moins de dangers et s'éloigne ainsi des risques de réactualisation de cette souffrance.

Bien sûr, cette si efficace méthode génère d'autres problèmes et souffrances. Mais tout se passe comme si, entre deux maux, l'Inconscient choisissait le moindre : celui qui ménage les meilleures possibilités de survie — ou les moins mauvaises — de son point de vue.

Son point de vue… Rappelons que l'Inconscient ne

raisonne pas logiquement comme le ferait le Conscient, n'analyse pas, ni ne met les choses en catégories. Cela, c'est le job du Conscient. Or, il faut du temps pour penser, le Conscient est lent. Là, tout se passe comme si, au niveau de l'Inconscient, le temps n'existait pas : la réponse est quasi instantanée. Lorsque aujourd'hui, à 27 ans, Jean-Pierre se trouve confronté à une situation qui déclenche l'inhibition, celle-ci survient de façon immédiate. L'Inconscient est plus rapide que le Conscient — car cela est indispensable à la survie.

Jean-Pierre dit :
« Lorsque je dois aller à une réunion de gens de l'atelier, la panique me prend. Je sais bien que personne ne me nuira, mais la panique est tout de même là. J'ai des sueurs froides, le cœur s'emballe, je rougis, je me sens paralysé. Quant à ouvrir la bouche pour parler en public, ça m'est complètement impossible. »

Le Conscient *sait* qu'il n'y a aucun danger. L'Inconscient ne le sait pas. Ce qu'il sait, c'est qu'il doit protéger, aider, soutenir, et qu'il a trouvé un moyen efficace pour parvenir à cet objectif. Ainsi, il assure les meilleures (les moins mauvaises) chances de survie. Il est vigilant, jour après jour, nuit après nuit. On ne peut le prendre en défaut de vigilance : à chaque fois, vraiment à chaque fois que le stimulus est là, il déclenche instantanément, imparablement, la réaction qu'il a mise en place.

Le Conscient, donc, sait qu'il n'y a pas de danger, *MAIS IL N'A AUCUN POUVOIR POUR BLOQUER LA RÉPONSE EXCESSIVE.*

Conscient et Inconscient : des alliés ?

Et si nous rêvions ?... S'il était possible de communiquer le savoir du Conscient à l'Inconscient ? Si Conscient et Inconscient travaillaient « main dans la main » ? Si l'aptitude à raisonner, intellectualiser, trouver des solutions par l'intelligence et le raisonnement pouvait servir à enrichir l'éventail des réponses de l'Inconscient ? Que se passerait-il si une communication et une collaboration s'établissaient entre l'intellect — le Conscient — et l'Inconscient, entre *l'aptitude à **trouver** des solutions adaptées et l'aptitude **à les appliquer** avec efficacité* ? Ou, autrement dit, comment mettre la patte de Chat Échaudé dans l'eau froide pour que soit intégrée la non-dangerosité de cette eau ? Oui, comment ?...

Qu'est-ce qui nous amène à croire que c'est difficile ? Ce sont nos présupposés culturels qui négligent cette dimension essentielle et majeure de l'être, c'est notre quasi-divinisation du Conscient — l'intellect, la raison — qui met celui-ci dans la position de la grenouille qui veut se faire aussi grosse que le bœuf.

Nous sommes des « infirmes » de l'Inconscient. Comme dit plus haut, rien dans notre civilisation ne nous apprend à vivre harmonieusement et à coopérer avec notre Inconscient. Nous sommes comme les participants d'une course en sac, qui avons oublié comment nous servir librement de tout notre corps et qui mettons notre identité et tout notre être dans notre seule tête. Nous trébuchons, chutons, peinons, clopinons, parce que nous sommes incomplets, coupés de nos racines vives — qui se débrouillent pour nous alimenter tout de même comme elles peuvent. Au lieu d'apprendre à puiser en elles notre force, notre élan, notre pouvoir, notre succès, notre vie...

Nous avons fermé la porte de communication avec notre Inconscient. Le bruit de notre bla-bla mental nous a rendus sourds aux messages venus du plus profond. Nous avons oublié qu'un être humain complet, dans sa plénitude, c'est *Conscient et Inconscient alliés* et qu'à un tel être humain complet, rien de ce qui est accessible à l'homme n'est inaccessible.

Il faut rouvrir cette porte de communication, et nos oreilles…

C'est facile

En réalité, communiquer avec l'Inconscient, c'est facile et relativement rapide. Car l'Inconscient est notre ami, notre protecteur, notre sauveur. Il ne cherche qu'à nous aider, à nous soutenir, à nous protéger. En lui se trouvent toutes nos ressources et il est extrêmement puissant : il a tout pouvoir sur nos réactions. Il est toujours disposé à adopter de meilleurs moyens de nous aider si on parvient à parler son langage pour les lui proposer.

Pour Milton Erickson, grand psychiatre américain et rénovateur de l'hypnothérapie, l'Inconscient est un ami compréhensif et un grand réservoir de vraie sagesse non intellectualisante. Pour lui, il est désirable d'« amener l'Inconscient à prendre intérêt à aider ce stupide esprit conscient »[1]. Erickson a constaté que l'Inconscient développe sa logique propre, avec sa propre mémoire, son propre cheminement et ses propres conclusions ; et qu'il est toujours logique, dans cette logique qui lui est propre, et cohérent même si cette cohérence n'a pas toujours,

---

1. *L'Hypnose Thérapeutique. Quatre conférences*, ESF, Paris, 1990, page 199.

pour le Conscient, un caractère d'évidence. Pour Erickson, le symptôme est une *création et une réussite* dans le droit fil de cette logique de l'Inconscient — et c'est ce qu'a montré l'exemple de Jean-Pierre.

Pour C.G. Jung, l'Inconscient est **la base** de l'être humain, il est doué de créativité et capable d'agir de manière autonome. C'est un *partenaire*. L'Inconscient peut interférer avec le Conscient chaque fois qu'il en décide ainsi. C'est alors que l'homme se dit :
« Cela est très inconfortable ! Je me crois maître chez moi, mais je dois admettre qu'en réalité il y a un autre maître. »[1]

Un autre maître, le vrai « patron », celui qui a le vrai pouvoir : l'Inconscient. Écoutons C.G. Jung : « Peut-être cela vaudrait-il la peine que chacun s'interroge, en se demandant si son Inconscient ne saurait pas quelque chose qui pourrait être utile. »[2]

C'est dans notre Inconscient que se trouvent toutes nos ressources. C'est à lui qu'il faut s'adresser pour y avoir accès. C'est à lui qu'il faut demander de les mettre à notre disposition. Mais faites-le avec respect : on ne s'adresse pas au patron comme à un chien. N'insultez pas votre Inconscient, ne le sous-estimez pas : c'est lui qui détient les clefs de la porte de communication et cette porte ne s'ouvrira que s'il le veut bien.

Apprenez maintenant, en quelques étapes faciles, à enfin dialoguer avec votre Inconscient…

---

1. Entretiens avec C.G. Jung, Richard Evans, Payot, Paris, 1970, page 87.
2. Essai d'exploration de l'Inconscient, Denoël, Paris, 1984, page 142.

LES ÉTATS DE CONSCIENCE MODIFIÉS

— PIERRETTE est étudiante en maîtrise de sociologie. Elle a un mari et un fils de 3 ans et elle travaille à plein temps. Elle ne peut donc aller aux cours, mais elle s'est arrangée avec un autre étudiant pour qu'il lui prête ses notes de cours. Pendant l'année universitaire, Pierrette, prise par ses différentes obligations auxquelles se rajoute une mère souffrante dont il faut qu'elle s'occupe, ne trouve pas le temps de se pencher sur ses cours et de les étudier au fur et à mesure, comme il serait normal pour bien les assimiler. Arrive la période des examens.

Pierrette a, heureusement, suivi l'entraînement TNPro. Elle ne panique pas, elle sait qu'elle a accès à ses ressources : il lui suffit de s'adresser à son Inconscient et que celui-ci accepte de les mettre à la disposition du Conscient. Pierrette utilise donc la procédure qu'elle a intégrée grâce au TNPro.

Avant de commencer à réviser les notes, elle demande à son Inconscient les ressources suivantes : mémoire, concentration, capacité à assimiler les données, esprit de synthèse et d'analyse. Elle lit ensuite les cours *une seule fois*. Puis, avant de se présenter à chaque examen, Pierrette refait une séance pour demander, cette fois : toujours mémoire, concentration et esprit d'analyse et de synthèse, et en plus, rapidité de pensée, clarté d'esprit et de conception…

C'est avec une mention globale « Bien » — qui correspond à une moyenne d'au moins 14/20 — que Pierrette obtient sa maîtrise.

— KARL est chef d'entreprise dans le secteur de l'alimentation import-export, et certains de ses contacts professionnels sont à un très haut niveau de décision. Karl a des concurrents très mordants et, par les temps qui courent, le marché est difficile.

Karl sait que c'est souvent celui qui a le plus de ressources qui emporte en général le morceau : il a payé pour le savoir, car il lui est arrivé de rater des contrats alors que sa proposition, au niveau des chiffres, était la meilleure. Et cela, parce que l'adversaire avait montré plus de poids de personnalité, d'aptitude à convaincre et de force d'impact sur le décideur.

C'est après avoir abondamment souffert du stress que Karl se décide à commencer l'entraînement TNPro dont un ami lui a parlé. Et maintenant, Karl sait comment solliciter son Inconscient pour disposer de tout ce qu'il lui faut pour son travail et ses rapports avec les « huiles ». Avant chaque négociation, il dialogue donc avec son Inconscient pour en obtenir la mise à sa disposition de ressources : assurance et force tranquille, lucidité et précision, efficacité et concentration, capacité à argumenter et pouvoir de convaincre, etc.

Vous connaissez différents états de conscience

Pour communiquer avec votre Inconscient, il vous faut changer d'état de conscience, quitter votre état de conscience ordinaire et entrer dans ce qu'on appelle un « EMC », un état de conscience modifié : ici, un état de transe légère, accessible à chacun sans difficulté, à condition d'y être entraîné.

Bien sûr, il est toujours plus facile, plus rapide et plus sûr de faire appel à quelqu'un de compétent pour vous ouvrir la porte de communication avec votre Inconscient et ancrer ainsi la procédure en vous. Toutefois, vous ne trouverez pas forcément un Entraîneur TNPro à votre proximité. Vous voilà donc livré à vous-même. Soyez patient, persévérant et régulier dans les exercices qui suivent, et vous y arriverez très bien par vous-même.

Auparavant, quelques mots sur les états de conscience sont nécessaires. Il y en a de multiples. L'état de veille est un état de conscience, l'état de sommeil en est un autre. En voilà d'autres encore : la concentration sur un point, aussi bien que la rêverie, la méditation, les états hypnotiques et de transe plus ou moins profonds, la relaxation physique ou psychique, la distorsion dans les différentes perceptions (du temps, de l'espace...), le sommeil avec et sans rêves, l'état intermédiaire entre veille et sommeil, l'agitation, l'altération des perceptions liée à la consommation d'alcool, de drogues ou de certains médicaments (visions, hallucinations), les états mystiques, participatifs et contemplatifs, les états liés à des sensations intenses de plaisir ou de douleur (orgasme, brûlure, peur, « volupté de la terreur »...) et beaucoup d'autres, correspondent à des états de conscience différents. Lorsque vous êtes en pleine fièvre créatrice, vous êtes dans un autre état de conscience que lorsque vous êtes angoissé parce que votre enfant a une heure de retard. Lorsque vous êtes sous la pression que vos collègues de bureau vous imposent, vous êtes dans un état de conscience qui est différent de celui dans lequel vous êtes lorsque vous savourez tranquillement votre cigarette du soir devant la fenêtre en rêvassant.

En réalité, on change d'états de conscience de multiples fois chaque jour et chaque nuit sans en prendre conscience. Et quand nous avons perdu le sens du temps et de ce qui nous entoure parce que nous sommes, par exemple, plongé dans un livre ou un film passionnant, nous sommes sans le savoir dans un état de conscience qui est une forme de transe, d'auto-hypnose.

IL EST DONC FACILE ET NATUREL DE CHANGER D'ÉTAT DE CONSCIENCE

Ce qu'on appelle EMC, état modifié de conscience, ce sont des états de conscience qui impliquent une dissociation de l'attention. Ce sont souvent des états de transe hypnotique.

Le mot hypnose fait peur, à tort, à cause de toutes les idées reçues aberrantes qu'il véhicule. Non, l'hypnose *n'est pas un état d'inconscience*. Non, l'hypnose ne peut pas contraindre quelqu'un à réaliser des actes qui sont contraires à sa volonté consciente. Non, l'hypnose ne met pas l'hypnotisé sous le contrôle absolu de l'hypnotiseur. Cela, ce sont les scénarios de music-hall qui le font : c'est du spectacle.

En réalité, l'hypnose et l'auto-hypnose sont des EMC pendant lesquels le sujet demeure conscient. Ce sont des états de conscience où, d'un côté on reste parfaitement conscient, capable d'interrompre le processus à tout moment. Et d'un autre côté, on expérimente le contact avec sa profondeur. C'est un état de *lucidité supérieure*, pendant lequel on est concentré sur un élément central (la voix de celui qui induit le processus, ou les réponses de votre Inconscient, par exemple) et où est éliminé le « brouillage mental » dans lequel on est habituellement, dans l'état de veille ordinaire. C'est donc un état de concentration accrue et aussi de relaxation profonde qui peut, en plus, apporter confort et régénération.

L'EMC nécessaire pour communiquer avec son Inconscient est un état de transe si légère que vous le percevrez comme à peine différent de votre état ordinaire. Mais avant de l'atteindre, il vous est nécessaire d'apprendre en quatre étapes à changer volontairement d'état de conscience.

- **La première étape** consiste pour vous à apprendre à prendre conscience de ce qui se passe en vous.

- **La deuxième étape** consiste à vous entraîner à entrer dans un état de conscience plus profond.

- **A la troisième étape**, il vous faudra repérer la réponse que votre Inconscient choisira de vous donner.

- **A la quatrième étape**, vous pourrez commencer à dialoguer avec votre Inconscient et à lui demander s'il veut bien mettre à votre disposition les ressources dont vous avez besoin.

Vous allez commencer tout de suite. Tournez la page et découvrez comment aborder... **la première étape**.

Dialoguez avec votre Inconscient

PREMIÈRE ÉTAPE

Apprenez à prendre conscience de ce qui se passe en vous

Savez-vous que vous ne pouvez avoir conscience de plus de 5 à 9 éléments de votre environnement *en même temps* : des études ont été faites qui l'ont démontré.

Vous êtes là, en train de lire ce livre. Vous avez conscience de cette page, peut-être de la position de votre corps et de l'un ou l'autre aspect du décor. Peut-être ressentez-vous une sensation — de faim ou de soif par exemple. Mais il se peut que, simultanément, un chien aboie, les freins d'une voiture crissent, que votre voisine appelle son fils et que votre téléviseur marche dans la pièce à côté. Les murs du salon sont d'une certaine couleur, vos meubles sont agencés d'une certaine manière, il y a peut-être un vase avec des fleurs sur une table, des plantes vertes près d'une fenêtre. Des objets de décoration se trouvent sur une étagère et vous avez des tableaux aux murs. Votre fauteuil est en cuir fauve, vos pantoufles sont bleues et votre chemise mauve. Une mouche se promène sur la vitre. Il y a une odeur de gâteau qui flotte dans l'air et aussi une senteur de mandarine : un plateau de fruits se trouve à votre droite et il contient des agrumes. La couverture du livre a un contact lisse sous vos doigts et vous passez une main machinalement dans vos cheveux pour relever la mèche qui tombe sur votre front. Le bonbon que vous avez en bouche a un goût acidulé, ou la fumée du cigare qui se consume dans le cendrier irrite un peu vos narines…

En fait, il y a énormément de stimuli simultanés auxquels vos cinq sens pourraient s'attacher. Des bruits, des couleurs, des odeurs, des textures, des goûts… Mais vous n'en réalisez qu'une toute petite partie car votre Conscient ne peut traiter que très peu d'informations simultanément : il est obligé de *sélectionner*.

Ainsi, il se peut aussi que, en ce moment même, il y ait un chatouillis à votre orteil gauche, ou un spasme discret au niveau de votre plexus. Ou une légère contraction musculaire à l'avant-bras. Il se peut même que vous ayez tendance aux brûlures d'estomac, et qu'une petite sensation inconfortable, dans cette zone de votre corps, soit déjà installée depuis un moment. Si vous fermez un instant les yeux pour vous reposer la vue, il se pourrait que des taches ou des points plus ou moins lumineux ou colorés se présentent sous vos paupières closes. Une sensation de chaleur peut rosir vos joues en même temps que votre poignet droit reçoit un courant d'air frais. Un faible bourdonnement d'oreille peut se manifester, le battement de votre cœur peut être perceptible et votre respiration s'amplifie en un soupir parce que votre ceinture vous serre un peu…

Votre Inconscient vous répondra par une sensation

Et la plupart de ces sensations ne passent pas le seuil de votre conscience. Elles existent, mais elles «passent à l'as» parce que votre Conscient ne peut pas les traiter toutes en même temps. Le choix qui s'opère est fonction de ce qui lui semble le plus utile en ce moment : ici, votre envie d'apprendre grâce à ce livre que vous tenez en main. Il polarise la plus grande part de votre attention consciente. Et cela ferme la porte à nombre de perceptions, sensations, informations qui sont tout de même présentes.

Or, vous savez maintenant que votre Inconscient n'a pas la fonction intellectuelle. Son mode de fonctionnement ne passe pas par le langage — même si on peut lui parler à l'aide du langage. Votre Inconscient a la mainmise sur l'ensemble de votre corps, de vos fonctions corporelles et il peut générer toutes les sensations qui lui paraissent utiles. C'est lui qui fait rosir vos joues devant un compliment bien tourné, c'est lui aussi qui vous fait rougir d'embarras en public si vous êtes timide. C'est lui qui peut amener des images et des couleurs sous vos paupières closes ou faire battre ce nerf sur votre joue. C'est lui aussi qui peut vous chantonner, de façon obsessionnelle, dans votre tête, cet air dont vous voudriez bien vous débarrasser.

Votre Inconscient, lorsque vous lui parlerez, vous répondra non pas par des phrases, mais *par une sensation*, toujours la même, quelque part dans votre corps. C'est à lui de choisir où, quoi et comment, selon ses propres critères que nous n'avons pas à connaître. Vous devez donc maintenant apprendre à vous écouter, à vous ressentir, à être attentif à ce qui se passe en vous.

Trois grandes voies sont possibles :

— Votre Inconscient peut décider de vous répondre **par une sensation visuelle** (yeux fermés) qu'il aura créée : couleur(s), tache(s), éclair(s), vibration(s)…

— Il peut vous répondre **par une sensation auditive** qu'il aura créée : bourdonnements, battements, mélodie — mais pas de phrase ni de mots…

— Ou bien **par une sensation physique** *localisée* qu'il aura créée. Là, le champ est vaste : chatouillis, grattouillis, chaud, froid, spasme, crampe, mouvement involontaire, sensation de gonflement… Ou bien : changement dans un rythme biologique, modification du rythme respiratoire, accélération cardiaque… Cela peut être interne : spasme intestinal, crampe au diaphragme… Cela peut être externe : à la surface de la peau.

Tout se passe comme si l'Inconscient choisissait la meilleure réponse, ou la plus facile à mettre en œuvre — et c'est variable d'une personne à l'autre.

J'ai constaté qu'il y avait très peu de réponses au niveau auditif. Et pour donner une idée statistique, il y a environ 30 à 40 % de personnes pour lesquelles la réponse de l'Inconscient est une modification du rythme respiratoire et environ 20 à 30 % qui voient une couleur précise ou des lueurs apparaître sous leurs paupières fermées. Les autres types de sensations se partagent le pourcentage restant, mis à part un tout petit pourcentage pour l'auditif.

J'ai constaté aussi que, au début de l'entraînement, certaines personnes avaient une réponse qui, tout en crevant les yeux de l'Entraîneur, ne parvenait pas dans le champ de conscience du sujet : j'ai vu des spasmes des paupières, des halètements, des contractions du bras, entre autres, tout à fait visibles et évidents pour l'observateur extérieur et dont la personne ne prenait pas conscience ! L'explication en est que le sujet, à force de chercher partout à repérer la réponse, la ratait là où elle était. Pour éviter cela, il est donc nécessaire de vous entraîner à identifier vos propres sensations et de les *verbaliser* en même temps.

Un petit exercice agréable et reposant

Voici ce que vous devez faire pour vous entraîner à prendre conscience de ce qui se passe en vous.

Tous les jours, pendant environ 8 à 10 jours, à un moment où vous serez tranquille et durant approximativement 15 à 20 minutes — le soir, au lit, avant de vous endormir est un excellent moment —, yeux clos, soyez attentif à *toutes* vos sensations et perceptions, qu'elles soient visuelles, auditives ou kinesthésiques, c'est-à-dire corporelles. Et surtout, *verbalisez-les*, exprimez-les par le langage en les disant à voix *audible*, même si ce n'est qu'un murmure. Ne vous contentez pas de seulement repérer une sensation puis de passer à la suivante : cela ne sera qu'un « balayage » et en aucune manière une prise de conscience.

Ne vous contentez pas de dire : « *Il y a* une sensation à tel endroit… » Mais impliquez-vous. Dites : « Je ressens… Je vois… J'entends… »

Portez d'abord toute votre attention sur ce que vous voyez sous vos paupières closes : vous constaterez qu'il se passe plein de choses sous des paupières fermées. Le « black-out » complet, le noir sans nuances, ne se maintient pas. Il y a des formes qui apparaissent et qui bougent, des couleurs, des entrelacs, des points, des lueurs,

des vibrations… dans différents secteurs du champ visuel : au milieu, à droite, à gauche, en haut, en bas. Tout ce que vous voyez, dites-le de façon PRÉCISE. Ça peut donner quelque chose comme ceci :
« Je vois, dans le champ visuel à droite et vers le haut, une forme globalement sphérique, de couleur plus ou moins beige, qui s'agrandit en ce moment et se détache sur le fond brun foncé ; alors que dans le champ visuel gauche, il y a une sorte d'entrelacs gris, qui vibre et pousse des ramifications vers la droite… Maintenant, cela change, et je vois apparaître des points plus lumineux, égaillés de façon irrégulière dans l'ensemble du champ visuel. La couleur du fond est en train de virer vers le pourpre, pendant qu'une zone plus claire commence à m'apparaître vers le bas, aussi bien à droite qu'à gauche… Cela change encore : à présent, je vois une tache irrégulière de couleur rose qui s'agrandit au centre et qui repousse vers la périphérie le pourpre qui devient plus sombre… » Etc.

Accordez-vous chaque jour environ 4 à 5 minutes pour cet exercice de prise de conscience de vos perceptions visuelles.

▶ Et pourquoi ne prendriez-vous pas quelques minutes pour vous exercer *maintenant* ? C'est facile, il vous suffit de poser votre livre, de fermer les yeux et de murmurer en phrases précises tout ce que vous voyez sous vos paupières closes. Allez-y, faites-le, et rendez-vous dans 5 minutes…

A présent, portez votre attention sur toutes vos perceptions auditives. Là aussi, fermez les yeux et soyez très attentif à tout ce que vous entendez, d'où que cela

vienne : de l'environnement ou de votre propre corps. Et dites tout cela avec des mots. Voici ce que cela peut donner, par exemple :
« J'entends une porte de voiture qui claque et, en même temps, il y a un bruit de casseroles dans l'appartement. Je viens de changer de position et cela a créé un bruissement du tissu du fauteuil. Un klaxon, et aussi des rires d'enfants me parviennent de la rue. Mon conjoint tousse dans la pièce à côté et mon chien soupire dans son sommeil à mes pieds. J'entends une porte qui claque et un cliquetis de clé. Un bruit de borborygme vient de mon ventre. Une moto passe dehors, à grand bruit… A présent, je perçois le claquement des talons d'une femme, là dehors. Et des bruits de moteur de voitures qui démarrent au feu rouge, et encore des bruits de jeu d'enfants… J'ai respiré plus fort et le son de ma respiration s'est brièvement amplifié… » Etc.

Là aussi, accordez-vous environ 4 à 5 minutes chaque jour pour faire cet exercice de conscientisation des perceptions auditives. « Ratissez » large, dans toutes les directions. Ne restez pas obnubilé par la plus grande source de bruit, par exemple la rue si vous êtes en ville. Soyez très attentif à ne pas rater les tout petits bruits feutrés : le froissement d'un tissu ou votre discret raclement de gorge. Ayez une attention aussi étendue dans l'espace que possible : ne vous limitez pas à une seule direction à la fois.

▶ Je vous invite à nouveau à faire cet exercice *maintenant*. C'est le meilleur moyen de l'intégrer — pourquoi attendre à demain, ou à jamais ? Alors si vous le voulez bien, reposez ce livre, fermez les yeux, ouvrez grand vos oreilles, rendez-vous extrêmement conscient de tout ce que vous allez entendre pendant ces quelques minutes. Et dites-le avec des mots, de vraies phrases. Surtout pas du

genre : « Portière de voiture… Cris d'enfants… Moto… Talons… »
Mais : « J'entends une portière de voiture qui claque dans la rue et aussi des cris d'enfants… »
Alors, je vous retrouve dans 5 minutes ?

Il vous reste à compléter votre entraînement à la prise de conscience de ce que vous ressentez par l'énoncé de vos perceptions kinesthésiques, corporelles. Rappelez-vous : chatouillis, spasmes, chaud, froid, gonflement, mouvement involontaire, changement de rythme respiratoire ou cardiaque, sensation sur la peau ou dans les organes internes. Là aussi, la précision de langage est importante. Peut-être serez-vous étonné de l'abondance de vos sensations physiques — dont vous n'aviez jamais réalisé la variété et la multiplicité. Fermez les yeux pour cet exercice également et prenez 5 à 8 minutes pour le mener à bien. Je vous donne là aussi un exemple de ce que vous pourriez détecter et dire :
« Je ressens dans les deux mains une sensation de chaleur qui s'accompagne d'une impression de gonflement par à-coups. Je perçois une sensation de fraîcheur sur l'avant-bras droit. De la chaleur se diffuse maintenant au niveau de mes épaules et du cou. Je ressens une sensation de chatouillement dans la zone de la tempe gauche et un frémissement du cuir chevelu, toujours à gauche. Un picotement commence à se manifester dans mon poignet gauche — il s'amplifie à présent. Je ressens une sensation de pression sous la plante de mon pied droit et un léger picotement au gros orteil de ce même pied. Ma respiration vient de s'amplifier et j'ai eu besoin de déglutir. Je sens une tendance à cligner des paupières. Une sensation de sécheresse des lèvres est apparue que j'ai élimi-

née en les humectant… Je viens de ressentir une contraction involontaire du bras gauche qui a tressauté légèrement… Mon cœur a raté un battement et s'accélère maintenant : j'en perçois le battement au niveau de la gorge. Je ressens un léger spasme interne dans la région de l'estomac. Le dossier de ma chaise appuie sur mon dos, et ma ceinture me serre à la taille… Etc. »

Essayez de ne rien rater, soyez exhaustif : ce sont quelques minutes où vous vous occupez de vous, rien que de vous. Ça vous changera agréablement de l'attitude habituelle qui consiste à se fuir dans l'agitation et l'extériorisation dispersantes du vécu moderne.

▶ Vous vous doutez bien que, là aussi, je vais vous proposer de vous entraîner *maintenant* à ce troisième aspect de la prise de conscience de vos sensations et perceptions. Offrez-vous ces quelques minutes où votre corps est au centre de votre champ de conscience. Si vous êtes de tempérament organisé, commencez votre investigation par vos orteils gauches, remontez le long de la jambe, puis du corps, à gauche ; passez à l'ensemble de la tête, puis redescendez symétriquement à droite jusqu'aux orteils droits. Si vous êtes de tempérament moins organisé, allez d'une sensation à l'autre, comme elles se présentent. A votre choix, mais n'oubliez rien. Verbalisez vos perceptions clairement en vous impliquant. A présent, je vous donne rendez-vous dans quelques minutes, oui, posez votre livre, fermez les yeux, et allez-y…

Et maintenant, je peux vous le dire : au cours des exercices que vous venez de faire, vous avez changé d'état de conscience. Vous êtes passé d'un état de conscience où votre attention était orientée à l'extérieur à un état de conscience où votre attention et votre concentration étaient orientées à l'intérieur. *Vous n'avez pas su* que vous avez changé d'état de conscience — mais il est très probable que, si on avait enregistré votre électroencéphalogramme (EEG), les caractéristiques de vos ondes cérébrales se seraient quelque peu modifiées.

Vous voilà prêt à présent à découvrir comment passer à… **la deuxième étape**.

Dialoguez avec votre Inconscient

DEUXIÈME ÉTAPE

Apprenez à entrer dans un état de conscience plus profond

Cette deuxième étape (ainsi que la troisième : repérer la réponse de l'Inconscient) n'est utile pour vous que si vous vous entraînez tout seul. Sinon, c'est votre Entraîneur TNPro qui vous fera entrer facilement dans l'état de conscience nécessaire. Cet état de conscience plus profond, ce n'est nullement un état d'inconscience. C'est un état qui est marqué par une modification des ondes électriques qui parcourent le cerveau en permanence : elles passent de Bêta en Alpha et même en Thêta.

Schématiquement, il y a quatre types d'ondes cérébrales, correspondant à différentes activités et à différents états de conscience. Cette activité électrique du cerveau se compte en hertz, c'est-à-dire en fréquence/seconde. Voyons maintenant la différence entre les ondes Bêta, Alpha, Thêta et Delta.

Les ondes Bêta

Elles sont les plus rapides (à partir de 13 hertz et au-dessus). Elles sont majoritairement présentes dans l'état de veille ordinaire et d'activité orientée sur l'extérieur. Les ondes Bêta sont celles de l'effort et du stress. Plus elles sont rapides (au-dessus de 20 hertz), et plus elles signent un état de stress intense. Les insomniaques, les angoissés, les victimes du « burn-out » (le « stress des cadres », l'épuisement professionnel) restent en Bêta de manière plus ou moins permanente : l'activité électrique de leur cerveau ne parvient plus à se ralentir à cause de la tension dont ils sont victimes. C'est alors le cercle vicieux : éveil, tension, sentiment de peur et d'insécurité, énervement, colère, qui empêchent la détente, ce qui augmente l'éveil, la tension, l'énervement, le stress, etc. Tout cela est marqué par des ondes Bêta.
La pensée logique et analytique également correspond à une dominance des ondes Bêta dans le cerveau : l'activité du Conscient est liée aux ondes Bêta, et cette activité doit se relâcher dans le sommeil et le rêve pour permettre la régénération et la réénergisation.

Les ondes Alpha

Elles ont une fréquence de 8 à 12 hertz, elles sont donc plus lentes que les ondes Bêta. Elles sont majoritairement présentes dans les états de relaxation physique et psychique et d'orientation de l'attention vers l'intérieur. Chaque fois que vous clignez des yeux ou les fermez, des ondes Alpha sont visibles sur votre EEG. Elles sont également présentes dans cet état si particulier entre la veille et le glissement vers le sommeil. Les formes de méditation légères déclenchent les ondes Alpha.

La pensée synthétique, analogique, symbolique, imagée ; la créativité, la fantaisie, l'intuition ; le rêve éveillé, la rêverie détendue ; le relâchement des tensions, le calme intérieur, le sentiment d'équilibre et de bien-être physique et mental…, voilà des états de conscience liés à la dominance des ondes Alpha dans le cerveau. On les a aussi mesurées pendant les états méditatifs de yogi, de moines zen, de chamans et de guérisseurs en activité.

Les ondes Thêta

Elles vont de 4 à 7 hertz. On les trouve dans certaines phases du sommeil avec rêves, dans la méditation profonde et dans certains états de transe et d'hypnose. Elles sont présentes hors du sommeil aussi bien que dans le sommeil, dans les états de créativité accrue, dans la découverte des solutions aux problèmes de manière non logique, créative, inventive (souvenez-vous d'Einstein, d'Elias Howe, de Mendeleïev et des autres).

Le mental logique et analytique, le Conscient, est ici « endormi » et la voie vers des aptitudes, des savoirs et des synthèses non conscients peut être ouverte, quand il y a prédominance des ondes Thêta.

Les ondes Delta

Elles, qui vont de 0,5 à 3 hertz, sont présentes dans les phases de sommeil profond sans rêve. Elles sont rares à l'état de veille où elles correspondent à des états de conscience très particuliers : transe et hypnose profondes (qui ne nous concernent pas ici).

Là où la prédominance d'ondes Bêta est *consommatrice* d'énergie vitale (stress, tensions, agitation, activité intense), les ondes Alpha, Thêta et Delta sont *restauratrices* en énergie vitale. Le sommeil des gens dont le cerveau reste en Bêta est de mauvaise qualité, entrecoupé de rêves semi-conscients angoissés, quand ce n'est pas carrément l'insomnie. Le Conscient ne « décroche » pas, le corps et le mental ne se réparent pas. Ce type de sommeil ne repose pas, ne régénère ni l'organisme ni l'esprit, mais épuise encore davantage. C'est malheureusement le lot de beaucoup de nos concitoyens rongés par les exigences de compétitivité de la vie moderne ou par les soucis du « struggle for life » : usure prématurée, fatigue chronique, anxiété, dépression. Quand ce n'est pas ulcère ou infarctus !

En finir avec l'insomnie

Si vous êtes insomniaque, sachez que j'ai guéri en quelques jours des insomnies tenaces chez nombre de gens, rien qu'en leur proposant les exercices de la première étape à faire chaque soir dans leur lit — avec l'autorisation de s'endormir si le sommeil les prenait : leur cerveau a ainsi réappris à relâcher la permanence des ondes Bêta et à entrer en Alpha. Thêta et Delta ont suivi tout naturellement. Alors, si le cœur vous en dit…

Allez à votre « Niveau Aleph »

Revenons à votre entraînement. Je vous ai dit plus haut que vous aviez changé d'état de conscience en faisant les exercices de prise de conscience. Vous comprenez maintenant pourquoi : vous avez orienté votre attention de l'extérieur — la lecture de ce livre — vers l'intérieur — votre ressenti, vos perceptions. Vous avez ainsi suscité dans votre cerveau l'apparition d'ondes Alpha. Si vous y avez été attentif, vous avez peut-être réalisé que vous vous sentiez un peu plus reposé après ces exercices qu'avant et il se peut que vous vous sentiez un peu mieux maintenant. Si vous êtes chroniquement fatigué, vous avez peut-être « piqué du nez » pendant ces exercices. Mais si vous les avez bien faits, vous en avez déjà retiré un certain bénéfice : un léger mieux-être.

▶ Il s'agit maintenant, pour vous, d'apprendre à approfondir votre état de conscience pour que vous puissiez entrer par la suite en communication avec votre Inconscient. Cette étape est plus longue que la précédente et il serait bon que vous la pratiquiez pendant 2 à 3 semaines, autant que possible chaque jour. Mais cette fois-ci il n'est pas question de vous endormir, aussi entraînez-vous plutôt assis que couché. Voici comment vous allez procéder.

Vous allez « coder » l'état de conscience désirable. Lorsque votre cerveau a expérimenté un certain état, il peut être « codé » pour s'y remettre rapidement sans qu'il soit nécessaire de refaire toute la procédure. Le « code », c'est l'association entre l'état en question et un mot (ou une expression et une attitude). C'est comme d'enclencher une commande qui amène une certaine réponse, toujours la même.

Vous allez donc vous installer confortablement mais

assis, fermer les yeux et faire les exercices de la première étape. Lorsque vous avez terminé, dites-vous calmement, en murmurant, donc à voix audible :

«Je vais à présent me laisser aller dans un état de conscience très confortable et plus profond. Bien plus confortable et bien plus profond. Pour cela, je vais compter lentement de 10 jusqu'à 1. A chaque chiffre descendant, je me laisse couler à un niveau plus profond... Et c'est agréable et reposant. Je commence à compter maintenant... 10...... 9...... 8...... Je me laisse couler encore plus profondément en moi — et c'est agréable et confortable... 7...... 6...... 5...... 4...... Je me laisse aller encore plus profond, je me sens aller encore plus profond... 3...... 2...... 1...... 1...... 1......

L'état de conscience dans lequel je me trouve maintenant est mon «Niveau Aleph». Cet état de conscience dans lequel je suis en ce moment s'appelle mon «Niveau Aleph...»

Voilà le «code»

Continuez ainsi :

«Je peux, à tout moment, revenir facilement à ce même Niveau Aleph. Il me suffit pour cela de faire prendre à mon corps une position confortable, de fermer les yeux, de respirer profondément 3 fois. Puis de compter mentalement lentement de 10 jusqu'à 1. Puis de visualiser la lettre A flottant paresseusement devant mon regard intérieur. Je serai alors parvenu(e) à mon Niveau Aleph, ce Niveau Aleph que j'expérimente en ce moment même... J'y resterai aussi longtemps que je le souhaite, puis, lorsque je voudrai revenir dans mon état de veille habituel, il me suffira de compter de 1 jusqu'à 5 et, arrivé à 5, je pourrai ouvrir les yeux et m'étirer, je serai en pleine forme et en parfaite santé, tous mes sens seront aiguisés et je serai parfaitement en mesure de poursuivre la journée avec efficacité, joie de vivre et sourire… Je vais utiliser cette procédure à présent. »

Puis, utilisez le code : respirez lentement 3 fois, comptez mentalement de 10 jusqu'à 1 et laissez-vous entrer plus profondément en vous à chaque chiffre descendant, visualisez la lettre A comme indiqué plus haut. Restez ensuite dans cet état de conscience aussi longtemps que vous le souhaitez. Puis ramenez-vous dans votre état de veille en comptant de 1 à 5 et en vous donnant la formule de retour. Et à 5 : ouvrez les yeux et étirez-vous.

Attention : apprenez le texte par cœur*. Si vous sortez de l'état de conscience *ad hoc* parce que vous avez peur de ne plus savoir ce texte, vous ne coderez rien du tout car vous serez revenu en Bêta. Donc entraînez-vous. Si vous sentez que vous revenez en Bêta, renoncez à vous coder plutôt que de continuer et de risquer une association « bidon » entre le Niveau Aleph et votre état de veille ordinaire. Au besoin, entraînez-vous plus longtemps que les 2 ou 3 semaines que je vous propose, jusqu'à ce que vous sentiez que c'est OK. Votre intuition, facilitée par les ondes Alpha, vous guidera.

Après la mise en place du codage, il vous faut en expérimenter l'efficacité. Pour cela, pendant 8 à 15 jours, et si possible chaque jour, isolez-vous, installez-vous confortablement dans un fauteuil, fermez les yeux et utilisez

---

* Vous pouvez éviter cet effort en vous procurant la cassette faite spécialement pour vous coder au Niveau Aleph. Elle est diffusée par NEO CORTEX, 7 place d'Austerlitz, F - 67000 Strasbourg - France.

uniquement le code (donc sans passer préalablement par les prises de conscience visuelles, auditives et kinesthésiques des sensations et perceptions) pour entrer à votre Niveau Aleph. Vous vous sentirez alors entrer rapidement dans l'état de conscience correspondant (si ce n'est pas encore au point, continuez à vous coder).

Alors, vous pourrez passer à… **la troisième étape**.

Dialoguez avec votre Inconscient

TROISIÈME ÉTAPE

Repérez la réponse que votre Inconscient choisit de vous donner

Je vous l'ai dit : votre Inconscient ne « blablate » pas. Il a tout pouvoir sur tout votre corps :

— sur votre vue intérieure : c'est lui qui vous fait voir, en rêve, le bandit à vos trousses, avec assez de réalité pour accélérer votre respiration et votre cœur ; ou qui vous fait vivre, toujours en rêve, un scénario érotique déclenchant votre orgasme ;

— sur votre ouïe intérieure : c'est lui qui vous obsède avec cet air de musique vous tournant dans la tête, ou qui crée des sons, toujours dans votre tête, n'existant pas dans votre environnement ;

— sur vos sensations physiques : c'est lui qui vous fait pâlir face à une mauvaise nouvelle ; c'est lui qui génère une oppression respiratoire que rien, dans votre activité ou votre posture, n'explique ; c'est lui qui vous fait rougir d'embarras — vous met le feu aux joues — ou qui provoque ce spasme à votre plexus…

Votre Inconscient va décider lui-même du type de réponse qu'il va vous donner. Vous n'avez aucun moyen d'en décider pour lui. Même votre Entraîneur TNPro ne peut imposer à votre Inconscient le genre de réponse qu'il souhaite. Personne ne sait pourquoi la réponse est visuelle chez certaines personnes, auditive chez d'autres, kinesthésique chez d'autres encore.

Personne ne sait pourquoi une réponse visuelle est une couleur plutôt que des « lueurs » ou des « éclairs ». Pour certains, c'est l'apparition d'une couleur verte, mauve, jaune, bleue, or ou autre.

Les « lueurs » peuvent englober l'ensemble du champ visuel ou seulement une partie, les « éclairs » ont plus ou moins d'intensité selon les gens.

Au niveau auditif (réponse rare toutefois), ce peut être un son perçu auditivement et n'existant pas dans l'environnement : bourdonnement, grincement, bruit plus ou moins rythmé ou autre.

Sur le plan kinesthésique, le champ des possibilités est encore plus vaste. Je vous le rappelle rapidement : chaud, froid, spasme, changement de rythme, mouvement involontaire, gonflement, picotement, chatouillis, grattouillis, fourmis… en mode interne ou externe ; *toujours localisé*, jamais sur l'ensemble du corps.

Voici, pour vous fixer les idées, quelques exemples de signaux reçus en réponse par des personnes que j'ai entraînées au TNPro, dans les 3 modes, visuel, auditif et kinesthésique :

— sensation de montée de chaleur avec sensation de gonflement simultané, dans les deux mains ;
— modification du rythme respiratoire ;
— mouvement involontaire d'un bras ;
— spasmes involontaires des paupières ;

— besoin de déglutir ;
— lueur mauve dans les yeux (fermés) ;
— tache bleue dans les yeux ;
— cercle jaune dans les yeux ;
— sensation de picotements au bout de certains doigts ;
— sensation de chaleur localisée (aux épaules, au front, aux joues, au ventre...) ;
— sensation d'avoir la tête qui tombe en arrière ;
— sensation d'avoir le corps qui tombe à gauche ;
— sensation de distorsion dans l'espace ;
— bourdonnement à une oreille ;
— spasme à une joue ;
— frisson localisé ;
— etc.

Certaines personnes ont 2 réponses simultanées. C'est toutefois relativement rare : le plus grand nombre a une seule réponse. Quelques exemples :

— éclair jaune dans les yeux et, en même temps, mouvement involontaire d'un bras qui entraîne la main et l'éloigne du corps ;
— modification du rythme respiratoire et, en même temps, clignement des paupières ;
— modification du rythme respiratoire et, en même temps, besoin de déglutir ;
— modification du rythme respiratoire et, en même temps, bâillement ;
— sensation de chaleur dans les mains et, en même temps, dans le bas de l'abdomen.

J'ai eu un cas où il y a eu 3 réponses simultanées :

— sensation de chaleur dans les mains, modification du rythme respiratoire et mouvement involontaire d'un bras.

Votre Inconscient a déjà compris

Encore une fois, nul ne peut se vanter de savoir pourquoi apparaît telle réponse et pas une autre, pourquoi en apparaissent deux ou même trois, plutôt qu'une seule. Si je vous donne tous ces exemples, c'est pour que vous compreniez bien que vous devez être attentif à tous les possibles dans votre repérage de la réponse de votre Inconscient. Mais sachez qu'une fois que la réponse est repérée sans doute aucun, *ce sera toujours la même* tout au long de votre vie. Donc, mettez tout votre soin à la recherche de cette réponse que votre Inconscient choisira de vous donner, toute votre attention. N'ayez aucune préférence, prenez la sensation qui vient quelle qu'elle soit et testez-la. Faites confiance à votre Inconscient, il fait au mieux, il acceptera de vous aider et de dialoguer avec vous au niveau conscient, parce qu'il a déjà, à sa manière, en « lisant » vos émotions et réactions à la lecture de ce livre, compris que ce que vous cherchez à faire est positif pour vous, pour votre bien-être, pour votre pouvoir, pour votre évolution.

Vous vous demandez combien de temps va durer cette troisième étape ? Des jours ou des semaines ? Vous pourriez être étonné car, pour beaucoup de personnes, cette étape peut être bouclée en moins d'une demi-heure ! Pour d'autres ce sera plus long : ici, tout est affaire individuelle. Je ne vais donc donner aucune indication de durée : pratiquez-la aussi longtemps que vous n'êtes pas sûr de la réponse.

A quoi reconnaîtrez-vous que c'est la réponse ?

Au fait que c'est toujours la même, que vous ne la fabriquez pas consciemment et qu'elle vient de façon pertinente, c'est-à-dire quand vous attendez une réponse.

Mais attention :

N'en demandez pas trop à votre Inconscient. Ne vous attendez pas à ce que sa réponse soit un feu d'artifice aveuglant sous vos paupières closes ou un ébranlement de tout votre être ! Il est même tout à fait probable que, au début, sa réponse soit *très ténue*, peu perceptible. Si vous vous obstinez à ne pas la reconnaître comme telle, parce qu'elle ne vous fait pas flamboyer ou qu'elle n'est pas « grosse comme une maison », votre Inconscient pourrait se lasser de la créer, pourrait cesser de « prendre intérêt à aider ce stupide esprit conscient », comme disait Milton Erickson. Donc, je n'insisterai jamais assez à ce sujet : ne ratez rien, aucune perception, si ténue fût-elle. Testez-la et, si elle se réitère de façon pertinente, il est probable que c'est la réponse que vous attendez. Si c'est bien le cas, elle sera plus évidente avec les séances successives que vous pratiquerez en dialoguant avec votre Inconscient. Ici tout se passe comme si l'Inconscient affermissait aussi, avec le temps, sa manière de vous répondre de plus en plus clairement.

Encore une chose, avant de vous donner la procédure à suivre : lorsque j'entraîne des gens au Training Neuro-Programmé, je les préviens que, au début, ils vont devoir assumer une certaine part de doute. Dans cette technique du TNPro, le Conscient doit (ré)apprendre à fonctionner « main dans la main » avec l'Inconscient. Pour cela, il doit aussi descendre un peu de sa superbe, faire confiance et abaisser son esprit critique réducteur. Cette part de doute initiale : c'est la pensée que la réponse que l'on croit avoir reconnue n'est pas la bonne et qu'on s'auto-illusionne à cet égard, ou qu'on la provoque consciemment. Encore une fois : votre confiance s'affermira avec un peu de temps *et au vu des résultats*. Alors, que ce « stupide esprit conscient » assume ses doutes, pour le temps qu'ils vont durer…

La procédure

▶ Voici maintenant la procédure à suivre pour cette troisième étape : *repérer la réponse de votre Inconscient.*

Ne vous laissez pas impressionner par l'apparente complexité de ce qui suit. En réalité, une fois que vous aurez saisi ce qu'il faut faire, ce sera très facile. Imprégnez-vous bien de l'esprit de ce que vous devrez dire. Vous pouvez apprendre le début par cœur, mais, par la suite, utilisez vos propres mots.

1. Installez-vous confortablement, assis, après vous être assuré que vous ne serez pas dérangé et que vous pouvez prendre votre temps. Ne soyez pas pressé. Fermez les yeux.

2. Utilisez le « code » du Niveau Aleph pour entrer dans l'état de conscience nécessaire.

3. Ensuite commencez à dialoguer avec votre Inconscient, toujours en murmurant, donc à voix audible. Ne vous sentez pas ridicule ou fou, à parler avec vous-même. Rappelez-vous que vous prenez contact avec une partie de vous-même que vous avez négligée jusqu'à présent, et que cette partie de vous-même est à la fois la plus riche, la plus puissante et la plus secourable. Rappelez-vous que, ce faisant, vous réapprenez à marcher sur vos deux jambes et à cesser d'être un infirme, un être humain incomplet, une « grosse tête ». Alors que vous pouvez être plus qu'un humain ordinaire… Voici ce que vous direz à votre Inconscient (ne soyez pas étonné de la courtoisie de ces propos : on ne s'adresse pas au « patron » comme à un chien !) :

« Je te salue, mon Inconscient. Je vous respecte et vous salue aussi, vous, tous les aspects de moi qui êtes dans mon Inconscient, ainsi que tous les côtés de moi qui dirigez mes ressources et qui êtes dans mon Inconscient… Je serai heureux(se) d'entrer en communication et de dialoguer avec vous si vous le voulez bien. Acceptez-vous de communiquer avec moi au niveau du Conscient ? »

Ensuite, rendez-vous très attentif à chaque sensation, visuelle ou auditive ou kinesthésique, qui se manifeste. Si rien ne vient, c'est :

- soit que le « message » n'est pas arrivé à destination. Alors, répétez calmement en restant bien concentré. Une « astuce » pour vous faciliter cette concentration : faites comme si vous parliez à votre plexus solaire (la zone interne à mi-chemin entre le sternum et le nombril) ou votre « hara » (la zone interne à environ 3-4 centimètres sous votre nombril).
- soit que vous ne parvenez pas à identifier la réponse qui s'est présentée : que vous cherchez du côté visuel alors que la réponse est kinesthésique, par exemple, ou le contraire ; que votre attention « balaie » d'autres zones que celle où apparaît le signal-réponse. J'ai vu des gens presque étouffer dans le fauteuil, et qui me disaient qu'ils ne percevaient pas de réponse ! (Si vous avez bien suivi la première étape, ce blocage a toutefois peu de risque de se produire.) Dans ce cas, continuez à chercher jusqu'à ce que vous repériez une sensation-perception et testez-la comme suit. Dites-vous bien une chose : si vous n'avez *aucune* sensation-perception, c'est que vous êtes mort ! Comme vous ne l'êtes manifestement pas…

Lorsque vous repérez une sensation, demandez à votre Inconscient, après l'avoir remercié, si cette sensation (que vous nommez clairement) est sa réponse : « Mon Inconscient, je te remercie de m'avoir donné pour réponse… ("cette lueur mauve dans les yeux", ou "cette sensation de chaleur dans les mains" par exemple). Je suis heureux(se) que tu aies accepté de me répondre. Je ne veux toutefois pas donner un sens erroné à ce que tu me dis ainsi. Si ce signal signifie que tu acceptes de communiquer avec moi, s'il te plaît intensifie ce signal (renommez-le : "la sensation de picotements sur ma joue" ou "la modification de mon rythme respiratoire", par exemple). Si ce signal signifie que tu refuses la communication, fais l'inverse et diminue l'intensité de ce même signal. »

Ensuite, laissez à l'Inconscient le temps de répondre. Attendez un peu en étant attentif à sentir s'il y a diminution ou augmentation — *même brève* — du signal. Si rien ne se passe, redites la même chose, c'est que le message n'est pas passé. Lorsque la réponse vient :

— elle est soit positive : il y a intensification — j'insiste : même si c'est bref, *vous devez le prendre pour une réponse d'acceptation* — et cela signifie que votre Inconscient est disposé à communiquer avec votre Conscient.

— soit elle est négative : il y a diminution. Et alors, deux cas sont possibles :

a. Le signal que vous avez perçu *n'est pas* la réponse de votre Inconscient. Dans ce cas, vous recommencez la procédure au point **3** ci-dessus : celui des salutations. Et vous testez ainsi successivement vos différentes sensations-perceptions, jusqu'à ce que vous en ayez une qui s'amplifie pour vous confirmer l'acceptation de votre Inconscient.

Notez bien : l'expérience m'a montré que c'est

très souvent la toute première sensation venue de façon pertinente qui est la bonne. Si, au bout de trois tests, vous n'avez toujours pas de confirmation, revenez à la toute première sensation et retestez-la.

b. Ou bien votre Inconscient n'est pas disposé, *ce jour-là*, à dialoguer avec vous. Ce cas est toutefois rare : *vous devez absolument partir du principe que votre Inconscient accepte la communication.* Comme vous ne pouvez pas savoir formellement si c'est vous qui ne trouvez pas le signal ou votre Inconscient qui se dérobe, vous ferez dans ce cas-là également 4 tests comme cidessus.

Ensuite, dans ces deux cas où, au bout de 4 tests, vous n'identifiez pas d'acceptation, concluez ainsi : dites à votre Inconscient que vous n'êtes pas parvenu à percevoir sa réponse mais que vous y parviendrez la prochaine fois. Vous lui donnerez ensuite rendez-vous pour cette prochaine fois, en le priant de vous aider alors à entrer vite et bien dans l'état de conscience qui favorise le dialogue avec lui. Priez-le aussi de vous aider, ce jour-là, à identifier sa réponse. Ensuite, prenez aimablement congé et utilisez le comput de 1 à 5 pour revenir dans votre état de veille habituel, frais et dispos et en pleine santé.

Suite de la procédure, lorsque vous êtes parvenu à identifier la réponse d'acceptation du dialogue par l'amplification du signal perçu :

4. Remerciez votre Inconscient de vous avoir donné cette confirmation de son accord en intensifiant le signal *que vous renommez clairement* (« cette contraction du bras gauche », ou « cette accélération de la respiration », par exemple).

5. Assurez votre Inconscient que vous recherchez ce dialogue afin de vous allier avec lui, pour progresser vers plus de force, d'équilibre, de bonne santé, de joie de vivre ou ce que vous voudrez, à condition que ce soit positif pour vous et ne nuise à personne (je reviendrai sur ces notions de positif pour vous et autrui lors de la quatrième étape).

6. Demandez-lui s'il est d'accord pour vous aider à aller vers ces objectifs. Si oui, qu'il amplifie le signal ; sinon qu'il le diminue.

7. Attendez sa réponse. Si elle ne vient pas, redites les mêmes choses car cela signifie qu'il n'a pas « entendu » vos paroles. Lorsque la réponse positive est là, remerciez-le pour son accord et son aide. Remerciez-le également d'avoir accepté le dialogue, dites-lui que vous êtes heureux de savoir que la collaboration de votre Conscient avec votre Inconscient sera positive et féconde, que vous êtes sûr que cela vous fera aller de l'avant, vers plus de bien-être, d'harmonie, de ressources, de satisfactions, de plaisir à vivre et à agir…

8. Ensuite, priez votre Inconscient de vous aider à vous mettre vite et facilement dans l'état de conscience *ad hoc* pour dialoguer avec lui, la prochaine fois où vous prendrez contact avec lui. Donnez-lui rendez-vous pour cette prochaine fois (sans préciser quand) et prenez courtoisement congé. Ne précisez pas quand aura lieu cette prochaine fois. Il y a à cela deux raisons : la première est que vous ne pourrez peut-être pas vous rendre disponible au jour et à l'heure dits, par suite d'un imprévu — et vous risquez alors de cultiver une inutile « mauvaise conscience » — ; la deuxième est, comme vous l'apprendrez plus loin, que le temps linéaire, temps des horloges, n'existe pas au niveau de l'Inconscient. Puis, comput de 1 à 5, et retour dans

votre état de conscience habituel, en pleine forme et santé.

Je vous l'ai dit : nombreux sont ceux qui identifient le signal-réponse de leur Inconscient dès la première tentative. Pour d'autres, il faut un peu plus de temps. Souvenez-vous que, si la disponibilité, l'ouverture et l'attention sont nécessaires, la *confiance* et la *certitude* que votre Inconscient vous répondra le sont encore plus. Simplicité et courtoisie, et l'esprit critique, analytique et caustique aux orties : ne vous laissez pas piéger par ce Conscient, dont l'hypertrophie vous empêche de puiser votre sève dans vos profondeurs. Rappelez-vous que l'esprit critique, analytique et logique vous ramène en ondes Bêta, donc vous sort de l'état de conscience nécessaire au processus de prise de contact avec votre Inconscient. Expérimentez, en toute ouverture d'esprit, et vous verrez et jugerez *sur pièces* ensuite…

Maintenant que vous avez mené à bien cette troisième étape, le repérage de la réponse que votre Inconscient a choisi de vous donner, vous arrivez au but, à… **la quatrième étape**.

Dialoguez avec votre Inconscient

QUATRIÈME ÉTAPE

Demandez à votre Inconscient de vous donner les ressources nécessaires

Vous atteignez là au but pour lequel vous avez parcouru les trois étapes précédentes. Maintenant, vous savez que la complexité de ces trois étapes n'était qu'apparente. Et vous voilà à présent en possession des 2 clés du dialogue avec votre Inconscient :

— *l'état de conscience qui permet ce dialogue*

— et *l'identification du signal-réponse*.

Vous allez donc maintenant, *et à vie* si vous continuez à cultiver cette communication avec la part majeure de votre être, pouvoir vous adresser à votre Inconscient pour en obtenir les ressources dont vous avez besoin.

Qu'est-ce donc que ces ressources ?

- Vous devez parler en public lors d'une réunion professionnelle. Vous connaissez votre sujet et vous avez même préparé votre speech. Arrivé au moment de vous exprimer, vous « balisez » : cela s'appelle le trac, votre gorge se serre, votre cœur bat vite, vous avez l'estomac noué et c'est une voix anormalement rauque qui sort de votre gorge. Vous auriez eu besoin des *ressources* suivantes : maîtrise de vous-même, confiance en vous, détente, efficacité et clarté d'esprit.
- Vous allez à un entretien d'embauche. Vous êtes qualifié et correspondez au profil du poste. Mais vous redoutez de vous démonter face aux questions qui vous seront posées. Vous avez, par exemple, besoin des *ressources suivantes* : calme et confiance en vous, aptitude à convaincre, rapidité de pensée, sourire.
- Vous vous êtes disputé avec votre partenaire sentimental et vous le regrettez. Vous redoutez la confrontation, ce soir, en rentrant. Vous avez besoin de *ressources*, par exemple : calme et capacité d'apaisement, sens de l'humour, et, pourquoi pas, spontanéité tendre.
- Vous avez une longue route à faire. Vous avez besoin des *ressources* suivantes : vigilance, rapidité de réaction, concentration, patience.
- Vous pratiquez la compétition sportive. Vous avez besoin de *ressources*, variables selon le sport en question. Par exemple : rapidité de réflexes, regard aiguisé, énergie, endurance, souplesse d'esprit et physique, concentration.

- Vous avez des examens à passer (souvenez-vous de Pierrette et de sa Maîtrise de Sociologie). Vous avez besoin des *ressources* suivantes : mémoire, concentration, rapidité de pensée, esprit de synthèse et d'analyse, intellect éveillé.

- Vous allez voir votre banquier pour lui demander un prêt. Vous n'aimez peut-être pas cela, et ne vous sentez pas à l'aise dans cette position de solliciteur. Vous avez besoin de *ressources* : calme et confiance en vous, aptitude à convaincre, clarté et précision, facilité à vous exprimer.

- Vous êtes face à un travail nécessaire que vous détestez faire : vous avez besoin de *ressources*. Par exemple : patience, efficacité, concentration, calme, persévérance s'il y a lieu.

- Vous savez que votre journée sera rude : votre cahier de rendez-vous est surchargé et vous aurez à traiter beaucoup de cas difficiles. Vous avez besoin de *ressources* : énergie, efficacité, force tranquille, patience, vivacité d'esprit.

- Vous avez une décision à prendre et n'y parvenez pas. Vous avez besoin de *ressources* : esprit d'analyse et de synthèse, jugement aiguisé, flair, instinct et intuition, capacité à planifier ou à extrapoler, par exemple.

Je pourrais multiplier les exemples : que ce soit dans les relations humaines, intimes, personnelles ou utilitaires, ou dans les activités et travaux, dans les prestations diverses que l'on peut avoir à faire et même dans les prises de décisions délicates. Chaque fois que l'on est face à quelque chose de plus difficile à réussir, on a besoin de ressources *que l'on peut nommer*. Je n'ai pas l'usage de ressources spéciales pour me laver les dents, mais j'en ai besoin lorsque je participe à un débat télévisé ou que je suis face à une journée très chargée.

Pour définir ce que j'appelle :

LES RESSOURCES : CE SONT TOUTES LES QUALITÉS ET APTITUDES HUMAINES.

C'est tout ce dont un homme ou une femme peut avoir besoin pour résoudre les problèmes posés par les événements de sa vie : la souplesse, l'adaptabilité, la mémoire, la concentration, la créativité et l'inventivité, l'originalité d'esprit, l'imagination, la séduction, la « bosse des maths », l'énergie, la puissance d'impact, l'aptitude à convaincre, le moral de vainqueur, le courage, l'efficacité, l'enthousiasme, l'humour, la joie de vivre, l'accès au plaisir... — et la liste peut s'allonger sur des kilomètres.

Tous les cerveaux humains ont la même conformation et les mêmes caractéristiques biochimiques. Cela veut dire que *tous les hommes ont potentiellement accès à la totalité des ressources humaines*, s'ils savaient comment s'y prendre.

Or, c'est précisément cela que vous faites en ce moment : vous apprenez comment vous y prendre.

Tout se passe comme si l'Inconscient était aussi le « réservoir » des ressources. Cela, c'est un fait qui se vérifie à l'usage : vous demanderez à votre Inconscient de mettre à votre disposition telle(s) ressource(s) pour tel événement de votre vie — et il le fait ! Mais avant de vous indiquer la procédure à suivre, quelques indications préliminaires sont nécessaires :

- Ne demandez pas des ressources nuisibles ou dangereuses. Votre Inconscient ne « marchera » pas si vous souhaitiez, avec son aide, nuire à vous-même (« trouver le courage de me suicider », par exemple) ou à autrui (« trouver le courage de tuer Untel », par exemple). Non pas que votre Inconscient ait du sens moral ou soit moralisateur. Il a juste exactement le même sens moral que vous au niveau conscient : si vous savez consciemment que tuer quelqu'un peut vous poser problème (aller en prison, ou avoir des remords, ou être exécuté pour cela), votre Inconscient ne vous aidera pas. Il n'ira jamais dans le sens de ce qui vous diminue ou vous prive de choses importantes (sauf au bénéfice du « principe de cohérence interne », que vous verrez plus loin et qui ne s'applique pas ici). Et, bien sûr, l'instinct de votre propre survie est inhérent à ses objectifs majeurs.

C'est la *qualité* de l'émotion manifestée pendant votre demande qui dit à votre Inconscient si c'est bon pour vous ou pas. Cela veut dire que, si vous êtes totalement amoral et que tuer quelqu'un ne vous pose aucun problème conscient, ni ne génère aucune émotion, votre Inconscient pourrait vous aider en ce sens. Car il ne percevrait là rien de mal, n'en ayant pas les signaux émotifs. Cela, toujours à condition qu'il ne puisse identifier aucun risque grave pour vous à ce propos.

- Ne demandez pas à votre Inconscient de vous retirer ce mal de tête ou cette fièvre, si c'est un symptôme de quelque chose de plus grave et un signe destiné à vous amener à vous occuper de votre santé.

- Ne demandez pas des choses stupides ou sans intérêt : « Le courage d'aller chercher mon pain en face » ou « qu'il fasse beau demain pour le pique-nique projeté » ou « que Untel se casse une jambe » ou « que je trouve une place de parking là où je vais ».

- Soyez **précis** dans vos demandes. L'Inconscient n'analyse pas, ce n'est pas son rôle. Il n'a pas à deviner ou imaginer de quoi vous pourriez bien avoir besoin : guidez-le, dites-le-lui clairement.

  C'est cela, une ALLIANCE entre le Conscient — qui analyse, raisonne, énonce les solutions et définit les ressources nécessaires — et l'Inconscient qui gère ces ressources et peut les donner.

  Avant de commencer la procédure, définissez clairement **quelles sont** les ressources dont vous avez besoin, **pour quoi faire**, **pour quand le faire** et, s'il y a lieu, **pour où le faire**.

  Vous ne pouvez pas demander : « La joie de vivre toute l'année ». Cela fait partie des demandes stupides, voire nuisibles. Imaginez que vous ayez la joie de vivre toute l'année. Mais, cette année-là, vous êtes licencié ou vidé de votre appartement, ou votre fille a son Bac à passer et a besoin qu'on la pousse à travailler (le TNPro est aussi pour elle, soit dit en passant), ou toute autre chose qui nécessite de vous bien d'autres ressources que la joie de vivre. C'est sûr qu'il vaut mieux être un chômeur joyeux qu'un chômeur triste, mais il vaut encore mieux être embauché dans une autre entreprise, et pour ça vous avez besoin d'autres ressources que la « joie de vivre ». De même, il vaut mieux être à la rue en riant qu'en pleurant, mais il vaut encore mieux vous retrouver un logement. Quant à votre fille, il vaut mieux prendre son éventuel échec au Bac avec le sourire, mais il est encore préférable d'être efficace pour lui éviter cet échec…

  Donc, pas de demande générale, vague, ou trop étalée dans le temps (ceci dit, vous pouvez demander la joie de vivre pour *aujourd'hui*, par exemple). **La précision est impérative** si vous voulez des résultats : demandez la mise à disposition de telle(s) ressource(s), pour telle occasion, à telle date, éventuellement à tel créneau horaire, éventuellement à tel lieu. Vous voulez des exemples ? En voici :

— J'ai une conférence à faire à Rouen, le 15 mars entre 14 et 17 heures. J'ai besoin des ressources suivantes : esprit aiguisé, humour, force d'impact sur autrui, mémoire, concentration. C'est précis sur

1. l'événement : une conférence ;
2. le lieu : Rouen ;
3. la date et l'heure : le 15 mars entre 14 et 17 h ;
4. l'énoncé des ressources utiles : esprit aiguisé, etc.

— J'ai une entrevue qui risque d'être orageuse avec ma belle-mère, ce soir à la maison, après 20 heures. J'ai besoin des ressources suivantes : ...

— Je vais présenter ce projet à mes associés, aujourd'hui, à partir de 8 heures, au bureau. J'ai besoin des ressources suivantes : ...

- Formulez toujours en phrases positives. « Ne... pas » est interdit. Pour comprendre ce que veut dire « Ne pas manger », il faut analyser et alors réaliser que « ne pas manger » veut dire le contraire de « manger ». L'Inconscient, qui n'analyse pas, entendra « manger » et alors, pas de problème, vous aurez faim. Si vous voulez perdre du poids, ce sera raté. Dites plutôt : « résister aux aliments nocifs pour ma ligne ». Il y a toujours moyen de formuler « à l'endroit » : « ne pas être jalouse » s'énonce « avoir confiance » ou « être sereine », par exemple ; « ne plus être vulnérable », c'est « être fort » ; etc.

- Vous devrez, ainsi, toujours :

« BRANCHER » VOTRE INCONSCIENT SUR LES SOLUTIONS

et jamais sur les problèmes et difficultés (je reviendrai là-dessus un peu plus loin, lorsque je vous parlerai du RAS, la « tête chercheuse » que vous avez dans votre système nerveux). Si vous avez 20 kilos de trop, ce n'est pas « cesser d'être gros » (le problème) mais « maigrir » (la solution) qui est important et à mentionner. Si vous faites des crises de jalousie injustifiées à votre femme, ce n'est pas « cesser d'être jaloux » (le problème) qui est à cibler, mais « gagner en confiance dans notre couple » (la solution).

Utilisez votre Conscient

Je n'insisterai jamais assez là-dessus : ne déléguez pas à l'Inconscient le job de votre Conscient — sinon, à quoi servirait encore ce Conscient ? C'est au Conscient de penser, de chercher comment fournir les meilleurs éléments à l'Inconscient, de la manière la mieux compréhensible pour éviter les malentendus (par exemple, que l'Inconscient comprenne « manger » quand vous voulez perdre du poids), et permettre ainsi à l'Inconscient d'être efficace dans le sens de ce qui est bon pour vous, de ce que vous voulez.

- Au début, pendant les 2-3 premiers mois, ne demandez qu'une seule ressource à la fois. Vous sentirez par vous-même à partir de quand vous pouvez en demander 2, puis 3, etc. N'en venez pas à aligner 25 ou 30 ressources : le message serait « brouillé » par excès d'éléments. Dans toutes les situations possibles, 5 ou

6 ressources au maximum suffisent pour y réussir. Le mieux est l'ennemi du bien, et demander trop de ressources c'est disperser l'efficacité au lieu de la concentrer.

Donc, avant de commencer votre communication, *prenez la peine de penser*, utilisez votre Conscient si intelligent pour définir les quelques ressources précises dont vous avez besoin.

■ L'éducation que vous avez reçue vous a fermé l'accès à votre Inconscient. Mais les 3 étapes que vous venez de passer (apprendre à prendre conscience de ce qui se passe en vous, puis vous entraîner à entrer dans un état de conscience plus profond, puis repérer la réponse de votre Inconscient), si vous les avez menées à bien, vous ont permis d'ouvrir la porte de communication avec lui. Mais sachez que, si vous ne cultivez pas le dialogue avec votre Inconscient, la « porte », doucement, se refermera. Imaginez que vous avez un ami et que jamais vous ne prenez la peine de lui parler : même l'ami le plus dévoué se lassera et s'éloignera de vous. Vous pouvez choisir : cultiver une pleine collaboration avec votre Inconscient (et ainsi, ce sera un acquis et une technique valables pour toute votre vie, pour toutes circonstances et événements que vous pourrez rencontrer sur votre route existentielle), ou bien vous pouvez, par négligence, paresse, laisser aller, rompre le dialogue et vous séparer à nouveau de vos forces vives, redevenir un « infirme » psychologique, un humain incomplet, une grosse tête sans corps, quelqu'un qui court dans un sac…

Donc, permettez-moi ce conseil : ne restez pas plus d'un mois sans prendre le temps de vous adresser à votre Inconscient.

En général, au début, la plupart des gens qui ont appris cette technique l'utilisent souvent. Ensuite, cela devient progressivement moins fréquent et plus « ciblé ». Il est probable que vous fonctionnerez également comme cela, et ce sera bien ainsi : parce que cela vous exercera, vous permettra de *savoir* que vous avez beaucoup plus d'atouts et que vous êtes bien plus riche que ce que vous croyiez.

Cela *ancrera* la procédure en vous.

■ Cette technique, que j'appelle « autoprogrammation » (souvenez-vous de ce terme, il reviendra dans la troisième et la quatrième partie de ce livre), vous sera de plus en plus rapide à réaliser et efficace dans ses résultats à mesure que vous l'utiliserez. Cela signifie que ce sera moins puissant au début que par la suite. Quand vous commencez à faire travailler un muscle, il est plus avachi qu'après un certain entraînement. C'est un peu analogue ici : c'est l'entraînement qui vous rendra apte à dialoguer de plus en plus facilement avec votre Inconscient. Moi, il me suffit de 2 à 3 minutes pour boucler la procédure : demander les ressources dont j'ai besoin, obtenir l'accord de mon Inconscient — et disposer ensuite effectivement desdites ressources. Vous, au début, il vous faudra 5, ou 10, ou 20 minutes, ou peut-être même un peu plus pour y parvenir. Mais qu'importe : cela vaut vraiment la peine d'y consacrer le nombre de minutes nécessaires au commencement, pour ensuite n'avoir plus besoin que de 2 ou 3 minutes, au bout d'un temps variable d'une personne à l'autre.

■ *Ayez confiance en votre Inconscient.* Si votre esprit conscient se pose en critique, en juge, ou décide d'attendre-votre-Inconscient-au-tournant-pour-voir-ce-qu'il-est-capable-de-faire, vos résultats seront nuls. Auriez-vous, vous, envie d'aider quelqu'un qui a cette attitude envers vous ? Probablement pas. Votre Inconscient non plus.

Alors, ayez une attitude ouverte, confiante, et vous serez étonné de la facilité avec laquelle vous recevrez la disponibilité de vos atouts et ressources.

Voici la procédure

Après tous ces préambules nécessaires, voici la procédure à utiliser pour vous autoprogrammer à disposer des ressources que vous convoitez.

— Ayez bien présent à l'esprit ce que vous voulez demander, en veillant à être précis : quelle(s) ressource(s), pour quoi, pour quand, pour où…

— Ensuite, isolez-vous et prévoyez de ne pas être dérangé.

— Mettez-vous dans une position confortable, assis plutôt que couché. Fermez les yeux, détendez-vous : vous allez vous adresser à un ami.

— Utilisez le code pour atteindre votre Niveau Aleph.

— Ensuite, adressez-vous à votre Inconscient *à voix audible*. Utilisez vos mots à vous pour tout ce qui suit, soyez courtois au moins, ou, mieux, affectueusement amical. Concentrez-vous : ne pensez pas en même temps à ce que vous pourriez manger tout à l'heure !

Voici les **6 étapes** à suivre, dans l'ordre :

1. Saluez votre Inconscient et remerciez-le de vous assister si efficacement tout au long de votre vie.

2. Demandez-lui *s'il accepte* de mettre à votre disposition les ressources (que vous nommez), dont vous avez besoin pour cette circonstance (que vous nommez), pour cet endroit et ce moment (que vous nommez). Si oui, qu'il vous donne le signal habituel (que vous nommez) nettement ; s'il refuse, qu'il vous donne le même signal, mais faiblement.

3. Attendez de percevoir le signal (celui que vous avez identifié à la troisième étape). S'il ne vient pas, c'est que le message n'est pas arrivé à destination : refaites la même demande.

4. Lorsque vous avez reçu le signal de réponse, si vous n'êtes pas sûr si c'est « oui » ou « non », demandez à votre Inconscient d'intensifier ce signal si c'est oui, ou de le diminuer si c'est non. Attendez la réponse.

5. Si c'est non (rarissime), abandonnez pour ce jour-là, remerciez chaleureusement et concluez comme au point **6**. Vous pourrez tout de même y revenir par la suite — ou changez de ressource : peut-être en avez-vous choisi des nuisibles ou des inadéquates. Si c'est oui, remerciez chaleureusement votre Inconscient de son acceptation.

6. Dites-lui que vous êtes heureux de fonctionner en si bonne association avec lui et que vous souhaitez que cela dure toute votre existence. Ensuite, prenez congé en lui donnant rendez-vous pour plus tard.

Vous n'avez pas besoin de préciser quand : au niveau de l'Inconscient, le temps linéaire n'existe pas. Il semblerait qu'il y ait là une sorte d'éternel présent, où coexistent vos expériences passées, votre présent, et, qui sait, peut-être déjà votre avenir (mais là, on touche à des dimensions peu accessibles au Conscient : à des connaissances transcendant le temps et l'espace auxquelles, pensent certains, seul l'Inconscient dans ses profondeurs a accès...).

C'EST TOUT ET C'EST TOUT SIMPLE

Cette procédure peut être très rapide à boucler, selon votre familiarité avec elle, votre entraînement, votre habitude. Après l'avoir faite, il ne vous reste plus qu'à vivre normalement, à agir comme votre vie le nécessite, et à vous rendre compte que vous avez bien disposé des ressources demandées au moment adéquat.

Tout votre entraînement sur les trois premières étapes a visé à vous permettre d'utiliser cette procédure simple, facile et rapide. Et cela en valait la peine, vraiment.

Si votre entraînement avait été pris en charge par votre Entraîneur TNPro, cela vous aurait été, bien sûr, bien plus simple et rapide. Après une séance préparatoire, votre Entraîneur vous aurait fait atteindre rapidement l'état de conscience nécessaire pour dialoguer avec votre Inconscient. Il vous aurait aidé à identifier le signal-réponse et à vivre l'efficacité de la procédure. En fait, avec l'aide de votre Entraîneur TNPro, il suffit de quelques séances pour intégrer complètement et vite cette procédure de la communication avec votre Inconscient.

Vous voilà donc à pied d'œuvre. J'espère de tout cœur que vous ne vous contenterez pas de *lire* ce livre. Mais que *vous mettrez en pratique ce qu'il vous enseigne.*

Aucun mot ne remplacera jamais le vécu, l'expérience, le ressenti intime. Expérimentez, offrez-vous la richesse qui se cache en vous, accordez-vous les atouts inestimables que vous recelez, mettez au jour des aptitudes et des talents que vous vous ignoriez, puisez à volonté dans votre « réservoir » de ressources, transformez-vous, développez-vous. Changez pour être plus, pour être mieux, plus fort, plus efficace, plus communicant, plus puissant, plus adapté, plus réussissant…

Vous en avez le moyen maintenant. Utilisez ce moyen — ne laissez pas la paresse ou le fait de remettre au lendemain vous arrêter. *Maintenant, aujourd'hui*, est le meilleur moment et le seul qui existe en vérité. Dites-vous cela :

C'EST *AUJOURD'HUI* QUE JE RÉUSSIS MA VIE.

▶ Si j'attends demain, j'aurai perdu un jour. La vie est courte, et chaque jour perdu à rester *en dessous* de mes possibilités réelles est un jour où j'ai échoué.

Alors, commencez votre entraînement. **Maintenant...**

Voilà : vous savez maintenant vous autoprogrammer.

Ensuite, vous allez apprendre que vous avez une « tête chercheuse », une sorte « d'esprit-servant » auquel il vaut mieux dire consciemment ce qu'il doit faire pour vous, plutôt que de lui laisser la bride sur le cou et qu'il fasse n'importe quoi. Votre « tête chercheuse » s'appelle... **le RAS**. Découvrez-le à présent.

DEUXIÈME PARTIE

LE RAS

C'est une nuit d'été et un orage violent éclate. Le tonnerre fait trembler les murs. Dans la chambre à coucher dort profondément une jeune femme, mère d'un bébé d'un mois, qui est là, aussi, dans son berceau. Ni les éclairs dont la lumière traverse les persiennes baissées, ni les grondements du tonnerre ne réveillent la jeune maman. Mais subitement, la voilà qui ouvre les yeux et se redresse. Que s'est-il passé, pour la tirer ainsi de son profond sommeil ? Presque rien : le bébé s'est mis à « gazouiller ». Et ce que ni tonnerre ni éclairs ne sont parvenus à faire, le faible vagissement de l'enfant l'a provoqué : le réveil immédiat de la femme.

Voilà un exemple de l'action d'un mécanisme neurologique que nous possédons tous : le RAS.

Vous aussi, vous aimez les trèfles à 4 feuilles ?

— RENÉ, un de nos amis, a une particularité qui étonne toujours tout le monde. Il a « l'œil tiré » par les trèfles à quatre feuilles. Est-il superstitieux ? Cherche-t-il la chance ? Je ne sais. Mais je l'ai vu souvent se promener dans le campagne, bavarder tranquillement avec nous et subitement s'arrêter, se pencher et cueillir « le » trèfle à quatre feuilles, le seul, l'unique, parmi tous les trèfles à trois feuilles qui se trouvaient à ses pieds. René ne cherchait pas spécialement, ni même ne s'attendait à en trouver. Il était présent dans la conversation, son regard allait de l'un de nous à l'autre ou embrassait le paysage, il faisait des gestes des mains pour appuyer ses paroles… Et puis, il s'arrêtait en plein milieu d'une phrase, se penchait et ramassait le trèfle à quatre feuilles. Je l'ai vu, un jour, en trouver ainsi une dizaine sur un kilomètre environ de balade dans la verdure. Inutile de vous dire que René est imbattable. Personne que je connaisse ne lui arrive à la cheville pour la collection de ces trèfles dont on dit qu'ils portent bonheur. Il est vrai que le bonheur attire René…

Voilà donc un autre exemple de l'action du RAS.

Et le Japon ?

— MARIANNE rencontre un Japonais de belle prestance et en est vite éprise. Comme toute femme amoureuse, elle se passionne pour tout ce qui concerne son partenaire : sa culture, ses traditions, sa langue, son pays, son peuple, etc. Et c'est fou ce que Marianne rencontre alors qui concerne le Japon : des expositions, des articles dans les journaux et revues, des opérations commerciales, des livres, des objets d'art et d'artisanat, des documentaires et des films, des conférences, des cours, des affiches, des spectacles, la mode et j'en passe.

Et puis, la vie est ce qu'elle est, et Marianne cesse d'être amoureuse du beau Japonais et donc du Japon. Et elle ne voit presque plus rien sur ce pays, si omniprésent pour elle auparavant.

Que s'est-il passé ? Est-il possible que, juste pour Marianne et juste pour la durée de sa passion, son environnement ait été rempli de choses concernant le Japon ?

Non : avant et après cet épisode de la vie de Marianne, le monde était tout aussi marqué par des informations multiples touchant au Japon. C'est le *regard de Marianne* qui avait changé : le Japon, devenu important pour elle, lui est apparu omniprésent — chaque fois qu'elle passait à proximité de quelque chose concernant cette partie du monde, son œil et son attention étaient comme attirés irrésistiblement.

Avant, elle était aveugle au Japon et après, elle l'est redevenue.

Très utile, le RAS !

Qu'est-ce donc alors que le RAS ?

RAS ne veut pas dire « rien à signaler » ! Bien au contraire, le RAS a tout à vous signaler pour peu que cela soit important pour vous, comme l'est l'enfant pour la mère ou le Japon pour Marianne. RAS sont les initiales de Reticulator Activated System. Ce terme barbare recouvre un mécanisme que nous possédons tous dans notre système nerveux : c'est le mécanisme de sélection de notre cerveau. Il sélectionne et attire votre attention vers ce qu'il croit important pour vous.

Vous l'avez vous-même vu à l'œuvre, c'est sûr. Souvenez-vous-en. Peut-être avez-vous fait un projet dans un certain domaine. Et vous êtes tombé alors, souvent par hasard, sur des tas de choses, informations, filons, détails… concernant votre idée, vous amenant à affiner votre démarche. Plus simplement, imaginons que vous avez très envie de vous offrir, par exemple, ce Land Rover 90 Station Wagon. C'est une voiture assez rare en France : je crois savoir que seulement quelque 400 Land Rover de tous les millésimes depuis 1940 roulent dans l'est de la France où j'habite, ce qui est vraiment peu par rapport à l'ensemble du parc automobile de ces départements. Très peu de gens *voient* un Land Rover en passant à côté : vous, oui, à tous les coups, que ce soit de près, de loin, à la télé, au cinéma, dans les journaux, publicités ou ailleurs. Vous, oui, et systématiquement : il est très peu probable que si un Land Rover apparaît dans votre champ visuel, vous le ratiez. Car votre RAS, qui sait que ce véhicule vous intéresse, attirera votre attention immédiatement sur lui.

Autre exemple du travail du RAS : dans la mesure où votre confort est important pour vous, votre RAS vous rend généralement totalement inattentif aux pressions et frottements divers de vos vêtements sur votre corps. Mais le léger contact d'une mouche sur votre bras, et votre RAS réagit tout de suite.

Ou bien vous avez peut-être été dans un hall de gare ou d'aérogare, attendant l'arrivée du train où le moment de l'embarquement. Pour passer le temps, vous lisiez un livre ou pensiez à vos plans pour le lendemain. Vous parveniez à vous concentrer sur cela, malgré le brouhaha intense et le remue-ménage qui vous entouraient. Votre RAS baissait le «bouton du volume» lié à l'environnement et « montait le bouton » amplifiant votre attention sur votre lecture ou vos cogitations…

Vous voyez, il est certain qu'en cherchant un peu, vous retrouverez le souvenir de l'action de votre RAS. Et en analysant un peu, vous vous rendrez compte que votre RAS vous a bien servi : il vous a rendu attentif à des éléments ou à des informations auxquels vous auriez été aveugle sans lui.

Et comment croyez-vous que votre RAS décide de ce qui est important pour vous ?

Un cadre qui broie du noir

Je ne vous ai donné ci-dessus que des exemples agréables de l'action du RAS : les trèfles porte-bonheur ou les merveilles du Japon pour une femme amoureuse… Mais toute médaille a son revers, vous allez le voir.

— CLAUDE, cadre supérieur, 47 ans, vient d'être licencié pour cause économique. Il touche un chômage confortable pour une certaine durée, il a un patrimoine et toujours ses diplômes et un curriculum vitae correct. S'il regarde bien les choses, il peut constater que rien n'est perdu, qu'il ne va pas être sous les ponts et qu'il peut se retourner. Mais il sait que dans la conjoncture actuelle (où on licencie plus les cadres qu'autrefois) cet état de fait, ainsi que son âge, le rendent plus difficilement recasable. Et Claude va s'hypnotiser là-dessus. Il va rapidement accorder une importance démesurée aux obstacles — âge et conjoncture — et perdre de vue de ce fait tous les atouts dont il dispose en réalité.

A partir de là, Claude va voir, « gros comme une maison », tout ce qui va dans le sens des obstacles, et être complètement aveugle et sourd à tout ce qui va à l'encontre de cela. On a beau lui dire qu'il peut trouver un job valable, lui montrer des perspectives positives, lui affirmer qu'avec ses acquis il peut même valablement se mettre à son compte... Ces arguments se cassent sur le mur de son « aveuglement spécifique ». Par contre, une conversation entendue par hasard à la table d'à côté, dans laquelle il est vaguement question d'« Untel qui végète après son licenciement », lui parvient clairement aux oreilles — alors que Claude n'est pas du genre à écouter les discours émis par des étrangers alors qu'il est au restaurant. Mais là, il est réceptif.

En fait, tout ce à côté de quoi il passe, que cela le concerne ou non, informations, statistiques, annonces, anecdotes, etc., et qui va dans le sens de sa conviction qu'il est « trop vieux pour », il va le voir instantanément, même si c'est perdu dans une masse d'autres choses, voire au milieu de données qui disent le contraire.

C'est ainsi par exemple que Claude a l'œil attiré par un article titré : « Cadres — le temps des fayots » (Le Point n° 1109), qui dit que des « cadres, d'ordinaire peu portés à faire le dos rond, mais angoissés par la menace du licenciement, du chômage, se livrent à une *carpétisation rampante* (...), symptôme d'une angoisse indicible ». Mais il ne perçoit pas d'autres titres dans d'autres revues, qui sont plus optimistes.

Vous voyez à quoi je veux en venir ? Au RAS, bien sûr...

L'attitude, le comportement, la conviction que s'est fabriqués Claude, tout cela a dit à son RAS qu'une importance majeure est à accorder aux difficultés de l'économie et du marché du travail. Et, en bon « serviteur », le RAS « branche » Claude là-dessus à chaque fois qu'il passe près de quelque chose concernant ces domaines.

Cela ne manque pas, bien sûr, d'alimenter ladite conviction et de conforter Claude dans cette attitude, cette croyance, ce comportement. Et « passe à l'as » tout ce qui va à l'encontre de cela : ce n'est ni perçu, ni enregistré, ni vu, ni *écouté*. Même lorsque c'est là, et tout aussi évidemment que le contraire.

L'image d'une radio, c'est une bonne métaphore pour le RAS : tout se passe comme si le RAS choisissait le poste que vous allez écouter et que, ce faisant, il élimine toutes les autres stations émettrices et leurs programmes.

Le RAS contrôle donc votre attention sélective, ce qui a pour corollaire inévitable ce que j'appelle « l'aveuglement spécifique ». Si on se souvient que seulement, au maximum, 5 à 9 informations simultanées peuvent se trouver dans le champ de la conscience, on conçoit tout l'intérêt du RAS, qui est un petit organe de la taille d'un petit doigt (appelé aussi Formatioreticularis System), profondément enfoui dans le cerveau.

A partir de là, il faut se poser une question : comment votre RAS sait-il que quelque chose est important pour vous ?

Pour ce qui concerne votre confort et votre survie, il ne risque pas trop de se tromper. Mais dans les autres domaines ? Comment sait-il que le Japon est devenu important pour Marianne ? Ou que le licenciement de Claude signe l'inéluctable fin de son avenir professionnel ?

IL LE SAIT, PARCE QUE CELA LUI A ÉTÉ COMMUNIQUÉ.

En fait, tout se passe comme si le RAS était l'une des instances de l'Inconscient et que ce dernier influait sur la sélection opérée par le RAS. En d'autres termes, tout se passe comme si l'Inconscient « disait » au RAS ce qui est important *maintenant*.

La bonne question n'est donc plus : « Comment le RAS sait-il que quelque chose est important pour vous ? » mais : « Comment l'*Inconscient* sait-il que quelque chose est important pour vous ? » La réponse est simple : *parce que vous le lui avez communiqué*.

La façon dont vous le lui avez communiqué fait l'objet des chapitres suivants. Avant de les aborder, continuons à nous interroger : « Et si l'Inconscient se trompait dans l'importance à accorder à telle chose ? » Eh bien, le RAS va vous « brancher » sur les informations inadéquates.

VOUS VOUS RENDEZ COMPTE DE L'IMPORTANCE DE CECI ?

Cela veut dire que vous ne devez pas laisser votre RAS décider tout seul de ce qui est utile pour vous.

DITES-LE-LUI !

Prenez les rênes et guidez cette merveilleuse « tête chercheuse » que vous avez dans le cerveau, afin qu'elle vous « branche » sur ce qui est positif pour vous — et non pas le contraire ! — : les solutions à vos problèmes, votre évolution, vos intérêts, vos objectifs…

Dites-le-lui consciemment : voilà encore un des moyens pour sceller l'alliance entre votre Conscient et votre Inconscient, et vous faire devenir un humain « complet ». Vous allez apprendre, tout au long de cet ouvrage, comment communiquer avec votre Inconscient.

Mais pour l'instant, revenons au cas de Claude. Claude a communiqué à son Inconscient le fait que son âge l'éliminait d'un rebond professionnel, que c'était évident et inéluctable compte tenu de la conjoncture collective. A partir de là, tout s'est passé comme si l'Inconscient, ayant reçu ce message, l'a transmis au RAS qui s'est mis en chasse de tout ce qui allait dans le même sens, pour le signaler à l'attention du Conscient de Claude. Le Conscient en devenant d'autant plus conforté dans cette certitude. Cercle vicieux…

Considérons que, dans le même temps, d'autres cadres du même âge ont perdu leur emploi et que certains en ont profité pour penser à régénérer leur vie professionnelle — et y ont réussi. Alors, quelle est donc cette « vérité » de la situation de Claude ? *Et si cette « vérité » était fausse, était une interprétation erronée de cette situation, UNE ILLUSION ?*

AVOIR LE CHOIX DE L'*ILLUSION*

« La recherche scientifique implique l'observateur en tant que participant, et cela implique la conscience de l'observateur humain. Par conséquent, il n'y a pas de propriétés objectives de la nature, il n'y a pas de propriétés indépendantes de l'observateur humain. »

F. Capra, physicien.

Avoir le choix de l'illusion... En voilà un titre de chapitre rebutant ! J'ai adopté cette formule choc parce qu'elle est un tantinet provocatrice et qu'elle se fixe ainsi bien dans les idées. Vous la retrouverez tout au long de la suite de ce livre.

Avoir le choix de l'illusion : en fait, vous allez le voir, c'est exaltant...

Réfléchissons un peu et jouons au philosophe. Le monde et les événements du monde, c'est quoi ?... Si je cherche à serrer au plus près la réalité, je dois reconnaître que cette réalité du monde, pour moi, c'est ce que j'en perçois. Et ce que j'en perçois passe par le filtre de ma subjectivité, de mon état d'esprit du moment, de ma réceptivité ou de mon aveuglement. Dans le meilleur des cas, je ne peux avoir conscience de plus de 5 à 9 éléments du monde, parmi toutes les informations qui m'en parviennent simultanément. *Une sélection sévère s'opère donc*, qui élimine la plus grande partie de ce que je peux appréhender consciemment de mon environnement. Cette sélection s'opère en fonction de données personnelles : ce qui m'intéresse, ce que je redoute, ce que j'aime ou déteste, ce que je crois ou ce en quoi je crois, ce que je crois être moi ou être important pour moi — et là on voit mon RAS à l'œuvre...

On est là dans la subjectivité la plus absolue. Où est l'objectivité, la *réalité* du monde, dans tout cela ? Nulle part.

AUCUN ÊTRE HUMAIN SUR TERRE NE PEUT SE VANTER DE SAISIR LA RÉALITÉ OBJECTIVE DU MONDE OU DES ÉVÉNEMENTS QU'IL VIT

Dans ce même environnement que nous nous partageons — que cet environnement soit une ethnie, un pays, une couche sociale ou professionnelle, une tranche d'âge, une famille... —, il y a ceux qui réussissent brillamment et ceux qui échouent lamentablement. Ils naissent pourtant avec la même configuration neurologique et cérébrale et, partant, *le même potentiel*. Je sais que c'est dur à avaler et que, devant la disparité des gens — les brillants, les pitoyables, et tous les intermédiaires entre ces deux pôles — dans la même culture, avec le même système éducatif pour tous (école obligatoire jusqu'à 16 ans chez nous, et ensuite toutes les filières ouvertes pour aller plus loin), il est plus facile d'accuser je ne sais quelle malédiction ou de coller des étiquettes : « Untel est bête, incapable », « Tel Autre est plein de talents », etc.

Mais « Untel » a le même cerveau, avec les mêmes deux hémisphères, en gros le même nombre de neurones, la même biochimie, la même électricité cérébrale que « Tel Autre ».

Alors, pourquoi « Untel » ne s'en sort-il pas aussi bien que « Tel Autre » ?

PARCE QUE L'INTERPRÉTATION DE « UNTEL », SON CHOIX D'INTERPRÉTATION PARMI TOUTES CELLES QUI SONT POSSIBLES, EST DIFFÉRENTE DE CELLE DE « TEL AUTRE ».

Et, partant de là, « Untel » voit et vit le monde autrement que ne le voit et le vit « Tel Autre ».

C'est pourtant le même monde que se partagent ces deux-là !

> *« La pluralité que nous percevons n'est qu'une apparence ; en réalité, elle n'existe pas. Le monde extérieur et la conscience sont une seule et même chose. »*
>
> E. Schrödinger, physicien.

La sagesse de l'Orient

Je vous parlais d'illusion plus haut : nous avons tous notre *interprétation* du monde — qui est parfaitement subjective, non objective, limitée et donc illusoire. Les philosophies extrême-orientales ont pointé cela depuis longtemps : pour elles, le monde est illusion, les phénomènes et les événements du monde sont illusion. Intégrer cela est, pour ces philosophies, la clé de la réalisation de l'être humain, de son aptitude à transcender ses limites et à se dépasser, à être plus et plus grand…

Or, aujourd'hui, nos connaissances scientifiques de pointe nous permettent de rejoindre ce très ancien savoir. Mon propos n'est pas de vous emmener vers les sommets de la spiritualité extrême-orientale mais, plus simplement, de vous amener à prendre conscience que ce que vous savez du monde et des événements que vous vivez, c'est ce que vous en percevez. Or, ce que vous en percevez est forcément limité et filtré. Ces limites et ce filtre produisent votre interprétation de ce que vous vivez, interprétation subjective, image illusoire et en aucun cas réelle et complète de ces événements, de ce vécu.

Et ça veut dire une chose colossale, fascinante :

VOUS AVEZ LE CHOIX DE L'ILLUSION !

Car pourquoi cultiver une interprétation — illusoire — de ce qui vous arrive qui vous nuit et vous appauvrit, plutôt que de *choisir une interprétation* — tout aussi illusoire — *qui vous avantage, augmente votre pouvoir, vous enrichit ?…*

C'est cela, avoir — se donner — *le choix de l'illusion* :

DÉCIDER CONSCIEMMENT QUE JE VIS LE MONDE ET LES ÉVÉNEMENTS AVEC L'INTERPRÉTATION LA PLUS FAVORABLE POUR MOI, POUR MON ÉVOLUTION, POUR MON SUCCÈS

Et vous comprenez maintenant que le mot « illusion », pris dans ce sens, n'a rien de péjoratif : il caractérise ici la subjectivité de l'expérience humaine et il ouvre à la puissance qui change le destin.

L'aventure de deux jumeaux

— ROMUALD ET MARGOT, deux jumeaux, ont 6 ans en 1972. Ils sont en colonie de vacances dans le sud de la France. Il y a là des enfants de tous âges, ça va des plus petits, 5 ans, aux presque adultes, 17 ans. Ce jour-là, il fait beau et chaud, et les animateurs décident d'emmener les enfants faire trempette, non pas à la plage, tout de même relativement éloignée puisqu'à une quinzaine de kilomètres, mais à la piscine.

Voilà donc tous ces jeunes dans l'eau. Certains des grands nagent, les plus petits sont alignés en rang d'oignons tout autour de la piscine, se tenant à la barre métallique qui ceint tout le bassin. Romuald et Margot sont côte à côte dans le grand bassin, là où il y a trois mètres de fond, solidement agrippés à la barre. Les petits camarades les environnent de chaque côté. Ni Romuald ni Margot ne savent nager, mais voici que se produit un enchaînement de paroles qui les amène tous deux à se vanter auprès des copains d'être de bons nageurs. Et, bien sûr, les autres enfants leur disent de le prouver !

Coincés dans leur vantardise, Romuald et Margot, pour ne pas perdre la face et abusés par l'apparente aisance des nageurs, sont acculés à lâcher prise et… coulent tous les deux, boivent une abondante tasse, se débattent tant et si bien qu'ils finissent par remonter tout de même et, à bout de souffle, se raccrochent à la barre métallique en tremblant.

Lorsqu'elle a repris sa respiration et se rend compte qu'elle ne s'est pas noyée, Margot regarde les autres enfants d'un air méprisant et triomphant, en plastronnant :

« Vous avez vu, je vous l'avais bien dit, et vous ne m'avez pas crue : je sais nager ! Et vous pas ! »

Romuald, quant à lui, profite silencieusement de la gloriole de sa sœur mais n'a plus qu'une envie : sortir de cette eau où il s'est senti mourir.

J'ai vu Romuald en 1990 : il voulait guérir de sa phobie de l'eau car il était épris d'une belle sportive, et il en avait assez de se faire traiter par elle de « poule pas mouillée ». Il m'a raconté sa presque noyade à l'âge de 6 ans, et comment il avait développé sa phobie depuis cet événement : il n'y a plus eu moyen de le mettre dans l'eau ailleurs que dans la baignoire.

Or, Margot avait vécu exactement la même aventure, pour les mêmes raisons, au même moment. Et Margot avait-elle aussi la phobie de l'eau ? Oh non : Margot n'a jamais eu la phobie de l'eau ! Elle avait appris toute seule à nager vers l'âge de 8 ans et elle était même excellente nageuse, le genre qu'on a du mal à ramener sur la terre ferme, le vrai poisson, la vraie sirène.

Et puis, là où Romuald avait peiné à avancer dans des études commerciales et s'était contenté d'un niveau BAC + 2, Margot était maintenant en train de préparer un doctorat en biologie à 24 ans, avec quelques travaux déjà publiés dans des revues scientifiques et une proposition pour un travail de recherche aux USA. Et aussi un brillant avenir devant elle.

Revenons à l'expérience initiale qui a déterminé la phobie pour Romuald et l'amour de l'eau pour Margot. Tous deux ont eu le même vécu : une presque noyade. Où est la différence ? Elle est dans la façon dont chacun a *interprété* ce même événement. Chacun se l'est représenté d'une certaine façon, chacun l'a analysé, l'a jugé, l'a jaugé, l'a intégré, à sa manière. Romuald en a fait une défaite et Margot une victoire. Romuald a été vaincu, Margot a été vainqueur. Romuald s'est tu, Margot en a profité pour écraser les petits copains de sa superbe.

C'est la même eau qui a submergé les deux enfants, ils ont tous deux ressenti la peur de la noyade : ils savaient bien qu'ils n'avaient pas appris à nager. Ils ont tous deux expérimenté la même perte de souffle et toutes les sensations physiques et psychiques désagréables que provoque cette incapacité de respirer dans l'eau. Et cela a fait échouer l'un et réussir l'autre.

Alors, où est ce qui a fait la différence ? Ce qui a compté, en fait, ce n'est pas l'eau, mais *l'interprétation*, la représentation que chacun s'est faite de l'événement et de l'eau. Et l'interprétation de chacun a créé un état interne : abattement pour Romuald et gloire pour Margot. Romuald a baissé la tête, Margot l'a relevée fièrement : elle avait « prouvé » aux autres qu'elle avait dit vrai, qu'elle savait ce qu'en réalité elle ne savait pas, et cela au péril de sa vie. Et elle avait reçu, en échange, l'admiration et la considération des autres enfants.

Une *illusion* nuisible, une *illusion* exaltante

La façon dont on se raconte sa propre histoire change tout : « J'ai failli me noyer, c'était affreux, j'ai cru que je ne m'en sortirais jamais, j'ai cru que j'allais mourir. »

Ou bien :

« Je leur en ai mis plein la vue ! Maintenant, ils sont drôlement admiratifs et je suis la star pour les copains jusqu'à la fin de la colo. En plus, il n'y en a pas un seul qui a soupçonné qu'en réalité, je ne savais pas nager ! »

Vous voyez la différence ? Vous sentez combien, dans la première version, ça abat et dans la deuxième, ça « donne du jus » ?

Romuald avait adopté une illusion nuisible et limitante pour lui. Margot avait adopté une illusion exaltante, dynamisante, valorisante.

Vous voyez maintenant ce que je veux dire lorsque je vous parle *« d'avoir le choix de l'illusion »* ?

Et la réussite de Margot, là où Romuald a des difficultés à avancer ? Je ne veux pas dire que l'épisode de leurs 6 ans a déterminé à lui seul leur avenir professionnel. Mais il y a fort à parier que beaucoup d'autres événements de leur existence ont été interprétés différemment par eux, en fonction d'*automatismes* dont je vous parlerai plus loin. Ayant le même âge, ils ont suivi le même cursus dans la même école et la même classe jusqu'au bac. Là aussi, Romuald a tendu à choisir l'illusion négative pour lui et Margot l'illusion positive pour elle : leurs résultats scolaires s'en sont ressentis.

Faut-il croire que, par un maléfice venu d'on ne sait où, Romuald avait à la base des moyens moindres et une négativité là où, de naissance, Margot avait des moyens supérieurs et une grande positivité ? On est là face à un mythe courant : on vient au monde avec plus ou moins de talents, un caractère et une personnalité préfabriqués, et il faut « faire avec »… Cette vision-là est dure à déraciner car elle permet de se résigner avec les honneurs. C'est la faute à papa, à maman, ou à « pas de chance ».

MAIS CETTE VISION-LÀ EST FAUSSE !

Chaque être humain a *le choix de l'illusion* dans laquelle il accepte de vivre, a le choix de l'interprétation qu'il fait des événements qu'il vit et du monde qui l'entoure.

Reste à apprendre comment modifier cette interprétation, comment se donner *le choix de l'illusion* pour renforcer sa personnalité, pour vivre plus, pour vivre mieux, pour augmenter son pouvoir, sa puissance et sa réussite à tous niveaux.

C'est ce qu'a fait Romuald. Il m'a été facile de lui faire comprendre l'importance de l'interprétation que l'on fait de son vécu : sa propre façon de fonctionner, comparée à celle de sa jumelle, lui a été une illustration lumineuse. En 1991, Romuald a fondé sa propre PME qui emploie aujourd'hui cinq salariés. Il n'est pas près de « boire la tasse », il ne « se noie plus dans un verre d'eau » et c'est avec un moral de vainqueur qu'il remporte ses parts de marché. Cela ne signifie pas que Romuald ne rencontre aucune difficulté. Il en rencontre, c'est évident. Mais sa façon de les interpréter maintenant fait qu'il les dépasse, les contourne ou les traite de la façon la meilleure pour lui. Et, ma foi, il réussit bien.

Il a épousé en 1992 Claudine qui le seconde efficacement dans son entreprise et qui n'est pas la sportive de ses 24 ans. Comme tous les jeunes couples, ils se disputent parfois, mais ils savent comment interpréter leur vécu : en mode favorable pour eux, pour leur couple et pour leur devenir…

Et si vous changiez votre interprétation ?

Alors, comment ferez-vous, vous, pour vous donner *le choix de l'illusion* ?

D'abord, accepter, ne serait-ce qu'à titre d'hypothèse de travail, que l'on peut changer son vécu en changeant l'interprétation, la valorisation, qu'on lui accorde. Il y a des interprétations qui vous obligent à baisser les bras, à être vaincu, et des interprétations qui vous stimulent, vous dynamisent, vous propulsent vers la victoire.

ET POUR LES MÊMES ÉVÉNEMENTS !

Il y a une façon très simple de vous rendre compte si, devant un événement, vous êtes face à une *illusion* qui vous déprime, vous aplatit et vous rend impuissant : soyez attentif à ce que votre corps vous raconte. Si vous avez tendance à baisser la tête, une sensation d'abattement ou d'agitation stérile, des impressions diffuses pénibles, si vous ressentez des perturbations dans l'énergie dont vous disposez (en carence : tristesse, dépression, impression d'échec, d'impuissance ; ou en excès malsain : colère, rage), si votre plexus solaire et votre estomac se crispent, si vous avez « la boule » à la gorge, les épaules contractées, le dos raide… si vous avez certains de ces symptômes (il n'est pas nécessaire que vous les ayez tous), alors vous êtes en train de choisir l'*illusion* qui va vous phagocyter, vous rendre la vie dure et vous casser votre pouvoir d'action et de réaction.

Écoutez votre corps : souvenez-vous, votre Inconscient vous parle via votre corps et vous avez appris au chapitre 3 (Repérez la réponse…, première partie) à y être attentif. Ne perdez pas cet apprentissage : utilisez-le pour repérer les moments où vous alliez être victime d'une interprétation négative de votre vécu.

Or, qu'est-ce qui vous amène à spontanément interpréter négativement ? *Des automatismes* : des mécanismes dont vous êtes victime…

PARCE QUE VOUS N'EN PRENEZ PAS LE CONTRÔLE

Ces mécanismes automatiques ont une source, quelque part dans votre passé (ce que j'appelle un « événement fondateur ») qui est une première interprétation négative d'un vécu. Par exemple : la presque noyade de Romuald à 6 ans, qu'il a interprétée à ce moment-là comme l'équation « eau pour nager = danger de mort ». Son Inconscient a enregistré cela et a trouvé la parade efficace, la phobie, à partir de laquelle il n'y a plus eu moyen de mettre Romuald dans une piscine. Et ce n'est pas faute d'avoir essayé : ses parents, sa sœur, ses camarades et des enseignants ont tenté de le convaincre d'y aller. *A chaque fois, la phobie se réveillait et alimentait encore l'interprétation première* : la vue de la piscine éveillait la panique, la morsure au plexus, le souffle coupé, des contractures.

Donc, à chaque fois, l'interprétation négative se trouvait *renforcée, confortée, automatisée.* C'est comme le fait d'appuyer sur une commande d'un ordinateur : cela déclenche automatiquement la réaction, le « programme » qui y est connecté.

Pourquoi une telle première interprétation ? Ce n'est pas une particularité préalable de la personnalité de Romuald qui l'a conduit à cette interprétation négative de son expérience. Pas plus que ce n'est une particularité préexistante chez Margot qui l'a amenée à une interprétation positive de son propre vécu, ce jour-là, dans l'eau de cette piscine. C'est le choix opéré à ce moment-là, le choix de ce qui semble le plus *important*, de ce qui apparaît le plus *valorisé* : pour Romuald, ce fut l'impact des sensations désagréables ; pour Margot, ce fut le fait de faire rentrer dans la gorge des petits camarades leur scepticisme, ce qui eut pour effet d'effacer les sensations désagréables pourtant tout à fait ressenties.

On passe sa vie à faire des choix, à peser ce qui se passe, à mettre des étiquettes, à donner des valeurs aux événements et cela dans la plus complète subjectivité et pas spécialement consciemment.

On pourrait imaginer que, si ce jour-là Margot avait été punie et rabrouée pour une bêtise qu'elle avait faite, et Romuald complimenté pour quelque chose, leur choix de l'interprétation de l'épisode piscine eût pu être diamétralement opposé, les conditions de leur humeur du moment étant différentes de ce qu'elles ont été alors… Vous voyez qu'il n'est pas nécessaire d'en appeler à des caractéristiques du genre « personnalité » ou « caractère » préexistants pour comprendre la différence de réaction des deux enfants.

Donc, à partir d'un *événement fondateur*, interprété d'une certaine façon *à ce moment-là*, se produit toute une chaîne d'événements analogues renforçant de plus en plus l'automatisme qu'est l'interprétation négative ou positive, l'*illusion* nuisible ou activante. Chaque fois que l'on est à nouveau en contact avec un stimulus analogue, c'est comme une commande enclenchée : le « programme », l'automatisme se met en route.

Le « triangle » de la femme

Avant de vous dire comment modifier vos programmes automatiques négatifs, écoutez l'histoire de Marc.

— MARC est arrivé un jour à mon cabinet. Séduisant dans le genre bourru, tout à fait attractif de sa personne, un bagage intellectuel suffisant, un job qui, pour être manuel, n'en a pas moins du prestige : menuisier d'art, ce qui lui permet de gagner correctement sa vie.

Marc a un gros problème. Il a 42 ans et il est seul. Il souffre de sa solitude, avoue un fond de timidité qui ne l'empêche pas de prendre contact avec des femmes et de « draguer » occasionnellement. Il lui arrive aussi de payer les services de prostituées. Il a eu deux relations de quelques mois chacune avec deux femmes qui l'aimaient, mais que lui n'aimait pas. Il avait aussi, entre 31 et 33 ans, vécu avec une femme qu'il dit avoir aimée intensément. Mais il n'a jamais pu avoir de relations sexuelles avec elle. Alors que sa puissance sexuelle fonctionnait sans difficulté avec des amies de rencontre ou des prostituées, ce n'était pas le cas dès qu'il aimait et qu'il souhaitait construire affectivement :
« Quand je n'aime pas, pas de problème. Quand j'aime, ça ne marche jamais », me dit-il.

L'investigation pour faire apparaître les événements fondateurs a révélé la séquence suivante, que Marc a vécue à l'âge de 5 ans. Cela se passe dans la cuisine familiale. Le père est à table, ainsi que les frères et sœurs et l'on vient de dîner. A un moment donné, la mère apparaît, nue, dans l'encadrement de la porte. Marc « voit son triangle » et regarde, fasciné, directement cet endroit du corps de sa mère. Celle-ci s'en aperçoit, rabroue vigoureusement et punit vertement le petit garçon.

Marc ne sait pas pourquoi sa mère est venue là sans vêtements. Il pense que c'était pour empêcher son père, qui était du genre coureur de jupons, de sortir ce soir-là — mais il n'en est pas sûr. Ce qui est sûr par contre, c'est que cet événement d'il y a 37 ans est toujours extrêmement vivant et chargé d'une émotivité intense : tout dans le comportement et le « non-dit » de Marc exprime cette émotion.

Marc a adopté une illusion négative ce jour-là, dans son être de petit garçon. Il a fait une assimilation entre le « triangle » d'une femme qu'on aime et les notions d'être pris en faute, d'être humilié et puni. En fait on est là, comme très souvent dans ce qui limite les gens, en face de la structure même de la phobie : l'Inconscient a enregistré un stress violent et a trouvé le moyen imparable de protéger de la réitération de ce stress. Ne plus jamais être attiré et concerné par le triangle d'une femme aimée éviterait cela, le problème ne se posant pas pour les femmes de rencontre.

On est en plein freudisme et Marc relèverait d'une psychanalyse ? Il en vient, précisément : 5 ans d'analyse, sans résultat, dit-il. Marc n'a pas encore 10 ans devant lui pour, peut-être, voir résolu son problème qui est, non pas d'aller creuser dans ses profondeurs afin d'en exhumer Dieu sait quels mystères. Marc veut rompre sa solitude *maintenant*, vivre et construire une relation à deux basée sur un sentiment réciproque. Et quoi de plus normal ? Il a là un objectif concret et bien défini : il a besoin d'adapter son comportement de manière à ce qu'il « fonctionne » bien dans une relation affective. Et c'est pour cela qu'il est venu. Que peut le Training Neuro-Programmé pour lui ?

LE TNPRO PEUT LUI APPRENDRE À SE CHOISIR UNE AUTRE ILLUSION QUE CELLE D'ÊTRE-L'HOMME-QUI-NE-PEUT-AVOIR-DE-RELATIONS-SEXUELLES-AVEC-UNE-FEMME-AIMÉE.

Cela nous ramène à la question posée plus haut : comment ferez-vous, vous, pour vous donner *le choix de l'illusion* ?

D'abord, disais-je, accepter l'idée que l'on peut changer son vécu en changeant l'interprétation, la valorisation, qu'on lui accorde.

C'est cela que vous allez commencer à assimiler à partir de la page suivante : comment ferez-vous pour… **vous raconter l'histoire *autrement*.**

VOUS RACONTER L'HISTOIRE *AUTREMENT*

« Être bloqué dans une manière de comprendre le monde, quelle qu'elle soit, est la cause des trois maux majeurs de l'humanité. »

R. Bandler, mathématicien, informaticien, psychologue.

Vous avez vu, au chapitre précédent, comment Romuald s'est raconté l'histoire de sa presque noyade, et comment Margot l'a fait de son côté. Et vous avez vu que cela a tout changé. L'un a été abattu et vaincu parce qu'il a porté toute *la valeur sur ce qu'il avait failli perdre*. L'autre en a retiré force et pouvoir sur autrui : parce qu'elle a porté toute *la valeur sur ce qu'elle y gagnait*.

Aucun des enfants n'a décidé, délibérément, de l'interprétation qu'il donnait à ce moment-là de l'événement : le jugement, le raisonnement, n'ont que peu de part à la mise en place des *illusions* nuisibles. L'ambiance ou les aléas du jour, l'environnement et l'entourage du moment colorent l'interprétation que l'on fait de son vécu.

On est là face à un ensemble de choses sur lequel le jugement conscient a peu de part : peut-on attendre d'enfants de cinq ou six ans qu'ils jaugent consciemment l'expérience ? Qu'ils se posent des questions sur sa valeur, sur son intérêt pour eux ? Ou sur la façon dont ils pourront s'en servir pour en tirer avantage ?

En fait, ce qui se passe, c'est que *l'Inconscient enregistre une situation*, avec un certain type d'émotions, un certain langage qui va avec l'émotion et une certaine modification de l'énergie disponible à ce moment-là. L'Inconscient va juger de la *qualité* de l'événement grâce à ces informations. L'émotion « peur », avec le langage « c'est terrifiant » et la paralysie qui va avec, est tout à fait différente de l'émotion « J'ai nagé sans avoir appris » associée au langage « Je leur en ai mis plein la vue ! Eux sont trop trouillards pour se lancer ! Moi j'ai osé ! », et la stimulation énergétique qui marche avec. C'est cet ensemble qui est enregistré par l'Inconscient et qui va l'amener à prendre des mesures : protection rigide, sous la forme de la phobie pour le premier, et recherche de la réitération du plaisir ressenti ce jour-là par la deuxième.

L'Inconscient ne raisonne ni n'analyse, ce n'est pas sa fonction, vous le savez. S'il réceptionne des informations fausses, il est obligé de prendre pour acquis ce qui lui vient, puisqu'il ne peut faire la différence. Il est ainsi obligé de croire sur parole l'interprétation qui lui parvient. Il ne se dit pas : « A six ans, le Conscient est trop jeune, inexpérimenté et sans savoir, pour jauger juste. » Il reçoit un message, le stress, l'effroi, ou le plaisir, l'autosatisfaction, et il prend cela pour argent comptant.

Il faut vraiment bien saisir cela :

L'Inconscient ne sait même pas que ce qui lui parvient n'est pas le jugement total du Conscient, mais le résultat d'un ensemble d'aléas (l'humeur du moment, l'ambiance, qui est là, qui n'y est pas, ce qui s'est passé, avec qui, etc.). Il reçoit un message de la « surface », il y croit et y réagit (on voit bien là, à nouveau, l'intérêt d'une collaboration efficace entre un Conscient lucide et l'Inconscient).

En fait, tout se passe comme si l'Inconscient avait trois objectifs d'une absolue priorité.

Dans l'ordre :
— le premier est le « principe de cohérence interne », sur lequel je reviendrai plus loin dans cet ouvrage ;
— le deuxième est de tout mettre en place pour que soient évités le danger et la souffrance ;
— le troisième qui ne vient qu'après, bien après que les précédents ont été satisfaits : c'est de tout mettre en place pour accéder au maximum de plaisir — ou au moindre déplaisir.

Je vois déjà certains « masos » de notre culture se lever : « Comment, le plaisir ! Alors que nous savons bien que c'est à travers les épreuves et la souffrance que l'homme se forge et progresse (ou atteint le paradis) ! »

Tant mieux *pour eux* si la souffrance leur sert de levier. Et qu'ils l'entretiennent surtout précieusement puisque *c'est là qu'ils trouvent leur autovalorisation et, partant, leur plaisir*. Qu'ils *souffrent* que l'on puisse ne pas les suivre sur ce terrain et prendre son plaisir ailleurs : dans l'équilibre et la force, dans la joie de vivre et la maîtrise, dans le développement de son potentiel et la croissance de son pouvoir d'action. Pour soi et pour les autres. A chacun selon ses goûts. Je ne sache pas que quelqu'un d'équilibré et de rayonnant ait perdu de ce fait sa place dans un paradis (ou alors : pauvre paradis...). Par contre, je sais absolument que, de se « coltiner » trop avec les épreuves et la souffrance, pour « se forger » et « progresser », empêche considérablement d'aider harmonieusement autrui. Cela crée bien plus de problèmes que cela n'en résout et met en porte à faux avec son Inconscient sa base vive : voilà la porte ouverte aux tensions internes, aux rigidités, aux déséquilibres et aux conflits avec autrui.

Quoi qu'il en soit, si l'on comprend bien ces impératifs que l'Inconscient porte en soi, on comprend beaucoup de soi-même et, surtout, on commence à avoir des moyens de résoudre ses propres difficultés.

Donc, l'Inconscient cherche à éliminer le danger et la souffrance, et ensuite seulement à atteindre le maximum de plaisir.

Cela explique pourquoi l'Inconscient maintient la timidité, l'impuissance sexuelle ou la phobie, malgré les inconvénients qui en découlent : la survie d'abord, à tout prix (même au prix des désagréments liés aux mécanismes qui assurent cette survie : solitude, dévalorisation de soi, etc.). Et seulement une fois cela assuré, l'élan vers le plaisir.

Que se passe-t-il alors si l'Inconscient, *à tort* (parce qu'il n'a pas la fonction d'analyse et de raisonnement), voit un danger là où, en réalité, il n'y en a pas ? Il réagit illico et met en place le système de protection le plus efficace qu'il lui est possible. Par exemple :

— la phobie de l'eau pour Romuald
— la timidité de Jean-Pierre
— l'impuissance sexuelle face au « triangle » d'une femme aimée pour Marc
— ou la peur de l'eau froide pour Chat Échaudé...

Ce sont là de véritables mécanismes qui verrouillent le comportement de façon automatique, sans aucune possibilité de réaction différente, et cela, *tant que l'Inconscient croit qu'il y a là du danger*.

Mais, souvenez-vous de Chat Échaudé : on a pu *montrer* à son Inconscient que l'eau froide est sans danger, tout simplement en lui mettant (un peu de force, il est vrai), et délibérément, *consciemment*, la patte dans l'eau froide. Et, ô surprise faisant suite à la terreur de la brûlure, il ne s'en est ensuivi aucune souffrance. L'Inconscient a ainsi pu donner une autre étiquette, une autre valorisation à l'eau *froide* : celle-ci ne brûle pas, elle est inoffensive, on peut s'en servir et y entrer sans aucun danger !

Nous voilà au nœud du problème : une fois de plus, c'est dans une *alliance entre le Conscient et l'Inconscient* que se trouve la solution. Si on peut amener l'Inconscient à accepter une nouvelle interprétation, une nouvelle valorisation, la phobie disparaîtra, l'impuissance sexuelle sera guérie et la timidité s'éliminera. Tout naturellement, pourrait-on dire.

Autrement dit :

SI L'ON ARRIVE À RACONTER À L'INCONSCIENT L'HISTOIRE AUTREMENT ET SI LE MESSAGE EST BIEN REÇU, C'EST AU NIVEAU DU « VRAI PATRON », DE L'INCONSCIENT, QUE LA DIFFICULTÉ SERA RÉSOLUE.

Le langage de l'Inconscient

La question, maintenant, est : comment faire pour *raconter l'histoire autrement* à l'Inconscient, de manière à ce que cette nouvelle interprétation soit « reçue 5 sur 5 » ? La réponse est : apprendre au Conscient à parler une sorte de langue étrangère, la « langue » de l'Inconscient.

Vous apprendrez cette « langue » dans les pages qui suivent.

Comme tout langage, celui-ci a une « syntaxe », une « grammaire » et un « vocabulaire » qui lui sont propres (ceci est une analogie et n'est pas à comprendre littéralement), et pour se faire comprendre de l'Inconscient, il est nécessaire de les respecter.

Vous comprendriez, vous, si je vous écrivais : « Ciel close et les fenêtre voit bleu je le à travers le jardin du fleurs » ? C'est peu probable, sauf si vous réfléchissiez abondamment. Il vous faudrait manipuler considérablement ces mots pour parvenir à ce que je veux vraiment dire : « Je vois le ciel bleu et les fleurs du jardin à travers la fenêtre close. »

Dans la première phrase, le vocabulaire y est mais ni la grammaire ni la syntaxe : voilà pourquoi vous n'en saisissez pas le sens. L'Inconscient, lui aussi, ne vous comprendra que si vous lui exprimez les choses d'une manière qui lui est claire.

En fait, la langue que comprend l'Inconscient : ce sont des *IMAGES ET DES SYMBOLES, DES ÉMOTIONS ET DES SENSATIONS* qui vont avec. En plus, tout à fait utiles : *DES MOTS, DES PHRASES DU LANGAGE PARLÉ*. N'oublions pas que les *ATTITUDES CORPORELLES*, sous-tendues par les émotions, sont aussi une sorte de langage.

Par exemple :

— il vous est arrivé de rentrer chez vous et, bien qu'aucun mot n'ait encore été échangé, vous avez tout de suite compris que quelque chose allait de travers : votre conjoint était tassé dans un fauteuil, avec le regard bas ;
— ou bien, un autre jour, son attitude physique et son expression ont suffi pour vous informer immédiatement de son désir de tendresse ou d'échange sexuel.

Si vous, vous lisez des informations non formulées sur

quelqu'un d'autre, combien plus votre Inconscient cherche-t-il à vous lire, vous ! Il est constamment vigilant, attentif à tout percevoir pour vous protéger, vous aider, vous soutenir ; il ne dort jamais. Tout se passe comme s'il était tout le temps à l'affût de tout ce qui peut le renseigner sur ce qu'il doit faire pour vous.

Pour que vous compreniez bien comment fonctionne cette « langue » avec laquelle vous avez accès à votre Inconscient, reparlons de nos deux jeunes presque noyés.

Comment Romuald s'y est-il pris pour envoyer à son Inconscient le message de la dangerosité de l'eau ? Il a allié images et symboles, émotions, mots et attitudes corporelles. Il a ainsi enchaîné une séquence, dont le sens final a été, pour l'Inconscient : eau pour nager = danger de mort. Il n'a pas fait cela en toute conscience, après un raisonnement et une analyse : c'est son interprétation du moment, son *illusion* du moment qui a induit cette séquence avec une « syntaxe », un « vocabulaire » et une « grammaire » qui l'a rendue compréhensible par son Inconscient. Margot, elle, a envoyé à son Inconscient le message suivant : eau = fierté et victoire.

Je ne sais pas comment cela s'est exactement passé : cette séquence s'est déroulée, je le répète, *non consciemment*, quasiment d'elle-même, avec sa logique et sa force propres. Toutefois, en connaissant le mécanisme psychologique, on peut imaginer comment cela a pu s'enchaîner. Pour une meilleure compréhension, je vous propose les tableaux 1 et 2 qui mettent en regard, pour la même expérience, vécue au même moment et dans les mêmes conditions, les différences dans l'interprétation de chaque enfant. Et, partant, la différence dans la compréhension et dans la réaction de leur Inconscient respectif.

Une fois examiné ce tableau comparatif, laquelle de ces deux « illusions » préférez-vous ? Il est évident qu'il ne doit venir à l'esprit de personne de toucher à l'interprétation de Margot : si utile pour elle, pour son fonctionnement, pour son Moi, pour sa réussite, pour son aptitude au développement, au bonheur et au plaisir. Par contre, il est tout à fait bienfaisant de faire changer celle de Romuald, si limitante, si nuisible à son bien-être, son plus-être, son bien-faire…

Vous « nettoyer » de votre passé

Si vous cherchez un peu, vous pouvez, maintenant que vous avez de meilleurs éléments pour comprendre comment s'implante une « illusion » négative, faire un tableau analogue pour Jean-Pierre ou pour Marc : pour chacune de ces deux personnes, vous avez un « événement fondateur » et ses suites. Vous pouvez donc imaginer comment s'est élaborée la séquence, le scénario éventuel — images et symboles ; émotions, sentiments et sensations ; mots, phrases et concepts ; attitudes corporelles — qui relie cet événement et ses conséquences comportementales.

▶ Et quand vous aurez fait cela (et je souhaite vivement que vous le fassiez *maintenant*, pour vous entraîner), vous pourrez commencer à « jeter un œil » sur vous-même. Comme tout humain sur terre, vous avez vécu des séquences-choc, des séquences-stress, humiliation, ou échec, ou violence, ou déception, ou…

L'un ou l'autre moment de votre vie vous a marqué, a laissé des traces dans votre comportement, dans votre façon de réagir et de vivre, dans ce qui vous limite ou vous effraie, dans ce qui vous semble possible ou impossible… Cherchez, seul avec vous-même, ce (ou ces) moment(s), revivez-le(s) par la pensée, par l'imagination, par le souvenir. Si vous ressentez des émotions en faisant cela, cela signifie que cet événement est toujours, de quelque manière, vivant en vous, dans votre Inconscient, *ici et maintenant* — qu'il n'est pas du passé mais d'aujourd'hui même —, qu'il vous concerne absolument et qu'il est actif et déterminant pour votre présent et aussi pour votre avenir.

Si ces émotions vous sont désagréables, il vous est extrêmement utile de vous « nettoyer » de ce passé-présent. Considérez que cet événement chargé d'émotion est comme une sorte de mine que vous portez en vous, et qu'elle vous éclatera à la figure chaque fois que quelque chose se produira qui en active le détonateur. Dans le cas de Marc : chaque fois qu'il est en présence d'une femme qu'il aime et avec laquelle il pourrait construire une vie affective. Dans le cas de Jean-Pierre : chaque fois — et cela se produit souvent — qu'il est en contact avec un groupe de gens non familiers.

A chaque fois, dans ces séquences fondatrices de vos comportements négatifs, s'est implantée ce que j'ai appelé une *illusion* : votre interprétation du moment de cet événement. Cette illusion s'est mise en place à la suite d'une séquence qui a indiqué à votre Inconscient, dans le langage compréhensible par lui, quelles valeurs et qualités avait cet événement. Votre Inconscient en a tiré les conséquences qu'il estimait devoir en tirer et a agi en imprimant la parade, pour vous protéger, vous soutenir, vous aider, vous préserver au maximum, voire vous sauver.

CEPENDANT, SI VOUS PARVENEZ À COMMUNIQUER À VOTRE INCONSCIENT UNE AUTRE INTERPRÉTATION DE CET ÉVÉNEMENT, *«À VOUS RACONTER L'HISTOIRE AUTREMENT»*, S'IMPLANTERONT EN VOUS DE NOUVEAUX COMPORTEMENTS, PLUS DÉSIRABLES, PLUS RICHES ET PLUS POSITIFS.

ROMUALD

IMAGES ET SYMBOLES	Voit, dans son «regard intérieur», son corps inerte, flotter visage dans l'eau. Imagine les parents éplorés de chagrin à cause de sa mort.
ÉMOTIONS SENTIMENTS SENSATIONS	Peur et souffrance. Sentiment d'impuissance. Peur d'une encore plus grande souffrance s'il lâche la barre à nouveau. Rémanence de la sensation d'étouffement. Palpitations cardiaques. Mal à la gorge, au nez. Tremblement des mains et du corps. Chaud-froid désagréable.
MOTS, PHRASES, CONCEPTS	«J'ai failli me noyer, c'était affreux. J'ai failli ne pas m'en sortir et mourir, j'avais la respiration coupée. L'eau, c'est très dangereux, pourvu qu'on me laisse vite sortir de là. Je n'aurais jamais dû mentir en affirmant que je savais nager! Je ne recommencerai pas.»
ATTITUDES CORPORELLES	Corps rétracté, torse tassé, besoin de respirer mais respiration étriquée. Regard bas. Agrippe la barre des deux mains serrées. Tremblements.
SENS DU MESSAGE	Eau pour nager = danger de mort.
SUITES	Phobie de l'eau. Peur de souffrir s'il «lâche encore la barre», c'est-à-dire se met en avant ou en position de devoir prouver quelque chose à autrui. Fuite devant la souffrance.

TABLEAU 1

MARGOT

IMAGES ET SYMBOLES	Se voit, dans son «regard intérieur», commander les petits camarades, qui la servent comme si elle était une reine. Imagine l'admiration des parents quand elle leur racontera cette aventure. Se voit, nageant avec aisance dans très peu de temps, ce qui la valorise et lui permet de continuer à «en mettre plein la vue» à autrui.
ÉMOTIONS SENTIMENTS SENSATIONS	Autosatisfaction, orgueil, victoire sur la peur ressentie, gonflement du Moi, plaisir à recevoir l'admiration des autres. Sentiment de supériorité. Une sorte d'exaltation qui donne des sensations physiques agréables.
MOTS, PHRASES, CONCEPTS	«Je leur en ai mis plein la vue! Maintenant, ils sont drôlement admiratifs et je suis la star. En plus, il n'y en a pas un seul qui a vu que je ne savais pas nager. Ça a été facile de remonter. Finalement, l'eau c'est sympa.»
ATTITUDES CORPORELLES	Corps droit, visage triomphant, regard dédaigneux sur les autres (minables) qui-ne-savent-pas-nager, bouche ouverte, gestes amples, se tient d'une seule main à la barre, très à l'aise.
SENS DU MESSAGE	Eau = plaisir. Briller = valorisation = plaisir.
SUITES	Apprend à nager toute seule peu de temps après, devient une «vraie sirène». Agit de manière à continuer à recevoir hommages et admiration d'autrui = agit pour s'offrir la réactualisation du plaisir ressenti. Élan vers le plaisir.

TABLEAU 2

Les chapitres suivants vous expliquent comment réussir cela en quatre étapes :

- **première étape :** utilisez le pouvoir des mots
- **deuxième étape :** utilisez le pouvoir des images
- **troisième étape :** utilisez le pouvoir des attitudes corporelles
- **quatrième étape :** utilisez le pouvoir des émotions.

▶ Maintenant, avant de passer à la suite de votre lecture, arrêtez-vous un instant. Prenez le temps de chercher dans votre passé. Revivez ces séquences et demandez-vous quelle interprétation a été donnée à ces épisodes, comment vous vous y êtes éventuellement pris (images, mots, attitudes corporelles, émotions) pour mettre en scène cette illusion et la transmettre à votre Inconscient comme une vérité absolue. Et surtout, surtout, demandez-vous maintenant quelles autres interprétations il eût été possible de donner de ce ou de ces événements.

Donnez-vous enfin, aujourd'hui, *le choix de l'illusion.* Cherchez bien, cela vous demande de la souplesse, et une aptitude à voir les mêmes choses sous des angles différents. Rappelez-vous toujours que « tout est dans l'œil de celui qui regarde », que le même paysage est différent selon le point de vue où l'on se place. Et que c'est en se donnant le plus de choix qu'on a le plus d'atouts dans la vie.

Vous avez fait cette investigation et vous avez probablement appris beaucoup de choses sur vous-même. Il vous reste alors à vous demander comment vous allez... apprendre à parler **le langage de l'inconscient**.

Le langage de l'Inconscient

PREMIÈRE ÉTAPE

Utilisez le pouvoir des mots

« Les scientifiques devraient accepter le fait que, pour avoir accès à un état supérieur de conscience, il faille en apprendre le "langage". »

B. Josephson, prix Nobel de physique.

Les mots sont extrêmement puissants. Un mot, un seul, peut vous faire changer d'humeur instantanément.

Imaginez-vous entrant tranquillement un matin dans l'ascenseur de l'entreprise où vous travaillez. Un collègue, monsieur Dupond, y entre en même temps que vous. La porte se ferme pendant que vous saluez monsieur Dupond. Et celui-ci, au lieu de vous rendre votre « bonjour », vous dit : « Salaud ! ! ! »

Il y a 98 % de chances que cela change instantanément votre état d'esprit. *Ce seul mot* a pu déclencher en vous une poussée d'adrénaline — réaction biochimique sur laquelle vous n'avez aucun contrôle conscient. Cette poussée d'adrénaline provoque une excitation généralisée de votre système nerveux et un changement dans votre thermorégulation interne : vous avez plus chaud par augmentation des combustions. La fonction contractile de vos muscles est stimulée et pour cela, il y a modification de leur vascularisation : le sang y afflue. L'amplitude de votre respiration se modifie pour amener plus d'oxygène au sang et il y a accélération du rythme de votre cœur. Il y a aussi une action sur votre rate qui, par un mécanisme qui s'appelle la splénocontraction, modifie votre pression sanguine, votre taux de glycémie et la quantité d'hématies dans votre sang. Il peut y avoir en plus une action sur la libération de corticoïdes surrénaux. Il y a une dilatation des pupilles, une tendance à ériger le système pileux (« chair de poule ») et une action sur les muscles du visage induisant un changement d'expression faciale…

Ce seul mot a réussi tout cela !

Mais imaginez maintenant que vous rentrez de votre travail, d'assez méchante humeur. Vous poussez la porte de votre appartement et vous voyez dans le couloir votre petite fille de 3 ans, sanglotant, qui vous regarde d'un tout petit air et vous dit : « J'ai peur ! »

Il y a fort à parier que cela va instantanément vous faire oublier votre grogne et vous faire changer d'état d'esprit. Là aussi, tout un ensemble de réactions dans votre organisme, dont je vous épargnerai la description cette fois-ci, se met en branle, qui vous fait oublier votre problème et jette toutes vos forces dans la résolution du problème de votre enfant. Et pour cela, seuls trois petits mots ont été prononcés.

Un troisième exemple ? Vous rentrez chez vous de méchante humeur (encore !), et votre partenaire amoureux vous dit : « Je t'aime » ou « J'ai envie de toi ». Il y a bien des gens qui, immédiatement, changeraient d'humeur pour ces quelques mots prononcés… et cela pourrait bien induire les réactions physiologiques adéquates pour que vous passiez un heureux moment ensemble.

Encore un exemple et j'arrête : vous rentrez chez vous de bonne humeur. Votre partenaire amoureux, en vous voyant, et sans lever les yeux de son journal, dit : « Ah, c'est toi… » Il est bien probable que votre belle mine s'assombrirait et que vous vous mettiez à grogner rien que pour ces 3-4 mots-là.

C'EST ÇA, *LE POUVOIR DES MOTS* : VOUS ENTENDEZ LES MOTS, ET VOUS LES INTERPRÉTEZ ET LES RENDEZ ALORS CATALYSEURS, EN VOUS :

1. **DE RÉACTIONS PHYSIOLOGIQUES QUE VOUS NE CONTRÔLEZ PAS,**
2. **ET DÉCLENCHEURS D'ÉMOTIONS TOUT À FAIT RÉELLES.**

Soyez très attentif : vous n'avez pas la même réaction interne lorsque vous pensez « soleil » que lorsque vous pensez « brouillard ». Ni lorsque vous entendez le mot « cocotiers » par rapport à « mine de charbon ». Et comparez ce que vous ressentez face à : « musique » et « cacophonie » ; « orchidée » et « gadoue » ; « vahiné » et « souillon » ; « or » et « plomb »…

Vous n'avez pas non plus la même réaction interne, le même ressenti, lorsque vous pensez « Je suis fou de rage », que lorsque vous pensez « Je suis un peu contrarié ». Comparez : « Je vais lui casser la gueule ! » et « On va s'expliquer calmement » ; « J'en ai marre de… » et « Ça m'embête un peu » ; « C'est foutu » et « Je vais chercher une solution » ; « C'est la catastrophe et « C'est un problème à résoudre… »

Testez cela par vous-même

Je sais bien que, à froid, ces mots et expressions que vous lisez en ce moment ne vous agitent probablement pas outre mesure. Alors, comme je veux tout de même vous convaincre, utilisons votre propre vécu. Je vous invite à vous souvenir d'un moment de votre vie, récent ou plus ancien, où vous avez eu un gros conflit, ou une grosse difficulté, ou une défaite — et qui vous reste encore « un peu sur la patate ». Ce genre de chose est arrivé à chacun d'entre nous.

Replongez-vous donc dans cet épisode de votre vie et faites-vous des commentaires sur ce problème : « C'est affreux » ou « Je ne vois pas de solution », ou quoi que ce soit qui vous vienne à l'esprit dans le genre catastrophique. Ressentez-vous bien pour percevoir l'impact sur vous, sur votre physique et vos émotions, de ces définitions-là.

Puis, trouvez d'autres formulations plus anodines et plus légères pour ce même problème et ressentez vos perceptions à nouveau : il y a fort à parier que votre ressenti, vos émotions, sont différents maintenant.

Ainsi, les définitions verbales catastrophistes vous cassent le moral et l'énergie, et vous font baisser la tête, les bras et le regard. Les définitions plus légères tendent à vous donner davantage de « jus », vous laissent (au minimum) l'impression d'avoir un certain pouvoir pour solutionner ou dépasser le problème.

Cet exercice sera encore plus convaincant si vous êtes, dans votre vie présente, face à quelque chose qui vous angoisse, vous fait peur ou vous semble plus ou moins insurmontable. Si vous êtes dans ce cas, mettez-vous en face de ce problème et allez-y : jugez-le, qualifiez-le de manière catastrophiste, puis plus anodine. Et ressentez bien la différence de votre vécu, de vos réactions, de ce que cela vous donne ou vous enlève de pouvoir…

Peut-être me direz-vous que les mots qu'on emploie ne changent pas les situations, et qu'une situation catastrophique et sans issue le reste, même si on s'obstine à en dire que « ce n'est pas si grave que ça ».

ET VOUS AUREZ TORT !

Je ne connais qu'une seule situation qu'on peut (peut-être) qualifier de « catastrophique et sans issue » : c'est la mort.

Je ne suis pas d'un optimisme béat et imbécile. Par contre, je sais qu'*on a le choix de l'illusion*. Et je choisis toujours l'illusion qui me donne du pouvoir et me fait avancer — et jamais l'illusion qui me casse l'intelligence et les bras.

Revoyez votre passé : vous avez sans doute dû affronter des moments très difficiles, où vous avez cru que « c'était fichu ». Aujourd'hui, ou bien vous en êtes mort — et alors, vous aviez raison (mais c'est peu probable, puisque vos yeux courent sur ces lignes !) —, ou bien vous avez dépassé le problème et vous n'en êtes plus là. Ce qui prouve que ce n'était pas « fichu » : c'est vous qui aviez choisi cette *illusion*-là.

Je connais des personnes qui ont cru que leur vie était finie parce que leur conjoint(e) les quittait, et qui sont bien plus harmonieusement mariées aujourd'hui. Je connais des personnes qui ont cru sombrer lors d'un licenciement, et qui sont aujourd'hui plus haut dans leur carrière, avec un Moi professionnel de belle qualité.

On connaît des gens qui, à la suite d'un accident, se sont retrouvés handicapés à vie et qui, aujourd'hui, sont des piliers pour soutenir autrui — nous avons eu un Secrétaire d'État dans ce cas.

Certains ont perdu leur fortune, ont « déprimé » un bon coup, puis en ont profité pour en rebâtir une autre.

Nous avons tous, aussi, croisé des personnes restées sur une *illusion* noire qui les a phagocytées, leur a ôté tout pouvoir, les a amenées à la déchéance, voire les a détruites. Pourtant, elles aussi avaient *le choix de l'illusion*.

Gagner ou perdre

Nous avons tous le même cerveau : si certains s'en tirent à leur avantage face à l'atteinte physique, à la ruine matérielle, à l'échec, à la secousse professionnelle, *alors chaque humain détient ce potentiel-là*. On peut fléchir la tête sous l'adversité (l'illusion négative) et la redresser ensuite (choisir ensuite l'illusion positive).

ON PEUT AUSSI CHOISIR TOUT DE SUITE L'ILLUSION POSITIVE, CELLE QUI LAISSE DE L'ÉNERGIE ET DU POUVOIR, GARDER LA TÊTE HAUTE ET PARTIR À L'ASSAUT DES SOLUTIONS.

Dans les pires périodes sur un plan collectif, il y a ceux qui gagnent et ceux qui se laissent perdre. *Gagner ou perdre*, cela va beaucoup dépendre des mots que vous utilisez pour qualifier, définir, ce qui vous arrive, ce que vous redoutez, ce que vous projetez.

En utilisant les mots de *l'illusion positive*, de l'interprétation qui vous donne du potentiel, vous indiquez à votre Inconscient, *dans son langage*, que la qualité et la valeur qu'il doit leur accorder sont positives.

Par contre, lorsque vous pensez réellement « c'est fichu », cela s'accompagne, sans que vous puissiez le contrôler, d'une émotion de type abattement, échec, perte de pouvoir. Cela s'accompagne aussi d'une *vision* négative : images et symboles, dans votre « regard intérieur », de l'échec, de la défaite — votre imagination met cette situation en scène dans votre tête, d'une façon ou d'une autre. Votre attitude corporelle, votre physiologie, se règlent à tout cela : vous avez le dos voûté, le regard baissé et ressentez un manque d'énergie. Là, vous avez choisi l'*illusion négative*.

Dans les deux cas, vous avez fait quelque chose d'énorme : vous avez, instinctivement, utilisé le langage de l'Inconscient, dans la bonne syntaxe, grammaire et vocabulaire. Votre Inconscient a compris la teneur du message et il réagit en conséquence.

Vous avez choisi de lui transmettre l'*illusion* négative ? Il va aussitôt se dire que, puisque « c'est fichu » et que vous êtes irrémédiablement vaincu, il vaut mieux vous mettre sur une voie de garage, vous faire plier sous le faix, vous réduire votre énergie au maximum, vous ramener le regard « sur votre nombril ». Et cela afin de ne pas vous faire courir de risque supplémentaire : ce faisant, il réduit au plus qu'il peut les risques d'actions inconsidérées qui pourraient se révéler dangereuses pour vous, ou encore plus chargées de souffrance. Entre deux maux, il choisit le moindre : la souffrance de l'échec est pour lui moindre que celle qui proviendrait d'une action contre cette absolue fatalité du « c'est fichu ».

Vous lui avez, au contraire, transmis l'*illusion* positive ? Ça change tout !

ÇA CHANGE TOUT, *POUR LE MÊME ÉVÉNEMENT!*

Il faut que vous compreniez bien cela et que vous l'intégriez. Et pour vous illustrer cela, je vous propose les quatre tableaux 3-4-5-6 qui, pour quatre domaines importants de la vie (l'affectif, le physique, le professionnel et le financier), vous illustrent la différence de valorisation et d'interprétation, l'*illusion* positive et négative pour un même événement.

Vous verrez comment on utilise sans le maîtriser, mais tout à fait efficacement, le langage de l'Inconscient pour lui transmettre cette interprétation. Et vous verrez quel type de réaction l'Inconscient peut alors implanter. J'ai volontairement choisi des situations lourdes, qui seraient très difficiles à vivre pour la plupart d'entre nous : le handicap physique, le « clash » sentimental », la « déchéance » professionnelle, la ruine financière. Et cela parce que la plupart des problèmes que nous affrontons dans notre vie n'ont pas cette ampleur-là — et pourtant, ils « aplatissent » certains. Si, dans ces cas très lourds, il est possible de cultiver *l'illusion positive* et de s'en sortir à son avantage, combien plus est-il possible de le réussir pour des situations plus légères…

J'ai, volontairement aussi, choisi les deux pôles extrêmes : *l'illusion* la plus négative d'un côté, la plus positive de l'autre. C'est quelque part entre ces deux pôles que se situe la réaction de la plupart des gens à qui cela arrive. Mais, lorsque l'Inconscient comprend une *illusion* négative, c'est que c'est celle-ci qui lui a été transmise majeurement, et vice versa (j'ai délibérément éliminé la pire version, celle qui aboutit au suicide : lorsque l'Inconscient n'entrave plus cette autodestruction, c'est qu'il y a une fêlure profonde. On est là face à une pathologie relevant d'abord et avant tout de toute l'aide médicale et psychologique possible).

Examinez attentivement ces quatre tableaux. Comparez les interprétations positives et négatives dans chaque cas, leur cohérence et logique internes, leurs conséquences sur le comportement, leur pouvoir sur la suite du vécu.

Et considérez ceci : si on peut parvenir, avec une telle efficacité, à faire passer une interprétation négative à son Inconscient — et cela sans le faire exprès ! —, on peut (et on doit) parvenir à lui faire entendre le message inverse, positif. Votre Inconscient, contrairement au Conscient, n'est ni têtu ni « tête de mule ».

Il est accessible au changement. Il a une perméabilité suffisante pour écouter un autre son de cloche, à condition de lui parler *dans son langage*, alliant mots, images, sentiments-sensations et attitudes corporelles, dans les bonnes syntaxe, grammaire, vocabulaire (et c'est ce que vous allez apprendre dans les chapitres suivants).

En dehors de cas pathologiques rares, il reste toujours possible et fécond de transmettre à votre Inconscient l'*illusion* que vous préférez pour éliminer celle qui vous limite, vous écrase, vous appauvrit.

« CLASH » PHYSIQUE

ACCIDENT OU MALADIE QUI LAISSE HANDICAPÉ

Illusion négative

MOTS PHRASES CONCEPTS	« Ma vie est finie. » « Je suis foutu. » « Je ne vaux plus rien. » « J'ai tout perdu. » « Je ne pourrai plus jamais faire ceci, cela. » « Je suis cuit. » « Je ne plairai jamais à personne - personne ne voudra plus de moi. » « Ma vie sexuelle est finie. » « Je ne suis plus qu'un légume. » « Je ne serai plus jamais autonome, je vais peser sur les autres et être tributaire de leur bon vouloir. » « Je n'ai plus d'avenir. » « Il vaudrait mieux que je sois mort. »
IMAGES ET SYMBOLES DANS LE REGARD INTÉRIEUR	Se voit grabataire, impuissant. Se voit servi par des gens, parents, amis, auxquels cela pèse. Se voit sans revenus autres qu'une maigre allocation, vivant plus ou moins misérablement de l'aide d'autrui. Se voit nécessitant l'aide d'autrui pour se laver, aller aux toilettes. Se voit seul, affectivement et sexuellement. Se voit vieux, pauvre et abandonné.
ÉMOTIONS SENTIMENTS SENSATIONS	Rumination sur le passé. Sentiment de perte absolue. Désespoir, tristesse, abattement, défaite, larmes plus ou moins rentrées. Dépression, pessimisme, gorge serrée, estomac noué, cœur qui serre. Énergie absente. En veut à tout : au destin, aux autres, à la vie. Regrets stériles.
ATTITUDES CORPORELLES	Regard bas. Commissure des lèvres vers le bas. Tassement. Tête basse, respiration étriquée.
SENS DU MESSAGE	« Tout mon potentiel est fini. Il me reste à subir la suite en me recroquevillant sur moi-même. »
SUITES	Dépression. Solitude morale. « Nombrilisme » négatif. Méfiance, suspicion envers autrui. Enfermement en soi. Ce qui, paradoxalement, donne un certain pouvoir sur les autres, « moindre mal » choisi par l'Inconscient par rapport à un désespoir encore plus grand. Le RAS « branche » sur tout ce qui va dans le sens du négatif.
QUELQUES NOMS	Je n'en connais pas : avec ce genre d'illusion négative, on ne laisse pas de trace dans l'histoire, les sports, la politique, les arts, les sciences...

TABLEAU 3

« CLASH » PHYSIQUE

ACCIDENT OU MALADIE QUI LAISSE HANDICAPÉ

Une première phase déprimée - *illusion* négative - peut se transformer en ceci : *illusion* positive

MOTS PHRASES CONCEPTS	« Je vais m'en sortir. » « Je vais réagir. » « Je ne suis pas le premier à qui ça arrive, d'autres s'en sont sortis, alors moi aussi. Je vais trouver comment. » « J'ai des amis, de la famille, qui m'aiment et me soutiendront. » « Qu'est-ce que je peux faire, apprendre, maintenant, pour me créer une vie valable pour la suite. » « Il me reste ceci, cela (mon intelligence, mes bras, ma créativité, mon imagination, ou autres), je vais chercher comment les dynamiser pour réussir ma vie grâce à ça. Je peux le faire et je vais le faire. » « Je sais ce que j'ai perdu, mais est-il possible que j'y aie gagné quelque chose, et si oui, je vais trouver quoi. » « Tant que je suis vivant, je peux réaliser et réussir des choses. »
IMAGES ET SYMBOLES DANS LE REGARD INTÉRIEUR	Se voit capable d'agir avec les potentialités existantes : intellectuelles, artistiques, physiques ou relationnelles. Se voit capable de rester en relation avec autrui sur différents plans.
ÉMOTIONS SENTIMENTS SENSATIONS	De l'élan. Envie d'agir. Envie d'activer ce qu'il est possible d'activer. Espoir en l'avenir. Sensations d'énergie potentielle.
ATTITUDES CORPORELLES	Capable de sourire. Respiration plus ample. Regard levé.
SENS DU MESSAGE	« Maintenant, trouver de nouvelles dimensions à ma vie. »
SUITES	Se remet en action. Stimule son Inconscient et son RAS à trouver des solutions, des ouvertures, des modes d'action et des intérêts.
QUELQUES NOMS	Le Secrétaire d'État Michel Gillibert. Le physicien Stephen Hawking. L'hypnothérapeute américain Milton Erickson. Tous les sportifs qui participent aux jeux olympiques des handicapés. Le chef d'entreprise Louis van Proosdij.

TABLEAU 3

« CLASH » FINANCIER

Illusion négative

MOTS PHRASES CONCEPTS	« J'ai tout perdu. » « Plus rien ne sera jamais comme avant. » « J'ai perdu ça, ça, ça, ça... » « Plus jamais je n'aurai ça (une villa, une limousine, etc.). » « Je suis pauvre. » « Plus personne ne va me respecter. » « Je vais être la risée de tout le monde. » « Ils vont avoir pitié de moi. » « Ils vont pouvoir m'écraser de leur richesse. » « Je vais me retrouver dans un taudis. » « Ma famille va souffrir, l'avenir de mes enfants est compromis. » « Je suis un minable. »
IMAGES ET SYMBOLES DANS LE REGARD INTÉRIEUR	Voit tout ce à quoi il « faut renoncer à jamais ». Se voit plus ou moins clochard. Voit autrui le regarder de haut, et lui-même tout petit. Se voit incapable de regarder autrui en face. Voit et entend des reproches qu'on lui fait. Voit tout ce qui est perdu.
ÉMOTIONS SENTIMENTS SENSATIONS	Sentiment de perte irréparable. Autodévalorisation, abattement, sentiment de défaite, d'échec. Peur de la pauvreté et du regard d'autrui. Peur de l'avenir, regret du passé. Sentiment d'humiliation. Se sent jugé, se sent coupable. Sensation de froid, d'être démuni.
ATTITUDES CORPORELLES	Attitude abattue, respiration courte, épaules rentrées, dos rond, énergie carencée. Tête et regard bas. Plexus contracté. Gorge serrée.
SENS DU MESSAGE	« J'ai essayé d'être riche : j'ai échoué. Je n'y arriverai plus jamais. »
SUITES	Comportement d'échec. Se montre aigri, envieux. Se renferme sur soi-même. Casse la communication avec ses proches et autrui. Regrets stériles du passé prospère. L'Inconscient protège d'une nouvelle ruine et de la souffrance y afférente en faisant échouer toute action vers une nouvelle aisance — qui est comprise là comme les prémices de la réitération de cette souffrance.
QUELQUES CAS	Les suicidés à la suite du krach boursier de 1929.

TABLEAU 4

« CLASH » FINANCIER

Illusion positive

MOTS PHRASES CONCEPTS	« M'adapter. » « C'est un coup dur, mais j'y suis arrivé une fois : j'arriverai encore à la prospérité. » « C'est arrivé à d'autres, et ça ne les a pas empêchés de rebâtir leur fortune. » « Je vais me battre pour ma famille, mes enfants, moi-même et mon prestige ! » « J'ai prouvé que je sais m'enrichir : je vais trouver comment, au mieux, repartir de zéro. » « Je me donne tant (un an, deux ans, ...) pour me retrouver encore plus riche qu'avant ! » « J'ai tous ces atouts pour m'enrichir encore. » « Je vais leur montrer que je suis plus difficile à abattre que ça ! »
IMAGES ET SYMBOLES DANS LE REGARD INTÉRIEUR	Se voit repartir au combat. Se voit utiliser des techniques, des idées, des filons pour rebâtir son aisance. Imagine sa réussite, comment et quand il va à nouveau disposer des mêmes éléments de prospérité, ou davantage. Voit l'étonnement, lorsqu'il aura reconstruit son aisance, de ceux qui aujourd'hui ricanent. Se voit grand devant les rivaux. Voit ses réussites passées et les extrapole sur l'avenir.
ÉMOTIONS SENTIMENTS SENSATIONS	Stimulation, émulation, sensation d'énergie « picotante ». Envie d'agir, de bouger, de se lancer à nouveau dans la bagarre. Impatience et une certaine agitation mentale à l'affût d'idées, une sorte de « brainstorming » spontané. Envie de repartir à l'assaut de la richesse. Élan vers l'avenir.
ATTITUDES CORPORELLES	Respiration plus ample, épaules rejetées en arrière. Attitude de défi, d'élan, de combativité. Tête haute et regard aiguisé. Expression décidée. Appel d'énergie.
SENS DU MESSAGE	« C'est un défi qui m'est lancé et que je vais relever. Et gagner brillamment ! »
SUITES	Combativité et action dirigées vers le but. L'Inconscient et le RAS « branchent » sur les opportunités concernant le but poursuivi, stimulent aux idées allant dans ce sens et aux aptitudes idem. Ils mettent à disposition l'énergie nécessaire pour cela.
QUELQUES CAS	Anthony Robbins. Tous ceux qui se sont relevés des krachs boursiers.

TABLEAU 4

« CLASH » SENTIMENTAL SÉVÈRE

Divorce, rupture... *Illusion* négative

MOTS PHRASES CONCEPTS	« Ma vie est finie. » « C'est un horrible échec. » « Que vais-je devenir maintenant ? » « J'ai tout perdu, tout ce sur quoi j'avais bâti ma vie. » « Je suis tout(e) seul(e). » « Je suis malheureux(se). » « Je n'aimerai plus jamais. » « Je ne ferai plus jamais confiance. » « Je ne crois plus en l'amour. » « L'amour, c'est une belle fumisterie ! » Ou alors : « Tous les hommes (toutes les femmes) sont des salauds (salopes) ! » « On me le paiera ! »
IMAGES ET SYMBOLES DANS LE REGARD INTÉRIEUR	Se voit seul(e) pour tout le reste de la vie, malheureux(se) et abandonné(e). Se voit se suicidant et imaginant la culpabilité du « coupable ». Ou bien : se voit en train de « le faire payer » à quelqu'un d'autre en abusant des sentiments de celui-ci. Ne voit que ce qui est perdu.
ÉMOTIONS SENTIMENTS SENSATIONS	Au bord des larmes. Perte de pouvoir. Rumination sur le passé. Dépression, tristesse, cafard, abattement, énergie carencée, peur de l'avenir solitaire. Sentiment de défaite définitive. Solitude morale. Désir de mourir, « mal au cœur », humiliation, sentiment d'être rejeté. Se sent couler, envie de se laisser aller. Ou bien : colère, haine, ressentiments, envie de punir, envie de tuer.
ATTITUDES CORPORELLES	Élan coupé, énergie carencée, gorge serrée. Tête et regard baissés, bras ballants, avachissement de la posture, respiration étriquée, épaules rentrées, dos rond. Ou bien : énergie anarchique malsaine. Dents et mâchoires serrés, regard fixe et rictus. Épaules, dos et mains crispés. Adrénaline. Plexus noué.
SENS DU MESSAGE	Amour = souffrance et échec.
SUITES	Se renferme dans la méfiance et une exigence excessive envers autrui au niveau affectif. Donc, ne peut guère s'épanouir affectivement en « lâchant prise » et en faisant confiance. Défenses mises en place par l'Inconscient pour « blinder » contre la réitération de cette souffrance = mise en place d'un comportement tout à fait *ad hoc* pour avoir le maximum de chance de rester seul(e) = ne plus courir le même risque : agressivité, ironie, par exemple.
QUELQUES CAS	Voyez les faits divers dans les journaux.

TABLEAU 5

« CLASH » SENTIMENTAL SÉVÈRE

Divorce, rupture… *Illusion* positive

MOTS PHRASES CONCEPTS	« M'adapter. » « Trouver comment passer le cap. » « Il faut maintenant tirer la leçon de ce qui s'est passé, pour éviter les mêmes erreurs par la suite. » « La vie continue et je peux trouver quelqu'un d'autre et de mieux. » « Je suis libre maintenant de recommencer ma vie, et bien mieux. » « Quand un sentiment est mort, c'est la preuve qu'il n'était pas viable. Je ne vais pas m'effondrer pour ça. » « Quelle médiocrité affective, si ça avait continué : finalement, ça me secoue, mais cette rupture me sauve de cette médiocrité-là. » « Il vaut mieux repartir de zéro que la "guerre de trente ans". » « Je vais prendre soin de moi pour plaire à nouveau. » « Je vais refaire ma vie. »
IMAGES ET SYMBOLES DANS LE REGARD INTÉRIEUR	Se voit se pomponner, sortir, rencontrer quelqu'un, séduire. Se voit se remettre avec quelqu'un et rebâtir quelque chose. Imagine quoi changer en soi pour augmenter son pouvoir de séduction. Voit ce qu'il y a à gagner de la situation : aller vers du neuf, redécouvrir.
ÉMOTIONS SENTIMENTS SENSATIONS	Envie de plaire. Élan vers l'avenir. Une certaine excitation et curiosité de ce que la vie va encore apporter. Ouverture.
ATTITUDES CORPORELLES	Élan stimulé. Énergie disponible. Respiration ouverte, tête redressée. Regard « vers l'avenir ».
SENS DU MESSAGE	L'amour est nécessaire à ma vie = rencontrer un nouveau partenaire.
SUITES	Comportement ouvert et disponible à la communication. Se rend capable de séduction. L'Inconscient stimule les aptitudes favorables en ce sens, facilite le mental et cœur ouverts. Le RAS « branche » sur les opportunités affectives.
QUELQUES CAS	Regardez autour de vous : nous avons tous rencontré des remariés heureux.

TABLEAU 5

« CLASH » PROFESSIONNEL

Illusion négative

MOTS PHRASES CONCEPTS	«C'est fini, c'est foutu!» «Je ne vais plus trouver de travail.» «Je vais finir clodo ou au RMI.» «Je vais devoir accepter n'importe quel job pour pouvoir manger.» «De nos jours, avec le chômage galopant, je n'ai plus aucune chance de me recaser.» «Je ne vais même plus pouvoir payer mon loyer.» «Je vais être à la charge de mes proches.» «Je ne vais pas pouvoir assumer les études de mes enfants.» «Je suis un minable.» «La vie est dure.»
IMAGES ET SYMBOLES DANS LE REGARD INTÉRIEUR	Se voit cherchant dans les petites annonces, en vain. Se voit, se présentant à un travail et se faisant refouler. Se voit, tête basse et tout petit, devant ses anciens pairs. Se voit, méprisé, dédaigné, jugé nul. Se voit traîner sans but, inutile, jour après jour. Imagine le regard de reproche de ses familiers. Ne voit que ce qui est perdu.
ÉMOTIONS SENTIMENTS SENSATIONS	Défaite, échec, humiliation, déception, autodévalorisation, peur de l'avenir, angoisses, sensations d'énergie envolée. Ressentiment. Regrets. Sentiment de perte irréparable.
ATTITUDES CORPORELLES	Énergie carencée. Tête et regard bas. Respiration oppressée, épaules rentrées. Gorge serrée. Plexus crispé. Éventuellement pouces rentrés dans la main fermée.
SENS DU MESSAGE	«L'avenir est sombre et sans espoir.» «Ce n'est pas la peine de m'agiter : il vaut mieux m'écraser, car c'est sans issue.»
SUITES	«Vaincu d'avance» dans toutes les tentatives pour retrouver un job : donc ni convaincant ni impactant — on lui préférera toujours quelqu'un de plus tonique. Il sabotera ainsi lui-même ses chances. L'Inconscient comprend que l'échec est fatal et entravera toute action investissant de l'énergie conquérante : «A quoi bon, économisons l'énergie puisque, de toute façon, ça ne peut pas marcher.»
QUELQUES CAS	Il y en a beaucoup, malheureusement, de nos jours, avec la crise de l'emploi.

TABLEAU 6

« CLASH » PROFESSIONNEL

Illusion positive

MOTS PHRASES CONCEPTS	« M'adapter. » « C'est arrivé à d'autres, ils n'en sont pas morts ! » « C'est arrivé à d'autres qui s'en sont même tirés brillamment. » « Ça va être l'occasion d'un nouveau départ, de nouvelles possibilités, de montrer de quoi je suis capable. » « Je ronronnais dans mon job, c'est l'occasion d'être à nouveau (créatif, actif, innovant, entreprenant...) » « Ma perspective de carrière était de toutes façons bouchée dans mon job : je vais pouvoir évoluer à nouveau. » « C'est le moment de me recycler. » « C'est le moment d'améliorer ma formation. » « Il y a toujours du boulot pour quelqu'un comme moi, capable de (s'adapter, être actif, créatif...), qui a mes qualités et talents. »
IMAGES ET SYMBOLES DANS LE REGARD INTÉRIEUR	Se voit parfaire sa formation ou se recycler ou entreprendre quelque chose. Se voit convaincre un employeur qu'il est le meilleur. Se voit entrer dans un nouveau job. Se voit avec de bonnes perspectives d'évolution professionnelle. Ou toutes autres choses analogues. Se voit gagnant dans la compétition contre d'autres candidats, lors d'une embauche. Voit ce qu'il peut éventuellement gagner ou réaliser à partir de sa situation présente.
ÉMOTIONS SENTIMENTS SENSATIONS	Envie d'entreprendre. Élan vers l'avenir. Envie de réaliser. Activité mentale pour trouver des solutions. Impatience d'agir. Combativité.
ATTITUDES CORPORELLES	Énergie un peu anarchique. Regard et tête levés. Expression déterminée. Respiration plus ample. Tendance à « faire le poing ».
SENS DU MESSAGE	« Tout est en place pour sortir de mes habitudes, prouver de quoi je suis capable et entamer une nouvelle étape. »
SUITES	L'Inconscient met à disposition des énergies pour aborder une nouvelle étape et le RAS « branche » sur tout ce qui va dans le sens de l'objectif de réussir cette nouvelle étape.
QUELQUES CAS	Nombre de personnes licenciées ont créé leur propre entreprise et y ont réussi ou se sont recasées favorablement.

TABLEAU 6

L'expérience de Jeannette

— JEANNETTE, « larguée » par son mari amoureux d'une jeunette après 22 ans de mariage, entre dans une dépression noire, fait plusieurs tentatives de suicide ratées et finit par atterrir dans mon cabinet, entraînée par sa fille de 20 ans. Environ huit semaines après notre première entrevue, Jeannette se réveille un matin et... se sent bien, étonnamment. Elle m'a dit ensuite :
« C'est comme si un rideau s'était déchiré. Je me suis sentie bien, libérée, je n'en revenais pas. Je me suis demandé comment j'avais fait pour me vautrer ainsi dans la déprime pendant plus d'un an. Je me suis même demandé pourquoi je n'avais pas réalisé tout de suite que, si j'avais dû rester avec mon mari toute la vie, ç'aurait été l'enterrement de première classe pour moi. Parce que, finalement, mes 22 ans de mariage, ce n'était pas le paradis : on avait des conflits régulièrement, les disputes étaient fréquentes, on ne s'est jamais bien compris, lui et moi. Il a même eu une maîtresse pendant plusieurs années et je le savais.

Comment avais-je bien pu faire pour vouloir mourir à cause de ça ? A croire que je pleurais après tous les ennuis que j'avais eus pendant ma vie avec lui. C'est fou, ça ! »

Ce que j'ai fait pour obtenir ce résultat ? J'ai tout d'abord pris les choses en main sous l'angle psychothérapeutique, en utilisant pour cela les techniques thérapeutiques de la Programmation Neuro-Linguistique (PNL). Puis, j'ai appris à Jeannette à communiquer à son Inconscient une nouvelle interprétation de sa situation avec la grammaire, le vocabulaire et la syntaxe justes. Cela a « mijoté » dans les profondeurs, puis s'est inscrit dans le comportement. Et aujourd'hui, trois ans après, Jeannette a refait sa vie et ne regrette plus, mais vraiment plus du tout, son premier mariage...

Entraînez-vous à *choisir* vos mots

Pour utiliser le pouvoir des mots :

CHOISISSEZ DÉLIBÉRÉMENT LES MOTS QUE VOUS EMPLOYEZ POUR QUALIFIER VOTRE VÉCU

Les mots ne sont pas que des vibrations sonores articulées. Leur sens vous parvient et s'imprime en vous. Rappelez-vous toujours que les mots ont un effet sur votre physiologie, sur votre biochimie (et que vous ne contrôlez pas les réactions chimiques de votre organisme provoquées par les mots), sur votre attitude corporelle, sur vos sensations, émotions et sentiments. Alors, *choisissez consciemment* les mots que vous utilisez.

- **Face à une situation à problème :**

— vous voulez être aplati sous l'adversité et sans pouvoir ? Dites-vous : « C'est horrible ! », ou bien « C'est irrémédiable », ou « C'est la fin », ou quelque chose d'analogue ;

— ou vous voulez garder votre potentiel de réaction ? Dites-vous : « C'est un peu embêtant, mais... », ou « C'est un problème à résoudre », ou « C'est un vrai défi à relever », ou autre chose de voisin ;

— vous voulez dynamiser votre pouvoir de réaction positif ? Dites-vous : « Bon, ce n'est pas vraiment drôle, mais il y a toujours des solutions — et je vais me mettre en chasse pour en trouver », ou « Ce n'est pas encore ce truc qui va m'abattre ! », etc.

- **Face à une situation heureuse :**

— vous voulez passer à côté ? Dites-vous : « Ouais, c'est pas mal », ou « J'aurais préféré que... », ou « Ça aurait pu être mieux si ç'avait été comme ça... » ;

— vous voulez en profiter à bloc ? Dites-vous : « C'est super ! », ou « C'est génial ! », ou « Ça alors, c'est formidable, j'adore ! ».

Essayez les deux versions, et vous verrez que ça change tout à votre attitude, à votre comportement, et surtout, surtout :

À CE QUE VOTRE INCONSCIENT COMPREND DE LA SITUATION...

- **Face à une situation moyenne :**

— vous voulez la « tirer vers le bas » ? Dites : « Bof, j'aurais préféré que... », ou « Vraiment, ce n'est pas terrible », ou « Pff, encore tout ça à faire pour que ce soit mieux » ;

— vous voulez la « tirer vers le haut » et tonifier votre propre potentiel en ce sens en même temps ? Dites : « C'est déjà une base, maintenant on peut aller plus loin », ou « Voilà un résultat encourageant qui me stimule à en atteindre d'autres ».

L'expérience d'A. Robbins

A. Robbins, grand maître du développement personnel aux USA, raconte l'épisode suivant, qui lui est arrivé personnellement. Lors d'une réunion d'affaires avec deux de ses associés, ils apprennent que quelqu'un, avec qui ils avaient une négociation en cours, était en train de les doubler et avait trahi leur accord. Que s'est-il passé alors ?

L'un des trois hommes est entré dans une rage noire et fulminait. Un autre en a été bouleversé, le troisième semblait à peine touché. Ayant les mêmes intérêts dans cette affaire, comment était-il possible que cette nouvelle les affecte si différemment ? A. Robbins a cherché à comprendre et a interrogé ses partenaires. Et il a ainsi découvert que l'un s'était dit, les dents serrées : « Cela me rend furieux et enragé ! » Lui-même, A. Robbins, avait utilisé les mots « en colère » et « bouleversé ». Le troisième homme s'était dit : « C'est un peu ennuyeux, mais ce n'est pas la peine de se fâcher pour cela. » Et c'est lui qui, des trois, avait gardé puissance et maîtrise de la situation.

Ces trois hommes ont aujourd'hui bien dépassé cette difficulté dans leurs affaires. Mais cet épisode a eu pour effet positif de montrer à A. Robbins la puissance du langage sur le comportement. Nous voyons à l'œuvre, là, trois *illusions* différentes pour le même événement, trois interprétations différentes. L'une de ces *illusions*, la rage, crée une importante et stérile dépense d'énergie ; une autre — être bouleversé — « casse » le ressort et le moral ; la troisième — un peu ennuyée — préserve tous les moyens pour aborder tout ce qui est à l'ordre du jour, le problème inclus.

A travers ces exemples, vous voyez à l'œuvre le pouvoir des mots…

Les questions

Le pouvoir des mots… C'est aussi le pouvoir des questions que l'on se pose.

Savez-vous que, consciemment ou non consciemment [1], on se pose des questions pratiquement en permanence :

— Est-ce que ceci est vrai ?
— Que vais-je bien pouvoir faire à manger à midi ?
— Pourquoi X m'a-t-il dit cela ?
— Qu'est-ce que je vais bien pouvoir répondre à ça maintenant ?
— Comment vais-je aborder ce problème pour le résoudre ?
— Ma femme préférerait-elle des fleurs ou ces boucles d'oreilles pour sa fête ?
— Pourquoi le destin m'impose-t-il cette épreuve ?
— Comment analyser cet événement sous un angle positif pour moi ?
— Quel est le meilleur placement que je peux faire parmi tous ceux-là ?
— Que puis-je retirer d'agréable de ce qui vient de se passer ?
— Où vais-je aller en vacances ?…

Il y a même des tas d'affirmations que l'on se fait dans sa tête, et qui sont en fait des questions ou font suite à des questions posées non consciemment :

— Je pourrais lui acheter ces boucles d'oreilles.

---

1. Attention à ne pas confondre inconscient et non conscient. Ici, non conscient signifie juste en dessous du champ de conscience, mais tout à fait accessible au Conscient : il suffit pour cela de faire l'effort de s'en rendre compte, de le « conscientiser ».

— Il mangera bien une entrecôte avec de la salade.
— Ceci est vrai.
— J'irais bien en Sicile cet été.
— Le mieux, en ce moment, c'est un placement dans l'immobilier.
— Si je prends le problème sous cet angle, j'arriverai sans doute à tel résultat…

Si je me pose des questions en permanence, et si le *choix des mots* est important pour me retirer ou me donner de l'énergie, ne peut-on penser que la *façon dont je formule les questions* est, elle aussi, chargée de pouvoir positif ou négatif ?

Vous voyez, je viens encore de poser une question ! Alors, pour éclaircir ceci, on va faire des comparaisons entre différentes formulations à l'aide des quatre cas ci-dessous. Je vous invite à entrer dans la « peau du rôle » et à *ressentir* vos réactions et les modifications, fussent-elles ténues, qui seront induites par ces formulations. Vous avez appris à écouter votre corps, vos réactions, à prendre conscience de vos perceptions. Utilisez cela maintenant : rendez-vous attentif à ce que vous racontent vos sensations.

CAS 1

Vous avez eu un accrochage en voiture, une bosse au front et le capot défoncé.

Questions :
— Pourquoi a-t-il fallu que ça m'arrive à moi ! ?
— Pourquoi le hasard (le destin, le sort, le ciel) m'a-t-il frappé ainsi ?
— Qu'est-ce que je vais faire maintenant ?

— Comment vais-je résoudre ce problème et rentrer ?
— Comment vais-je me tirer le plus favorablement de cette situation ?

CAS 2

Vous avez eu une « prise de bec » avec Monsieur Dupond (vous savez, cet homme qui travaille dans la même entreprise que vous et qui vous a traité de « salaud » dans l'ascenseur).

Questions :
— Pourquoi cet imbécile réagit-il comme cela, qu'est-ce qui lui prend ?
— Pourquoi faut-il que je me farcisse la stupidité de ce type ce matin ?
— Qu'est-ce que je vais lui répondre ?
— Comment vais-je faire pour le remettre à sa place ?
— Comment vais-je faire pour régler ce problème ?
— Comment rétablir au bureau une harmonie relationnelle à présent ?

CAS 3

Vous vous sentez « coincé », insatisfait de vous, limité ou en état d'échec, dans une situation quelconque (affective, relationnelle, professionnelle, financière ou autre).

Questions :
— Pourquoi faut-il que je me bloque comme ça ! ?
— Qu'est-ce qui m'arrive là ?
— Pourquoi ai-je eu des parents comme ceci (ou :

ai-je été éduqué comme cela ; ou : les gens sont-ils méchants ; ou : le monde est-il pervers ; ou…) pour en arriver là ?

— Qu'est-ce que je peux faire pour améliorer ça ?
— Comment agir pour changer cela à mon avantage ?
— Quelles solutions puis-je trouver à ce problème ?
— Comment trouver les moyens pour faire en sorte que ça n'arrive plus ?
— Pourquoi dois-je me coltiner avec ce problème ?

CAS 4

Avant d'aller plus loin, et pour que la démonstration vous soit profitable, il serait bon que vous vous impliquiez. Aussi, je vous propose ici de considérer une situation ou un événement problématique *de votre vie à vous*, et d'essayer de repérer la ou les questions que vous greffez dessus. Écrivez-les sur un papier. Ressentez vos perceptions — ce que votre corps vous raconte —, puis cherchez à répondre à ces questions, toujours sur le papier. Ensuite, cherchez quelles autres questions vous pourriez vous poser à ce sujet. Cherchez-en les réponses, mettez-les noir sur blanc sur votre feuille.

▶ Il serait vraiment bon que vous n'alliez pas plus loin dans votre lecture avant d'avoir fait cet exercice qui peut vous prendre de cinq minutes à une demi-heure. Ce n'est pas là un bien long temps, pour commencer à intégrer la compréhension de la puissance des questions. Intégrer cette compréhension vise à vous permettre d'utiliser cette puissance au service de votre vie et de ce et ceux qui sont importants pour vous. Alors, je vous donne rendez-vous après ce petit laps de temps.

Peut-être l'avez-vous perçu à travers vos sensations internes, à travers une impression de montée ou de perte d'énergie et à travers les réponses que vous avez écrites lors de l'exercice qui précède — si vous avez été réceptif et attentif, c'est même certain :

IL Y A DES QUESTIONS PARALYSANTES ET DES QUESTIONS DYNAMISANTES

Des questions qui ôtent l'énergie et des questions qui la stimulent.

QUESTIONS PARALYSANTES

A quoi ou comment reconnaîtrez-vous les questions paralysantes ?

— Au fait qu'elles n'apportent aucune solution, aucune réponse *utilisable pour dépasser le problème* ;
— au fait qu'elles font baisser votre énergie et votre aptitude à résoudre le problème. Ou qu'elles éveillent des sentiments négatifs : colère, haine, agressivité — qui sont rarement des solutions ;
— au fait qu'elles polarisent votre attention sur les problèmes et difficultés.

Pour schématiser, *je dirai que beaucoup de questions paralysantes commencent par* ***« pourquoi »*** :

— Pourquoi a-t-il fallu que ça m'arrive à moi ! ?

— Pourquoi le ciel m'a-t-il frappé ainsi ?
— Pourquoi faut-il que je me farcisse la stupidité de ce type ce matin ?
— Pourquoi dois-je me coltiner avec ce problème ?
— Pourquoi faut-il que je me bloque comme ça ?
— Pourquoi ai-je eu des parents qui m'ont éduqué comme ceci ?

Ces questions ne donnent pas de réponses utilisables. Elles créent le sentiment d'être atteint ou puni par une instance supérieure, destin, fatalité, dont je n'ai aucun moyen d'infléchir les « arrêts ».

— Pourquoi cet imbécile réagit-il comme ça ?

La réponse est chez l'autre, pas chez vous. Il n'y a là aucune solution ou réponse utilisable.

Rajoutez-y les questions commençant par ***« pourquoi »*** de votre propre liste, et vous aurez bien saisi ce que sont les questions paralysantes — et qu'elles ne mènent qu'à tourner en rond et enlèvent toutes possibilités de solutions et d'actions. Finalement la seule réponse au « pourquoi » c'est : « Parce que… Parce que c'est comme ça. »

Si les questions commençant par « pourquoi » sont très utiles chaque fois qu'elles peuvent augmenter votre savoir, votre culture, votre bagage intellectuel (par exemple : « Pourquoi quelqu'un qui est effrayé voit-il son cœur et sa respiration s'accélérer ? » — « Parce que son organisme réagit à la peur en sécrétant de l'adrénaline qui, etc. »), elles sont stériles et bloquantes lorsqu'elles sont en rapport avec des problèmes à résoudre, des difficultés rencontrées dans votre vécu. Alors prenez-y garde et ne vous laissez plus « rouler » par ces questions paralysantes…

QUESTIONS DYNAMISANTES

A quoi reconnaîtrez-vous les questions dynamisantes ?
— Au fait qu'elles apportent des solutions, même si celles-ci ne sont pas toutes utilisables ;
— au fait qu'elles orientent votre attention vers ces solutions ;
— au fait qu'elles font plutôt monter vos énergies.

Pour schématiser là aussi, je dirai que les questions dynamisantes commencent par ***« comment »*** ou ***« que »*** :
— Qu'est-ce que je vais faire maintenant ?
— Comment vais-je résoudre ce problème ?
— Comment vais-je me tirer de cette situation à mon avantage ?
— Qu'est-ce que je vais lui répondre ?
— Comment agir pour le remettre à sa place ?
— Qu'est-ce que je peux faire pour améliorer l'ambiance ?
— Comment agir pour changer cela à mon bénéfice ?...

Vous voyez la différence ?

A chacune de ces questions, on peut trouver des réponses et

ELLES IMPLIQUENT QU'IL Y A UNE OU DES SOLUTIONS AU PROBLÈME

De plus, face à ces questions, votre physiologie réagit en « donnant du jus ».

Voyez maintenant les questions dynamisantes de votre propre liste — et tirez les conclusions de cela.

Vous vous souvenez du RAS ? Lorsque vous le branchez

sur le problème (comme l'a fait Claude, le cadre licencié), il vous rendra attentif à tout ce qui concerne et conforte ce problème.

LORSQUE VOUS LE BRANCHEZ SUR LES SOLUTIONS, IL VOUS RENDRA ATTENTIF À TOUT CE QUI CONCERNE LES SOLUTIONS

Il aiguisera votre regard vers les réponses, les solutions. Voilà une raison supplémentaire pour vous entraîner à vous poser les questions dynamisantes…

Ah, l'angoisse de la fin du mois

— MARTINE tient, avec son mari, un commerce de maroquinerie. Elle a une hantise depuis des années : à toutes les fins de mois, elle perd du temps à mettre la main sur les documents comptables, factures, recettes, charges sociales, impôts, etc. Elle se dit incapable de gérer cela. Comme son mari est exigeant pour la précision de la comptabilité, toutes les fins de mois sont un mauvais moment à passer pour ce couple — qui, par ailleurs, s'entend bien — : conflits, tensions, énervements, disputes. Martine passe une partie de son mois à s'angoisser à la perspective de la fin du mois, ce qui n'arrange pas le problème.

Elle est venue me voir en râlant :

— « Pourquoi faut-il faire cette saleté de comptabilité ! ? »
— « Pourquoi est-ce que je ne peux pas m'organiser pour que ce soit facile ? »

— « Pourquoi Henri est-il si chipoteur et maniaque ! ? »…

J'ai mis Martine face à ces questions paralysantes. Je lui ai demandé de les écrire et de trouver les réponses. Et il fallait voir comment elle peinait à les chercher : visage renfrogné, air buté, tête baissée, mine dégoûtée. Mais elle n'en a pas trouvé…

Ensuite, j'ai demandé à Martine de formuler ses questions autrement et de noter les réponses. Là aussi, elle a eu du mal : cela n'était pas facile de lâcher les questions paralysantes. Enfin, elle a écrit :

— « Comment vais-je faire pour que mes papiers soient en ordre pour la fin du mois ? »

Et subitement, voilà que le visage de Martine s'éclaire, elle se penche sur son papier et commence à y coucher les réponses :

— « En les empilant au fur et à mesure dans un classeur. »
— « En m'organisant de manière à trouver cinq minutes chaque jour pour les trier. »
— « En assumant avec le sourire mon foutoir qui me fait perdre du temps en fin de mois. »
— « En… »

Toute la physionomie de Martine avait changé : sa respiration, la façon dont elle se tenait, le regard, la posture, la vivacité de ses gestes.

Martine a aujourd'hui résolu son problème et son couple, aussi bien que son commerce, y ont gagné. Sa personnalité et sa confiance en soi aussi.

Vous trouvez que Martine se noyait dans un verre d'eau ? Mais chacun de nous a de ces petites insuffisances, que d'autres résoudraient en un tournemain, et qui nous paraissent insurmontables, à nous. Il fut un temps où je n'arrivais pas à me mettre à étudier ou à écrire avant seize heures. Je pouvais poursuivre jusqu'à minuit passé, certes, mais j'avais perdu une bonne partie de ma journée à traîner, à prendre un café par-ci, à lire un bout de journal par-là, à faire une grille de mots croisés... Et encore, à seize heures, il fallait que je me force, acculée par un sentiment d'urgence !

« La barbe ! Pourquoi faut-il que je fasse ce travail, alors que je préférerais (aller au cinéma ou à la piscine ou voir une copine ou...) ! »

Quand la question est devenue : « Comment faire pour avoir envie de me mettre au boulot dès dix heures (heure pas si matinale et donc raisonnable, tout de même) ? », j'ai commencé à trouver des tas de solutions — et aujourd'hui je n'ai vraiment plus ce problème.

Entraînez-vous-y

En fait, quel que soit le problème, quelle que soit la difficulté, petite ou grande, apprenez à vous poser les questions dynamisantes.

ELLES SONT TOUJOURS UTILES ET PRODUCTIVES

Car, en dehors de la recherche *consciente* de solutions, elles branchent votre RAS, via votre Inconscient, sur le fait de repérer tout ce qui va dans le sens des solutions. Elles impliquent aussi *qu'il y a des solutions*. Ainsi, vous choisissez l'*illusion* positive, celle qui vous fait avancer. Et j'ai déjà dû vous dire que seule la mort est une situation sans issue, sans solution.

Avec ce livre, avec le TNPro, vous apprenez à marcher sur deux jambes saines et vigoureuses au lieu de vous contenter de clopiner, coincé dans un sac. C'est d'un *entraînement* qu'il s'agit. Au début, je le répète, tout entraînement est contraignant et il faut presque toujours vaincre quelques résistances : flemme, envie que ça se mette en place tout seul…

Mais avec un peu de temps et d'obstination, cela devient de plus en plus facile, de plus en plus efficace, de plus en plus automatique.

Branchez votre Inconscient et votre RAS sur les questions dynamisantes — et les questions paralysantes finiront par ne plus même vous effleurer. Branchez-les afin qu'ils vous alertent lorsque vous utilisez les mots qui vous ôtent vos possibilités — et vous finirez par utiliser sans y penser le *pouvoir des mots* en votre faveur. Toute votre façon de réagir spontanément aux événements en sera transformée.

On n'a rien sans rien, et se programmer pour sortir de ses insuffisances, c'est un travail à faire — aux résultats exaltants. Dans un entraînement sportif, on peut ressentir d'abord des courbatures, ce qui est inconfortable. Mais c'est lorsqu'on finit premier du challenge que ça devient super-satisfaisant.

Alors, je vous y encourage vivement : entraînez-vous et vous changerez…

Cessez donc d'être victime de vos « états d'âme » !

Après le *choix* conscient des mots et des questions, abordons encore un autre aspect de l'utilisation des mots pour votre développement.

SAVEZ-VOUS QUE VOUS POUVEZ CHANGER TRÈS RAPIDEMENT VOTRE ÉTAT D'ESPRIT ?

Vous vous rendez compte de ce que cela veut dire ? Cela veut dire que *vous n'êtes pas obligé* de ruminer. Malgré ce qu'en croient les « ruminateurs » chroniques :
« Je n'y peux rien : quand ça commence, je ne peux pas l'arrêter. Je reste là, dans mon fauteuil ou dans mon insomnie, et ces pensées noires tournent, tournent, tournent… C'est comme un mécanisme qui est remonté et je ne peux pas l'arrêter… »

Eh bien si, vous pouvez l'arrêter ! Et très vite même. Ça vous économisera votre (bon) moral, votre énergie, votre joie de vivre, votre sommeil et votre pouvoir d'action, toutes choses bien rongées par cette vilaine mécanique mentale.

Cela veut dire aussi que vous pouvez sortir de votre état dépressif, de votre autodévalorisation, de votre sentiment d'échec ou de tristesse… — et très vite, ma foi. De votre colère aussi, ainsi que de la tendance à vous appesantir sur ce qui ne va pas — ce qui vous ôte vos moyens.

Si vous n'êtes pas « maso » et que vous préférez éliminer ces attitudes chez vous, vous allez en trouver ci-dessous les moyens.

Auparavant, une digression me semble nécessaire : vous avez appris à conduire une automobile et vous avez souffert pendant cet apprentissage. Cela n'a pas été facile ni intégré tout de suite. Il vous a fallu y mettre de la bonne volonté, de l'attention consciente, du temps, de l'argent, de la patience et de la disponibilité. Vous avez « transpiré » pour en arriver à tenir votre droite (je me souviens que moi, j'avais toujours tendance à ramener la voiture vers le centre de la chaussée) et il a fallu ajuster vos réflexes pour saisir en même temps ce qui se passait devant ; dans le rétroviseur, ce qui se passait derrière et aussi ce qui pouvait bien venir à gauche et à droite. En plus, vous avez dû coordonner vos gestes : en même temps appuyer sur une pédale, tenir le volant, changer de vitesse, mettre le clignotant... Donc, vous avez plus ou moins transpiré pour en arriver là. Et aujourd'hui, cela vous a amené à une chose extraordinaire : vous avez le moyen de vous balader sur toutes les routes, dans le monde entier, de conduire n'importe quelle voiture, et cela en racontant vos projets à votre passager et en faisant de l'humour.

Vous conduisez aujourd'hui pratiquement sans y penser, parce que vous avez fait de cet apprentissage initial, plus ou moins stressant, un ensemble de *réflexes*, des *automatismes* auxquels vous pouvez faire confiance dans la plupart des cas.

Apprendre la technique pour changer votre état d'esprit et ainsi :

DEVENIR LE MAÎTRE DE VOS HUMEURS ET DE VOTRE APTITUDE AU BONHEUR,

cela demande également une certaine dose de patience, persévérance, disponibilité, bonne volonté, temps, attention consciente, travail. L'être humain étant paresseux (et pourquoi pas ? La volupté de la paresse, cela existe), il rechigne parfois à « bosser ».

Dans ce qui suit, il vous faudra bosser, car vous êtes le seul à pouvoir mettre au jour vos mécanismes négatifs. Cette mise au clair pourra vous prendre quelques semaines — comme vous a pris quelques semaines votre apprentissage de la conduite automobile. Mais le résultat en vaut la peine. Lorsque vous aurez intégré cette technique, que vous en aurez fait un ensemble de réflexes, vous aurez la maîtrise sur vos humeurs, vos états d'âme, vos états d'esprit, votre ambiance intérieure.

Souvenez-vous : vous avez le *choix de l'illusion.* Si vous avez envie de privilégier une *illusion* sinistre, vous saurez comment vous y prendre, de façon imparable. Si vous préférez privilégier une illusion rayonnante, vous saurez aussi comment vous y prendre, de façon imparable. Car vos humeurs, votre état d'esprit du moment, colorent l'interprétation que vous faites de votre vécu et c'est cette interprétation-là — cette *illusion*-là — que réceptionnent comme vérité votre Inconscient et votre RAS.

Alors, vous avez envie de jouer le jeu ? Lisez avec attention ce qui suit et faites le travail qui vous y est proposé. Vous allez découvrir des choses sur vous-même, ce qui est déjà intéressant en soi ; et en plus, vous allez acquérir des atouts considérables pour rester au top-niveau en toutes circonstances…

Pensées roses, pensées grises

Penser, vous savez ce que c'est : c'est se parler silencieusement avec des mots. On pense tout le temps, et c'est souvent un bla-bla informe, un brouhaha mental plus ou moins constant et plus ou moins conscient. Vous allez maintenant prendre conscience que la *façon dont vous pensez est différente selon que ce que vous pensez est agréable ou déplaisant, tonifiant ou déprimant…* Les caractéristiques de cette *voix* qui vous parle dans votre pensée ne sont pas les mêmes lorsque vous vous racontez une histoire drôle qui vous plie en quatre de rire que lorsque vous ruminez l'horrible déconvenue que vous avez subie hier.

Ce sont les géniaux fondateurs de la Programmation Neuro-Linguistique (PNL), Richard Bandler et John

Grinder, qui ont remarqué ces différences qu'ils ont appelées « submodalités ». Nous reverrons du reste ce concept dans le chapitre suivant, voué au *pouvoir des images*. Les submodalités, ici, sont les *caractéristiques* de cette voix pensée. Vous allez les découvrir maintenant.

▶ Auparavant, munissez-vous d'un crayon rouge et d'un crayon bleu et faites cela : racontez-vous maintenant mentalement un épisode récent que vous avez trouvé très drôle ou agréable à vivre. Prenez quelques minutes pour faire cela avant de passer à la suite, et soyez le plus attentif possible aux caractéristiques de votre voix pensée. A dans quelques minutes pour la suite…

A présent, répondez avec le crayon bleu aux questions qui vous sont posées dans le tableau 7 des submodalités auditives : cette voix, dans votre tête, qui vous racontait l'événement, *elle venait d'où ? Elle vous parlait avec quel timbre, quel débit et sur quel ton ?* Etc.

▶ Maintenant que vous avez, je l'espère, constaté que votre voix pensée a des caractéristiques que l'on peut repérer, changeons de registre : racontez-vous mentalement l'événement le plus triste ou le plus agaçant possible dont vous pouvez vous souvenir, un échec, une déception, une déconvenue, une défaite, qui vous est advenue. Plus vous gardez encore un souvenir pénible de cet épisode de votre vie, plus l'exercice sera efficace.

Prenez les quelques minutes nécessaires pour cela et rejoignez-moi ensuite…

Maintenant, revenez au tableau des submodalités auditives et, avec le stylo rouge, répondez à nouveau aux questions de ce tableau 7.

TABLEAU DES SUBMODALITÉS AUDITIVES

(cochez les submodalités que vous repérez)

Date :
Type d'événement positif :
négatif :
Cause connue :
Mots, phrases, pensées commentant cet événement :

Cette « voix-pensée » qui vous raconte l'événement, elle vient d'où ?

LOCALISATION : *à quel endroit entendez-vous cette voix ?*

à l'extérieur/distance :
ou à l'intérieur de la tête
du corps
en haut (front ou plus haut)
devant
à gauche à droite
derrière
en bas (menton ou plus bas)
à la gorge
à la poitrine
plus bas

TIMBRE : *cette voix, pensée vous parle avec quel timbre ?*

féminin / masculin / enfantin
un peu, plutôt, très sourd / un peu, plutôt, très clair
un peu, plutôt, très grave / un peu, plutôt, très aigu

DÉBIT : *cette voix, pensée vous parle avec quel débit ?*

un peu, plutôt, très rapide / un peu, plutôt, très lent
un peu, plutôt, très haché / un peu, plutôt, très uniforme

TON : *sur quel ton vous parle cette voix ?*
Répondez par des adjectifs comme, par exemple : gai, enjoué, sentencieux, impératif, glacial, méprisant, enthousiaste, ou autres... :

TABLEAU 7

Si vous avez bien joué le jeu, vous constaterez qu'il y a au moins une et probablement plusieurs différences avec vos réponses en bleu… Et vous venez de réaliser que cette voix-pensée, qu'on croit toujours être la même, change de certaines manières selon le contenu, et le genre de discours qu'elle vous tient.

Par exemple, si vous êtes du genre à ruminer fréquemment (vous savez : ces sinistres propos qui, répétitivement, comme une roue tournant avec sa propre force d'inertie, vous taraudent et vous ôtent votre énergie), cette voix-pensée de la rumination a ses caractéristiques propres chez vous, et certaines d'entre elles ne sont pas les mêmes que celles de votre succès de l'autre jour quand vous vous le racontez à nouveau mentalement.

Et maintenant, entraînez-vous

Voici comment vous apprendrez à utiliser les submodalités de manière pratique — je vous dirai un peu plus loin à quoi cet apprentissage va vous servir :

— munissez-vous de copies du tableau des submodalités auditives et gardez-les avec vous en permanence pendant quelques semaines ;

— à chaque fois que vous êtes en train de penser à des événements ou des choses agréables, en ayant plaisir à y penser, prenez vite conscience des submodalités que présente cette voix-pensée et cochez le tableau en conséquence après y avoir précisé la date et la qualité positive : plaisir, victoire, épanouissement, valorisation de soi, compliment reçu, rire…

— faites la même chose à chaque fois que vous êtes en butte à des pensées négatives et précisez-en le type :

colère, crainte, sentiment d'échec, déception, agressivité, défaite, dépression, rumination mentale, tristesse…

Au bout de quelques semaines de cette investigation, vous pourrez repérer ce que j'appelle des « constantes » : ce sont certaines submodalités, toujours ou pratiquement toujours présentes dans les pensées négatives, pénibles ; et d'autres, toujours ou presque toujours présentes dans les pensées positives, agréables.

Ces constantes sont différentes selon les personnes. Je ne sais pas pourquoi c'est ainsi. Pourquoi, pour l'un, c'est une voix pensée « extérieure » et qui « parle de manière hachée » qui signe le négatif, et pour quelqu'un d'autre, ce pourra être une voix « interne, localisée à la gorge ». Pour quelqu'un d'autre encore, la constante sera le « débit très lent et plutôt grave » ou une autre submodalité encore… Pourquoi, chez l'un, la voix positive sera toujours localisée « à l'avant vers la droite et interne », pour l'autre, la constante positive sera « externe devant et hachée »…

Seule l'investigation personnelle et l'effort d'observation délibéré de vos propres submodalités pourront déterminer ce qui est une ou des constantes *pour vous*.

Lorsque vous aurez déterminé votre ou vos constantes négatives et aussi positives, vous serez en position de *transmuter les négatives en positives pour, quasi instantanément*,

CHANGER UN ÉTAT D'ESPRIT PÉNIBLE ET INHIBITEUR EN UN ÉTAT D'ESPRIT AGRÉABLE ET DYNAMISANT.

Vous voulez un exemple ? A moi, il me suffit de basculer volontairement la « voix » négative de l'avant-droite du front vers l'avant-gauche du front. Je le fais environ cinq fois d'affilée, ce qui me prend quelque deux minutes, et je suis à nouveau dans une humeur tonique et opérationnelle. Cet unique changement de submodalité auditive me suffit — je ne modifie rien d'autre à la voix pensée — pour changer d'état d'esprit. Vous verrez plus loin comment cela s'opère.

En ce qui vous concerne, vous aurez une ou peut-être deux ou trois submodalités à modifier délibérément pour parvenir au même résultat. Alors, entraînez-vous déjà à repérer vos constantes dans le positif et le négatif.

Voici, pour vous fixer les idées, deux tableaux synthétisant les résultats de l'auto-observation de Julie (tableau 8) et de Raymond (tableau 9) pour repérer leurs submodalités auditives. Les colonnes correspondant aux sentiments positifs sont en italique. Les constantes dégagées sont matérialisées par le signe «☞».

Si vous examinez le tableau de Julie, vous y trouverez, marquées du signe «☞», les submodalités qui sont ses constantes :

— dans le négatif, les états d'âme pénibles, la voix-pensée de Julie est toujours localisée dans la gorge et en interne ;
— alors que dans le positif, la localisation est toujours à hauteur du front et perçue comme externe à environ 20 centimètres de distance.

Par ailleurs, rien dans le timbre, le ton ou le débit ne ressemble à une constante.

Si vous examinez le tableau de Raymond, là aussi se dégagent des constantes :

— dans la localisation : le négatif fait venir la voix de la gauche-arrière, au niveau de l'oreille ; alors que le positif la manifeste de devant, au niveau du front ;
— dans le débit : le négatif le rend plutôt lent ; le positif le rend plutôt rapide.

Aucune autre constante n'apparaît, ni dans le timbre ni dans le ton.

A partir de ces constatations, que peuvent faire Julie et Raymond, dans l'avenir, pour sortir vite et bien de la tristesse, de la colère, de l'angoisse ? Ils vont utiliser cette nouvelle connaissance de leurs automatismes auditifs et appliquer volontairement les constantes positives aux négatives.

Pour que vous compreniez bien ceci, de l'intérieur, faites maintenant cet exercice, qui est une petite gymnastique mentale facile à faire avec un peu d'obstination et de bonne volonté :

— prenez une phrase, par exemple : « Il fait beau aujourd'hui » et *pensez-la* ;
— ensuite, volontairement, accélérez cette phrase pensée ;
— ensuite, volontairement, ralentissez cette phrase pensée ;
— ensuite, changez l'endroit où vous la percevez : envoyez cette voix disant cette phrase à votre gauche, puis à votre droite, puis dans votre gorge [1], puis au sommet de votre tête. D'abord en mode interne (*dans* la tête ou la gorge), puis en mode externe : sortez-la à l'extérieur, à droite, à gauche, en haut, etc. Testez différentes distances : 5 cm, 20 cm, 1 m, 3 m…

Quand vous serez familiarisé avec cette petite gymnastique, vous comprendrez facilement comment Julie et Raymond peuvent faire pour changer leur état d'esprit à volonté.

Voici ce que Julie doit faire pour éliminer un état d'esprit désagréable, en sachant qu'il se manifeste pour elle au niveau auditif interne avec les constantes suivantes : la voix pensée vient de la gorge interne. Il suffit à Julie de

---

1. Les Égyptiens anciens croyaient que la pensée naissait dans le cœur : ils « s'entendaient » penser dans la zone du cœur.

JULIE

DATE	10.09	13.09
Type de sentiment (+) (–)	(–) colère rentrée	(+) *rire*
Cause connue	X m'a dévalorisée en public	*Je me rappelle les séquences les plus drôles du film « Les Visiteurs »*
SUBMODALITÉS AUDITIVES		
Mots-Phrases	« Le rat ! je vais l'attendre au tournant. Il le sentira passer ! »	*« Et puis, il y a la séquence des WC, et celle du bain, etc. »*
LOCALISATION		
Haut Bas	☞ bas	☞ *haut*
Devant Derrière		*devant*
Gauche Droite	gauche	
Gorge	☞ gorge	
Tête		
Interne Externe	☞ interne	☞ *externe → env. 20 cm*
TIMBRE		
Masc. Fem. Enf.	fem.	*fem.*
Grave Aigu Sourd Clair	un peu aigu	*clair*
TON (adjectifs) :	impératif, virulent, agressif	*gai, drôle, vivace, léger*
DÉBIT		
Rapide Lent	rapide	*rapide*
Uniforme Saccadé	saccadé	*saccadé*

TABLEAU 8

14.09	16.09	18.09
(–) tristesse et impression de choc J'apprends l'accident d'un ami qui est dans le coma à l'hôpital	(–) grogne et rumination Mon mari m'a fait des reproches et la tête ensuite	(+) *plaisir, valorisation* *Il m'a fait un compliment sur mon travail.*
«Le pauvre, c'est affreux, lui qui était si gai.»	«C'est injuste. Il ne peut pas me reprocher ça — il n'a rien compris.»	*«C'est super! Je suis contente!»*
☞ bas	☞ bas	☞ *haut*
vers l'avant		
un peu à droite	un peu à gauche	*vers la droite au niveau du front*
☞ gorge	☞ gorge	
☞ interne	☞ interne	☞ *externe → env. 20 cm*
fem.	fem.	*fem. (jeune)*
grave	grave	*un peu aigu*
déprime, pesant, vaincu	impératif, sentencieux, qui juge	*enthousiaste, ponctué, très affirmatif*
plutôt lent	ni lent, ni rapide	*ni lent, ni rapide*
uniforme	uniforme	*uniforme*

RAYMOND

DATE	09.03 / 15 h	12.03 / 10 h	12.03 / 22 h
Type de sentiment (+) (–)	(–) sentiment d'échec et d'injustice	(–) angoisse	(–) colère et peine
Cause connue	J'ai dû râler auprès d'un commerçant et il m'a envoyé sur les roses	Peur de rater mon exposé prévu pour le 19	Scène de ménage
SUBMODALITÉS AUDITIVES			
MOTS-PHRASES :	« Ce type est malhonnête, il aurait dû me rembourser sans discuter. »	« Tu vas te planter, ça va être l'humiliation en public. »	« J'en ai marre ! Au lieu de m'aider, elle m'enfonce. »
LOCALISATION :			
Haut Bas			
Devant Derrière	☞ derrière niveau oreille	☞ derrière niveau oreille	☞ derrière niveau oreille
Gauche Droite	☞ gauche	☞ gauche	☞ gauche
Gorge			
Tête			
Interne Externe	externe → env. 30 cm	externe → env. 5 cm	interne
TIMBRE :			
Masc. Fem. Enf.	masc.	masc. plus âgé	masc.
Grave Aigu Sourd Clair	sourd grave	sourd grave	un peu aigu
TON (adjectifs) :	pesant, déprimé	qui me juge avec sévérité	en partie hystérique et péremptoire, en partie écrasant
DÉBIT			
Rapide Lent	☞ plutôt lent	☞ plutôt lent	☞ plutôt lent
Uniforme Saccadé	uniforme	uniforme	uniforme à certains moments, saccadé à d'autres

TABLEAU 9

19.03 / 12 h	21.03 / 23 h	23.03 / 23 h
(+) *satisfaction de moi, sentiment d'exaltation*	(–) fatigue, découragement, angoisse	(+) *joie, plaisir, exaltation*
Réussi mon exposé brillamment	Un mémoire de 30 pages à rendre mi-avril. Impression de ne pas arriver à mettre mes idées en place	*Mon anniversaire*
« C'est formidable, je me suis super bien programmé ! Je leur en ai mis plein la vue. Je suis génial ! »	« Tu n'y arriveras jamais. C'est trop dur. Tu vas prendre un bide. »	*« J'ai passé une journée super. Ça augure bien de toute mon année. »*
☞ *devant front*	☞ derrière niveau oreille	☞ *devant front*
	☞ gauche	
interne	interne	*externe → env. 30 cm*
masc. un peu enfantin	masc.	*masc.*
rigolard, exalté, enthousiaste	qui me juge et me condamne	*content, qui manifeste une « force tranquille »*
☞ *plutôt rapide*	☞ lent	☞ *un peu rapide*
saccadé	uniforme	*uniforme*

contraindre cette voix, à l'aide de cette même gymnastique mentale, à se placer au niveau du front et à l'extérieur à environ 20 cm de distance.

Que se passe-t-il alors ? : Julie déplace ainsi la voix une première fois et celle-ci s'empresse, très vite, de retourner à sa position initiale (gorge interne). Julie s'obstine 5 à 10 fois à redéplacer la voix (front externe à environ 20 cm) et, enfin, la voix reste en place là où Julie veut qu'elle soit.

C'est alors gagné : Julie se rendra compte, quelques minutes plus tard, qu'elle a vaincu son humeur négative et qu'elle est à nouveau « bien dans sa peau et dans sa tête », efficace, opérationnelle... Tout est dans l'obstination, c'est-à-dire dans la répétition de la modification de la ou des submodalités. Et ici il n'y a rien d'autre à changer : ni les phrases, ni le timbre, ni le ton, ni le débit.

Quant à Raymond, il lui suffit de modifier uniquement le débit de sa voix négative en l'accélérant, et d'en changer la localisation : de derrière-gauche vers avant-front, sans s'occuper d'externe ou interne — ne ressortant pas là comme une constante. Et aussi 5 à 10 fois de suite, jusqu'à ce que la voix pensée reste « accrochée » là où il le veut.

Ne croyez surtout pas que ce travail sur les submodalités auditives ne soit qu'un « truc ». Il mérite toute votre attention et votre intérêt, toute votre disponibilité et votre patience à trouver vos constantes. Avec elles, vous serez « le maître dans la maison », vous déciderez de ce que vous acceptez de vivre : des expériences agréables et vitalisantes ou des vécus aplatissants.

Les submodalités que vous imposez à votre voix pensée sont des signaux clairs pour votre Inconscient. Changer volontairement une constante *communique à votre Inconscient quelle est votre volonté consciente et ce que vous voulez qu'il fasse pour vous* : modifier votre état d'esprit du moment en un autre.

Les submodalités font partie du langage que comprend votre Inconscient : vous pouvez donc lui *parler* à l'aide de ces submodalités. Et cette communication est puissamment efficace. Alors, je vous souhaite vraiment de mettre tous vos soins à la mise au jour de vos constantes…

Et à présent que vous savez comment utiliser le *pouvoir des mots*, vous allez maintenant apprendre combien sont puissantes les images…

Le langage de l'Inconscient

DEUXIÈME ÉTAPE

Utilisez le pouvoir des images

Maintenant, je vais vous raconter un rêve que vous avez fait quand vous étiez un tout jeune enfant. Je sais que vous avez fait ce rêve parce que tous les enfants le font. Peut-être ne vous en souvenez-vous pas, mais peu importe. Voici votre rêve — rêvez-le à nouveau aujourd'hui, en lisant ces lignes : il peut être agréable de retrouver ses rêves d'enfant.

Vous dormez dans votre chambre et, dans ce rêve, vous reconnaissez tous les éléments du décor familier : les motifs et les couleurs du papier peint, les décorations au mur, l'emplacement de la fenêtre et de la porte, les différents meubles qui vous entourent. Il y a dans l'appartement une armoire — peut-être est-elle dans votre chambre ou dans une autre pièce, ça n'a pas d'importance — et, dans votre rêve, vous savez qu'il y a, tout au fond de cette armoire, une toute petite porte, toute petite et bien cachée. Cette toute petite porte, juste assez grande pour que vous — qui êtes petit — puissiez la franchir, vous êtes le seul à en connaître l'existence. Vous savez aussi que vous ne pouvez pas la trouver pendant que vous êtes éveillé, mais maintenant, dans votre rêve, vous savez exactement comment faire pour parvenir jusqu'à elle, l'ouvrir et enfin découvrir ce qu'il y a derrière.

Alors, dans votre rêve, vous vous levez silencieusement. Un rayon de lune filtre à travers les rideaux et vous aide à vous orienter dans l'obscurité de la chambre. Vous vous glissez entre les meubles et vos pieds nus, sur le sol, produisent un bruit feutré… Vous approchez à présent de l'armoire et une certaine excitation vous habite, car vous savez que vous allez enfin connaître le secret de la porte minuscule tout au fond. Voilà, vous êtes debout devant l'armoire et vous levez votre petite main d'enfant vers la poignée pour l'ouvrir… Vous manipulez la poignée et l'armoire s'ouvre, vous révélant son contenu. Vous devez encore écarter ce contenu pour apercevoir enfin, oui, grâce au rayon de lune qui semble vous suivre, la toute petite porte, là, au fond, vers le bas. Votre cœur bat : vous approchez du secret, vous allez enfin savoir…

Vous vous penchez et vous voyez une poignée, et sous la poignée : une clé. La porte et le chambranle sont décorés de sculptures et vous restez un moment pour admirer ces sculptures. Puis, en rassemblant tout votre courage, vous levez la main, vous tournez la clé, vous manipulez la poignée et enfin… vous ouvrez la porte. Vous apercevez une lumière orangée diffuse de l'autre côté et vous avancez pour en voir plus… Et vous voyez apparaître à vos yeux…

▶ Prenez quelques instants, maintenant, pour découvrir ce qu'il y a de l'autre côté de la toute petite porte, dont vous seul connaissez l'existence dans votre rêve d'enfant… Et ensuite, revenez-moi : j'ai quelques questions à vous poser.

A présent, surtout, prenez un crayon et le temps de répondre avant d'aller plus loin. Dites-moi :

— quelles couleurs et quels motifs avez-vous vu, sur les murs de la chambre, pendant que vous lisiez ici ce récit de votre rêve ?
— quelles décorations, quels meubles, dans la pièce ?
— comment est l'armoire — décrivez-la ?
— et ce rayon de lune qui parvient jusqu'à vous, quelle allure donne-t-il au décor, quelle ambiance crée-t-il ?
— vous avez vu vos pieds nus sur le sol ? Et ce sol, c'est du parquet, de la moquette, du carrelage ?
— la poignée de l'armoire, vous l'avez vue ronde ou en forme de « L » — à moins que ce ne soit une clé qui en fait office ?
— quel contenu avez-vous vu dans l'armoire (accroché ou posé sur des étagères, ou les deux) ?
— comment avez-vous écarté ce contenu ?
— comment est la petite porte, ses sculptures représentent quoi ?
— comment avez-vous vu la clé : grosse ? petite ? décorée ? ancienne ? moderne ? ou autre ?
— comment est la poignée que votre petite main a manipulée : ronde ? en « L » ? ovale ? ou autre ?
— pour l'ouvrir, vous avez *poussé* la petite porte ? ou *tiré* ?
— qu'avez-vous vu dans la diffuse lumière orangée ? une pièce ? un escalier — qui montait ou descendait ? devant ? à droite ? à gauche ? — une grotte ? des objets ? lesquels ? où ?…

Les images dans votre regard intérieur

Maintenant que vous avez répondu, je peux vous avouer que j'ai un peu triché avec vous — j'en implore votre pardon : vous n'avez peut-être pas fait ce rêve quand vous étiez enfant. Mais, si vous avez joué le jeu, vous venez de le faire il y a un instant.

Le but de cet exercice est de vous faire prendre conscience que, tout en étant impliqué dans une activité mobilisant votre Conscient — ici la lecture — vous *voyez* en même temps, *dans votre regard intérieur*, ce que votre imagination crée. Il s'est formé, dans votre regard intérieur, l'image du rayon de lune, l'image de la poignée de l'armoire et celle de la poignée de la petite porte. Vous seul, dans votre imagination, avez vu si vous *poussiez* ou si vous *tiriez* la petite porte pour l'ouvrir...

Ces images se forment en permanence juste en dessous du champ de la perception consciente. Elles ne sont pas « inconscientes », puisqu'il suffit de décider d'en prendre conscience pour y parvenir. Certaines personnes sont plus « visuelles » que d'autres, qui sont plus « auditives ». Mais je n'ai encore rencontré personne qui ne forme pas des images non conscientes. J'ai, par contre, rencontré des gens qui niaient farouchement avoir ces images. Dans ces cas, un peu d'obstination à leur proposer des « rêves » ou des « voyages » imaginaires, ou des plongées dans leurs souvenirs ou simplement des évocations d'objets colorés, et ces personnes ont toutes fini par réaliser qu'elles avaient ces images sous-conscientes.

Tous les humains rêvent en dormant, et les rêves, ce sont des images et des symboles apparaissant sous les yeux fermés, dans ce que j'appelle le « regard intérieur ». Ce simple fait devrait prouver qu'il n'existe pas de personnes — même les aveugles rêvent — qui n'ont pas de ces images sous-conscientes.

Tout le monde dans notre Occident semble d'accord pour dire que les rêves, leurs images et symboles, sont des productions de l'Inconscient, même s'il y a des divergences d'opinion quant au pourquoi des rêves ou à leur sens. A l'inverse, on peut affirmer que, si l'image est un aspect du langage de l'Inconscient, on peut utiliser l'image pour communiquer avec lui.

ÇA MARCHE DANS LES DEUX SENS !

Et c'est là l'objet de ce chapitre : comment utiliser *le pouvoir de l'image et des symboles* pour faire passer vos messages à votre Inconscient, ou à votre RAS via l'Inconscient.

Pour illustrer cela, penchons-nous encore un instant sur la triste *illusion* de Romuald et la belle *illusion* de Margot (cf. tableaux 1 et 2). Ils ont mis en place, chacun de leur côté, une interprétation de l'événement « plongée dans la piscine » de façon tout à fait aléatoire. Romuald *n'a pas décidé* en toute conscience d'acquérir la phobie de l'eau ; Margot *n'a pas décidé* en toute conscience d'acquérir la capacité de briller et de se valoriser. Cela s'est fait, s'est mis en place non consciemment, non délibérément, non volontairement. Pour Margot ce fut formateur, pour Romuald ce fut destructeur.

Margot a envoyé à son Inconscient (en même temps que des mots) des images et des symboles *qualifiant* l'expérience vécue, fournissant à l'Inconscient des éléments pour saisir la *valeur* et *l'interprétation* à donner à ce vécu. L'Inconscient les a reçus et y a cru. C'est alors que s'est implantée l'*illusion* positive pour Margot. Quel genre d'images Margot a-t-elle utilisées pour cela ? Elle a pu voir, dans son regard intérieur, juste en dessous du champ de sa conscience :

— l'admiration de ses parents et amis, pour elle, lorsqu'elle leur racontera cette aventure (à noter qu'aujourd'hui encore, Margot raconte volontiers cet épisode à ses connaissances) ;
— elle-même, recevant l'admiration et la soumission des petits camarades autour d'elle ;
— elle-même, supérieure aux petits copains, les prenant de haut et se faisant servir par eux ;
— elle-même, ayant dominé les dangers potentiels de l'eau, redoutables pour ceux qui ne savent pas nager ;
— elle-même, apprenant alors facilement et vite à nager…

Revoyons la différence avec les images de Romuald qui ont contribué à implanter l'*illusion* négative. Il a pu voir :

— le danger mortel de l'eau qui submerge et ne lâche plus sa victime ;
— lui-même, noyé, après les souffrances de la peur, de la respiration bloquée, de la « tasse » ;
— le chagrin des parents causé par sa mort…

Vous avez là un exemple de la façon dont une mécanique psychologique s'implante. Maintenant, comment allez-vous *contrôler* cette mécanique, et utiliser les images et symboles pour convaincre votre Inconscient de la valeur que vous voulez accorder à un événement ou à un comportement ? Ou, plus fort encore, pour le convaincre d'en changer la valeur, l'interprétation, déjà implantées ? En d'autres mots : pour éliminer « l'*illusion* limitante » et mettre à la place « l'*illusion* positive » ? Pour vous donner *le choix de l'illusion* ?

Nous y arrivons.

Maîtrisez le pouvoir des images

Vous savez, il y a beaucoup de gens, venus à mon cabinet, qui m'ont dit :
« Je ne vous imaginais pas comme ça. »

Ou le contraire :
« Je vous imaginais tout à fait comme vous êtes. »

Certains s'attendaient à me voir plus petite ou plus grande, ou plus grosse ou plus maigre, ou plus âgée ou plus jeune, ou habillée autrement, ou vivant dans un autre décor…

Souvenez-vous, cela vous est arrivé aussi d'être étonné de l'apparence de quelqu'un dont vous ne connaissiez que la voix au téléphone ou à la radio. Cela prouve bien que vous vous êtes fait, sans vous en rendre forcément compte, une *image* préalable de la personne en question.

Donc, vous allez vous servir de cette aptitude que vous avez de former des images dans votre regard intérieur.

PREMIÈRE ÉTAPE

Tout d'abord, commencez pendant quelques jours à vous entraîner à repérer, à prendre conscience de vos images sous-conscientes. Vous pouvez utiliser différentes méthodes pour ça.

Par exemple, vous pouvez lire un roman d'aventures dans lequel il y a beaucoup de descriptions de lieux et d'actions. Pendant que vous êtes plongé dans votre lecture, et pour peu que vous acceptiez d'y faire attention, vous vous rendez compte que vous vous faites une image des protagonistes et des décors. Ou bien, vous pouvez faire l'effort de repérer ces images spontanées à toute occasion de votre vie. Des exemples :

— On vous raconte une blague ou une histoire drôle arrivée à une connaissance — par exemple, comment cette personne, ayant beaucoup bu au réveillon de Nouvel An, s'est levée et a entonné d'un air martial « Capri, c'est fini », avant de partir en titubant vers les toilettes. Il est presque certain que vous vous faites une image de la séquence.

— Vous vous remémorez la réunion professionnelle qui a eu lieu ce matin — et vous vous la projetez à nouveau dans votre regard intérieur.

— Vous avez une réunion prévue pour cet après-midi et vous vous imaginez en train de dire votre point de vue avec aisance et fermeté.

— Vous projetez d'aller dîner ce soir avec votre partenaire de cœur, en amoureux, dans le « trois étoiles » le plus proche. Vous imaginez certainement la scène, le décor et l'expression de votre aimé(e) lorsque vous lui ferez ce cadeau que vous cachez en ce moment dans votre poche.

— Vous décidez d'aller en vacances à Tahiti cette année. Pourquoi ? Il y a fort à parier que c'est parce que vous vous êtes imaginé, vu, vivant d'agréables moments dans ce genre d'environnement.

— Ah, si vous gagniez une fortune au loto ! Qu'est-ce que vous en feriez ? Je vous fais confiance pour imaginer — et voir dans votre regard intérieur — ce que vous vous offririez avec ce pactole…

Voilà : la prise de conscience de *l'existence de ces images* qui sont là, quasi en permanence et de manière sous-consciente et non contrôlée, est la première étape pour acquérir la maîtrise de ce deuxième aspect du langage de l'Inconscient — l'image, le symbole.

DEUXIÈME ÉTAPE

Passons à la deuxième étape à présent : la prise de conscience des *caractéristiques internes* de ces images, selon leur qualité positive ou négative pour vous.

C'est un des grands mérites de la Programmation Neuro-Linguistique (PNL) d'avoir mis au jour ce qu'on a appelé les « submodalités » (ou sous-modalités) — vous les avez déjà abordées au chapitre précédent — des images (mode visuel) et de la pensée (mode auditif). Les géniaux créateurs de la PNL ont remarqué que, chez une même personne, les caractéristiques de luminosité, clarté, netteté, distance, taille, ou autres, des images pouvaient être différentes selon que l'image avait une charge heureuse pour elle ou malheureuse. Je traduis en langage TNPro : selon que l'*illusion* qu'elle véhicule est agréable ou désagréable, positive ou négative.

Ces différences varient d'une personne à l'autre : de ce fait, pas plus qu'au niveau auditif, il n'est possible d'établir des constantes universelles. Cette constatation exige de vous que vous fassiez un certain travail pour mettre au jour les quelques submodalités toujours, ou quasi toujours, présentes dans vos images positives ; et celles, présentes dans vos images négatives. Ce sont vos « constantes ». Elles vous sont propres, je le répète, et c'est à vous de les trouver. Ce travail est plus facile à faire avec l'aide de votre Entraîneur dans le cursus TNPro. Mais enfin, vous êtes tout à fait à même de le réaliser efficacement à condition d'accepter d'y mettre, là aussi, un peu de votre temps, de votre attention, de votre disponibilité.

Croyez-moi : cela en vaut la peine. Rappelez-vous que

vous ferez ce travail pour apprendre à « courir à l'aise sur vos deux jambes » — et à devancer ainsi tous ces coincés dans leur sac — et à être un humain complet, Conscient et Inconscient alliés.

Pour vous mettre au clair avec ce que sont les submodalités visuelles, pensez à une photo. Vous avez probablement fait des photos, ou même des films, vidéo ou autres. Vous savez que l'image, sur la photo ou le film, est différente selon qu'elle est fortement éclairée ou pas. Vous avez vu des photos nettes et d'autres pas nettes. Certaines étaient sous-exposées (trop de contraste et sombres), d'autres surexposées (pas assez de contraste et fades). Sur certaines, les couleurs étaient vives ; pour d'autres, les couleurs étaient ternes, pastel ou passées.

Les images que vous avez dans le regard intérieur peuvent être claires ou sombres, lumineuses ou ternes, colorées ou en noir et blanc, nettes ou peu nettes (ou certaines parties nettes et d'autres moins). Le contraste peut être normal, faible ou fort. Ces images peuvent être statiques, immobiles : photos ou diapos ; ou elles peuvent être animées : film — le mouvement de ce film peut être normal, ou accéléré, ou ralenti. Ces images peuvent être plates — en deux dimensions (2D) — ou avec une profondeur (3D) et, dans ce dernier cas, cette profondeur peut être plus importante ou plus plate que dans la réalité. Ces images peuvent avoir une taille (petite, moyenne, grande, très grande, panoramique), avoir une forme définissable (rectangulaire, ovale…) ou pas ; sembler loin des yeux ou plus ou moins près ; être entourées d'un cadre ou pas. Vous pouvez vous-même figurer dans ces images ou séquences, ou ne pas y figurer. Et, si vous y figurez, vous pouvez vous y sentir *dans votre propre peau* (y être « associé ») ou *vous y voir de l'extérieur*, en spectateur (en être « dissocié »). Vous pouvez regarder ces images en levant les yeux ou en les baissant ou de côté : elles peuvent être devant, en haut, en bas, à droite, à gauche…

C'est tout cela, les submodalités : les *caractéristiques* qu'ont les images.

▶ Pour continuer à vous fixer les idées à ce propos, livrons-nous à un exercice pratique que je vous invite vivement à faire maintenant après vous être muni d'un crayon bleu et d'un crayon rouge.

Cherchez dans vos souvenirs (proches ou plus lointains) un épisode *vraiment agréable* de votre vie, un bon moment, un moment de plaisir ou de victoire, de satisfaction, de joie. Rappelez cet épisode dans votre regard intérieur, laissez venir l'image ou le film de cet événement et regardez bien attentivement plusieurs fois, jusqu'à ce que vous soyez sûr de pouvoir répondre à des questions sur la clarté, la netteté, la couleur, etc.

Maintenant que vous avez revu cet épisode de votre passé, munissez-vous du crayon bleu et répondez *sur le papier* aux questions suivantes :

— cela vous est-il revenu sous la forme d'une image statique ou d'un film ?
— en couleurs ou en noir et blanc ?
— si en couleurs : vives, pastel, ternes ?
— si film : mouvement normal, ralenti, accéléré ?
— clair ou sombre ?
— lumineux ou terne ?
— quelle taille avait cette image ou les images du film ?

très petite (format carte postale) moyenne (écran TV) grande (écran cinéma) très grande panoramique (dans tout le champ de vision)	} quelle forme ? quoi autour de l'image ?

— en deux ou trois dimensions ?

Si en 3D : plus profond que nature ?
ou plus plat que nature ?

— à quelle distance de vos yeux cette image vous semble-t-elle ?
— dans quel axe mettez-vous vos pupilles pour regarder cette image ?
  vers le haut ? au centre, ou plutôt à gauche ou à droite ?
  à l'horizontale ? au centre, ou plutôt à gauche ou à droite ?
  vers le bas ? au centre, ou plutôt à gauche ou à droite ?
— image verticale ou penchée ?
— image devant ou en biais ?
— êtes-vous dans l'image ?
  Si oui : associé (vous vivez l'image de l'intérieur de votre corps) ?
  ou dissocié (vous vous voyez en étant spectateur) ?
— l'image est-elle nette ou pas ?
  qu'est-ce qui est le plus net ?
  qu'est-ce qui est le moins net ?

▶ Maintenant que vous avez, sur le papier, les submodalités de cette image positive, faisons la contre-épreuve.

Cherchez dans vos souvenirs un épisode *vraiment désagréable*, pénible, un échec, une défaite, une déception, un chagrin que vous avez encore au moins un peu « sur la patate ». Revivez dans votre tête cette séquence, souvenez-vous-en, revoyez-la dans votre regard intérieur, suffisamment pour être, là aussi, sûr de pouvoir identifier les submodalités. Reprenez ensuite le questionnaire ci-dessus et répondez-y à l'aide du crayon rouge.

Il y a quasiment 100 % de chances pour que certaines (pas toutes) des submodalités soient différentes entre les deux versions, rouge et bleue. Il est même possible que vous soyez étonné de constater qu'il y a des différences dans le « cinéma » qu'on a dans sa tête : il est vrai que si on ne met pas l'attention consciente dessus, on n'y est pas attentif, on n'en prend jamais conscience.

— Pour illustrer encore cela, prenons le cas de MARION, 27 ans, jolie jeune femme, mariée depuis 4 ans, et qui empoisonne sa vie et celle de son mari par une jalousie pathologique et non fondée. Je fais prendre conscience à Marion que, pour stimuler (non consciemment !) sa jalousie, elle fabrique des images dans sa tête dans lesquelles elle se voit trompée, trahie. Elle a d'autant plus le temps de cultiver ainsi cette *illusion* négative, que son mari voyage souvent pour ses affaires. Le couple est au bord du divorce et Marion, qui aime son mari, vient chercher du secours auprès de moi pour éviter cette rupture. Il lui est donc absolument nécessaire de guérir rapidement de cette jalousie destructrice.

Voici les différences de submodalités apparues entre deux images concernant son problème :

— l'une cristallisant le mécanisme pernicieux avec lequel elle alimente la jalousie ;

— l'autre représentant une situation agréable, vécue avec son mari.

Ces différences sont matérialisées par l'italique dans le tableau 10.

Un complément de recherche a montré que les submodalités les plus constantes chez Marion sont :

Au négatif	**Au positif**
— L'axe du regard vers le bas droite. — La brillance « fluo ». — La petite taille de l'image. — La netteté uniquement pour ce qui représente le problème (l'illusion négative) — le reste étant flou.	— L'axe du regard devant centre ou devant haut. — La brillance « nature ». — La grande taille et le panoramique. — La netteté uniforme de toute l'image.

Et que les constantes les plus *puissantes* pour ancrer le positif ou le négatif sont :

Au négatif	Au positif
— L'axe du regard vers le bas droite. — La netteté du problème uniquement.	— L'axe du regard devant centre ou devant haut. — La netteté générale.

A partir de la mise au jour de ses constantes, il a été suffisant d'apprendre à Marion comment cesser de se faire avoir par ses propres imaginations suspicieuses. Chaque fois que l'une d'entre elles apparaissait, Marion savait comment changer ces deux seules submodalités (l'axe du regard et la netteté) pour désamorcer en 2 minutes la charge négative et se libérer du problème. Et c'est ainsi que Marion s'est donné les moyens de sauver son ménage et d'y être plus heureuse que jamais encore.

C'est aussi cela, la PNL et l'Entraînement TNPro : devenir le maître — et non plus la victime — de son « cinéma » intérieur : éliminer les problèmes, les limitations, les difficultés, liés au fait que ce cinéma envoie, sans contrôle aucun, des *illusions* négatives à l'Inconscient, qui les prend pour des réalités et réagit en conséquence.

RÈGLE

POUR ÉLIMINER LA CHARGE NÉGATIVE D'UNE IMAGE, IL SUFFIT D'EN MODIFIER LA OU LES SUBMODALITÉS REPÉRÉE(S) COMME LA (LES) PLUS EFFICACE(S), PLUS PUISSANTE(S).

MARION		
	ILLUSION NÉGATIVE	*ILLUSION* POSITIVE
IMAGE DANS LE REGARD INTÉRIEUR	Un moment récent où elle a fantasmé sur une facture d'hôtel trouvée dans la valise de son mari (ce qui est normal) et imaginé comment il s'est éclaté sexuellement avec une femme de rencontre. Ce qui a alimenté une jalousie féroce et une scène de ménage cataclysmique.	Un moment de tendresse et de sécurité vécu avec son mari lors de vacances.
SUBMODALITÉS REPÉRÉES :		
taille	*environ écran TV*	*très grande, panoramique*
clarté	très clair → quasiment «*fluo*»	très clair
forme	*carré*	*panoramique*
netteté	*le lit avec les deux partenaires net, le reste flou*	*très net — tout est net*
cadre	pas de cadre / *autour noir*	pas de cadre, panoramique
2D ou 3D	*2D*	*3D — profondeur nature*
statique ou film	diapo (statique)	diapo
axe du regard	vu de haut vers la droite, donc *axe des yeux vers le bas droite*	*devant à l'horizontale*
couleur / noir/blanc	couleur : *plus ou moins «fluo»*	couleur : *nature*
associé / dissocié	dissocié	dissocié
lumière	*oui, brillante*	*luminosité normale*
distance au regard	*très près, environ 5 cm*	*environ 2 à 3 mètres*

TABLEAU 10

C'est une simple « gymnastique mentale » (le même genre qu'au plan auditif), qu'on peut réaliser yeux fermés ou ouverts au choix, et qui est facile à apprendre. Rappelez-vous toujours que, dans l'imaginaire, tout est possible : vous pouvez explorer le fond des océans pendant des heures sans avoir besoin de remonter pour respirer ; vous pouvez survoler l'Himalaya ou explorer la planète Jupiter… Alors, il est tout aussi facile de changer quelques caractéristiques de l'image que l'on a en tête…

▶ A vous, maintenant, à la lumière de l'exemple de Marion, de définir vos différences de submodalités. Pour cela, refaites plusieurs fois encore, avec de nouveaux souvenirs positifs mis en regard avec d'autres souvenirs négatifs, l'exercice que vous avez déjà fait une fois avec les crayons rouge et bleu.

Lorsque vous aurez l'impression d'avoir repéré des « constantes » dans le positif et dans le négatif, testez-les : la prochaine fois que vous vous ferez un « cinéma » négatif (vous torturer avec un souvenir traumatisant, ou vous angoisser pour quelque chose, ou cultiver la peur, la colère, ou tout autre sentiment désagréable), utilisez cette simple gymnastique mentale qui consiste à modifier volontairement une de ces constantes repérées — *une seule à la fois !* Si c'est par exemple l'axe du regard à remonter, efforcez-vous de remonter l'image telle qu'elle est, sans rien changer d'autre. Faites-le 5 à 10 fois — *tout est dans l'obstination et la répétition.*

Puis, 5 à 10 minutes après, vérifiez si vous êtes encore dans le même état d'esprit.

Si vous êtes sorti du problème, c'est que changer cette submodalité-là était efficace et suffisant. Si ce n'est pas le cas, changez une seule des autres constantes que vous avez pointées, 5 à 10 fois de suite. La liquidation de votre problème n'est alors pas loin.

Avec un peu d'entraînement et de soin, vous parviendrez à identifier un ou deux changements de submodalités, pas plus, suffisants pour changer votre état d'esprit négatif à volonté et dans tous les cas.

Vous avez *communiqué* avec votre Inconscient

Faisons maintenant une synthèse rapide de ce que vous savez à présent sur les submodalités, aussi bien au niveau auditif qu'au niveau visuel. Et voyons ce que vous avez réellement fait dans les exercices de travail sur les submodalités dans ces deux chapitres :

— vous avez changé d'état de conscience en portant votre attention vers l'intérieur ;
— vous avez fait l'effort de repérer des caractéristiques du « vocabulaire » visuel et auditif compréhensible par votre Inconscient ;
— vous avez appris à repérer les caractéristiques (submodalités) de ce « vocabulaire » : les « mots » liés au négatif et les « mots » liés au positif — aussi bien dans votre ouïe intérieure que dans votre vue intérieure ;
— vous avez appris à employer les « qualificatifs » du positif pour changer le sens du message négatif, de l'*illusion* nuisible ;
— vous avez appris à faire comprendre à votre Inconscient ce que vous voulez qu'il saisisse ;
— vous avez donc « parlé » à votre Inconscient dans son langage propre, avec la bonne syntaxe, grammaire et vocabulaire, auditifs et visuels ;
— votre Inconscient s'est empressé d'agir pour corriger

le tir en fonction de la nouvelle interprétation que votre Conscient lui fournissait ;

— vous avez, de ce fait, scellé l'alliance entre votre Conscient et votre Inconscient, au service de votre développement, de votre bien-être, de votre maîtrise.

ET CELA EN UTILISANT LE POUVOIR DES IMAGES ET DES MOTS

Au fait, vous vous demandez peut-être comment il se fait que ces submodalités peuvent être différentes d'un individu à l'autre. En réalité, l'Inconscient de chacun de nous « parle » et « comprend » un « langage » qui est globalement identique pour tous les humains, puisqu'il est véhiculé chez chacun par les mots, les images et symboles, les émotions-sentiments-sensations et les attitudes corporelles. Cela, c'est commun à tous les humains. Il y a toutefois des différences de l'un à l'autre, appelons ces différences les *particularités du « dialecte »* de chacun : ce sont les submodalités. De même qu'on peut parler la même langue, le français par exemple, mais avec un accent, des tournures de phrases et des expressions particulières qui sont spécifiques à l'Alsace, mais pas à la Bretagne ou au Canada. Il serait trop long et hors de propos de nous attarder ici sur des explications quant à la genèse de ces différences, et sans grand intérêt pratique de surcroît. Rappelez-vous : le *pourquoi* est souvent moins utile que le *comment*…

Il y a d'autres techniques encore pour utiliser le pouvoir des images et des symboles. Mais il est préférable de ne pas les employer seul : la guidance du thérapeute est, là, plus qu'utile. Avec ce que vous avez acquis dans ces deux chapitres, vous avez déjà des moyens extrêmement puissants pour vous donner le *choix de l'illusion* : agissez sur vos submodalités, avec obstination et répétition — ce qui, avec un peu d'habitude, vous prendra quelques minutes. Faites-le chaque fois que vous êtes en butte à un état d'esprit pénible, de quelque nature soit-il.

Et votre RAS, dans tout ça ?

Vous savez maintenant comment changer votre état d'esprit, ou comment amener votre Inconscient à adopter une interprétation positive, une *illusion* positive.

Voyons maintenant comment vous allez vous servir du pouvoir des images et des mots pour transmettre à votre RAS — via votre Inconscient — ce que vous jugez important pour vous, afin qu'il attire votre attention sur tout ce qui passe à votre portée concernant cela.

Supposons que vous ayez en projet d'écrire une thèse sur la symbolique cosmique dans l'art d'une ethnie du Mali. Formez dans votre regard intérieur, et avec vos plus puissantes submodalités positives, une ou plusieurs images de ce projet qui vous mobilise. Faites cela avec obstination, par exemple le soir avant de vous endormir ou le matin, juste après un réveil *naturel*, quand votre état de conscience est encore très près de l'état alpha. Par exemple : visualisez le Mali sur une carte, ou (et) des objets d'art du Mali, ou (et) votre thèse terminée avec votre nom et le titre, ou (et) votre soutenance et la mention qui en découle, ou (et) ce que vous imaginerez par vous-même dans ce sens… Et dites en pensée à votre Inconscient, en utilisant vos plus puissantes submodalités auditives, ce que vous attendez de lui.

Supposons encore que vous vous preniez d'envie d'acquérir l'aptitude de notre ami René : visualisez, dans votre regard intérieur, des images de trèfles à quatre feuilles marquées par vos plus fortes submodalités positives — pensez auditivement de même.

Ou supposons que vous soyez « maso » et que vous ayez envie de souffrir de jalousie. Visualisez dans votre regard intérieur et avec vos plus fortes submodalités négatives votre partenaire vous trompant, ou (et) tout ce qui peut alimenter des soupçons : notes de restaurant ou d'hôtel, cheveu sur le col, objet dans la voiture, ou autre chose. Agissez de même à l'aide de votre pensée... Et votre RAS va vous brancher sur tout ce qui peut aller dans ce sens (même à tort). Votre RAS ne discrimine pas, il se borne à attirer l'attention du Conscient et c'est à celui-ci de faire le tri...

Non, je plaisante : évitez ce genre de sport mental et ne gaspillez pas les faveurs de votre Inconscient et de votre RAS pour de semblables bêtises.

Plus sérieusement :

— supposons que vous devez faire une tournée d'inspection dans les filiales de votre entreprise, afin d'y repérer ce qui cloche ;
— supposons que vous ayez besoin de saisir au maximum toutes les informations sur la mouvance et les subtilités dans les domaines économique ou boursier, afin de placer au mieux vos économies ;
— supposons que, voulant vous associer avec quelqu'un, vous avez besoin de le cerner à sa plus juste valeur...

Dans tous ces cas, et dans infiniment d'autres, mettez votre RAS au travail en vous servant des images, des mots et des submodalités *ad hoc* pour lui signifier la mission que vous voulez qu'il remplisse pour vous : attirer votre attention consciente chaque fois qu'une information touchant à votre objectif se présente.

Allons encore plus loin maintenant, dans votre apprentissage du langage de votre Inconscient. Vous allez à présent expérimenter la force des attitudes corporelles.

Le langage de l'Inconscient

TROISIÈME ÉTAPE

Utilisez le pouvoir des attitudes corporelles

▶ Permettez-moi de vous proposer quelques petits exercices pleins d'enseignement.

1. Installez-vous confortablement, s'il vous plaît, et battez le rappel de vos souvenirs. Il y a bien au moins un moment de votre vie où vous avez été quelque peu triste ou dépressif ? Si cela ne vous est jamais arrivé, c'est que vous êtes un surhomme ou une superwoman ! Un de vos parents ne vous a-t-il pas dévalorisé(e) un jour ? L'ami(e) de votre cœur ne vous a-t-il pas dit une « vacherie » à une occasion ? Ou vous avez appris une triste nouvelle ? Ou autre chose ?

Cherchez bien, et quand vous aurez trouvé, pensez-y, revivez votre tristesse et votre déprime avec autant de précision qu'il vous est possible.

Faites-le maintenant, avant de lire la suite…

Voilà qui est fait, j'espère. Vous avez réactualisé un sentiment négatif: tristesse, morosité. A présent, portez votre attention sur l'attitude qu'a prise votre corps pendant cet exercice : il y a fort à parier que vous aviez la tête plutôt basse, la poitrine plutôt rentrée, le regard plutôt morne, le sourcil plus ou moins froncé, les coins de la bouche plutôt descendants et le dos plutôt voûté...

2. Changeons de registre : réactualisez maintenant un moment de colère ou de combativité intense, que vous avez vécu. Ou bien imaginez, *créez de toute pièce dans votre imagination* la façon dont vous auriez pu rentrer dans la gorge d'un quelconque impudent les arguments débiles qu'il vous a balancés en public. Ou souvenez-vous de cette fois-là où vous auriez volontiers écrasé votre poing sur le nez du crétin qui vous ennuyait... *Actualisez cela maintenant,* avant de lire la suite. Faites-le *vraiment,* intensément...

Vous avez fait cet exercice et, à nouveau, examinez vos attitudes corporelles : logiquement, à l'évocation du combat, vous avez plus ou moins plissé les lèvres, dilaté les narines, froncé les sourcils, avancé la mâchoire ou serré les dents, fermé plus ou moins le poing, relevé la tête, respiré plus...

3. Allons, pour finir, offrez-vous la surprise d'un moment de plaisir intense, par exemple imaginez la joie immense que vous aurez si vous apprenez que vous venez de gagner une fortune à la loterie, ou quelque chose d'analogue... *Allez-y, maintenant,* avant de lire la suite...

Dans cet exercice encore, votre attitude corporelle a changé. Vous avez au moins esquissé un sourire, ou même plus ou moins ouvert la bouche, vos yeux se sont levés ou fermés de plaisir, vos poumons se sont dilatés, vous avez peut-être ébauché un geste de la main ou un mouvement plus généralisé, quelque chose comme un élan…

Avez-vous vu le film « Birdy » d'Alan Parker ? Le héros, psychotique, veut être un oiseau. Dans sa chambre d'hôpital psychiatrique, il est nu, perché comme un oiseau. Tout son corps a l'attitude qui est celle de l'oiseau… Et quoi de plus « normal », puisqu'il « est » un oiseau ? Cela est clair pour son Conscient et pour son Inconscient…

Votre corps parle

Votre Inconscient vit avec vous depuis toujours et il sait quelles sont vos attitudes corporelles quand vous êtes plein de vitalité, de force, d'élan, de joie, de plaisir, d'enthousiasme, victorieux. Il sait aussi parfaitement quelles sont vos attitudes physiques lorsque vous éprouvez de l'amertume, de la tristesse, de l'angoisse, de la peur, de la colère, de la faiblesse, de l'impuissance, de la défaite, de la culpabilité…

Vous savez pourquoi les gens qui dorment trop sont chroniquement fatigués ? Une des raisons est que leur cerveau est mal oxygéné. Une autre des raisons est leur position horizontale, leur corps inactif, replié souvent en position plus ou moins fœtale, abrité sous les couvertures et maintenu dans l'obscurité. Tout cela envoie à leur Inconscient un certain type de message : « agir est terrifiant, s'échapper dans le sommeil est sécurisant». Leur Inconscient comprend très bien et alimente le besoin de dormir encore plus…

Vous voyez à quoi je veux en venir? Votre corps est un des moyens dont vous disposez pour faire passer le message de votre choix à votre Inconscient. Tout à l'heure, je vous ai demandé d'éprouver de la tristesse, puis de la colère, puis de la joie. Et si vous avez vraiment joué le jeu, votre corps a répondu. Vous aviez *décidé,* consciemment, d'appeler à vous ces sentiments, et vos attitudes corporelles s'y sont plus ou moins conformées.

ÇA MARCHE AUSSI DANS L'AUTRE SENS

Et c'est là l'aspect du langage de l'Inconscient qu'il est sans doute le plus facile et le plus rapide d'utiliser. C'est pourquoi je ne m'étendrai pas trop là-dessus.

Tout le monde est en mesure d'identifier les attitudes physiques en rapport avec la joie, l'énergie, la conquête (imaginez donc, pour voir, Attila en train de haranguer ses troupes, assis dans un fauteuil, la tête basse, une voix éteinte et un regard de chien battu !), et celles en rapport avec les sentiments négatifs. Alors, si vous êtes souvent victime d'automatismes négatifs du genre rumination, dépression, culpabilité, fuite, honte, peurs, etc., il vous est très facile de casser ces mécaniques aplatissantes : changez délibérément votre attitude corporelle pendant quelques minutes.

Par exemple :
— jetez la tête en arrière
— ouvrez grand les yeux vers le haut, dilatez les narines
— forcez-vous à rire (attention : pas le «rire douloureux») à grand bruit et à gorge déployée pour modifier la respiration

— jetez les bras en arrière, dilatez la poitrine et cambrez-vous un peu vers l'arrière
— sautez sur place ou dansez de la manière la plus effrénée possible (ayez un bon disque de hard-rock ou de « techno » à votre portée)
— respirez vite et d'une manière hachée, haletante, comme après l'orgasme
— chantez à pleins poumons (pas une litanie sinistre !) si vous pouvez, et pourquoi pas faux (chanter nécessite des attitudes et une respiration spécifique ; et chanter faux délibérément crée une réaction amusée)
— levez les poings fermés en menaçant les nuages et en serrant les dents
— imaginez-vous être, je ne sais pas, Archimède poussant son « Eurêka ! », ou Napoléon victorieux à Austerlitz, ou le candidat qui vient de remporter l'élection présidentielle, ou la candidate qui vient d'être élue Miss Univers, ou ce que vous voulez dans ce genre — et laissez votre corps adopter les attitudes correspondantes
— ou alors, bloquez votre respiration un moment et reprenez ensuite votre souffle
— ou toute autre chose que vous imaginerez, une gestuelle qui soit vivace et qui amène à amplifier votre respiration et à vous redresser…

Un antipoison à vos états d'esprit négatifs

Vous pouvez même vous *fabriquer un antidote spécifique* à vos états d'âme sinistres : un automatisme positif. Pour cela, choisissez *une seule* de ces attitudes (par exemple : respirer vite et de façon hachée) et appliquez-la *à chaque fois* que vous voulez contrer votre automatisme négatif. En quelques semaines, le seul fait de *penser* à utiliser le remède chassera le problème et commencera à vous faire changer d'état d'esprit.

VOUS VOUS SEREZ AINSI NEURO-PROGRAMMÉ AVEC SUCCÈS

A partir de maintenant, faites cela : chaque fois que vous vous sentez démoralisé, utilisez vos attitudes corporelles pour dire à votre Inconscient que vous voulez un autre état d'esprit, plus souriant — et il vous y mènera. Si vous y mettez de la bonne volonté, vous serez surpris des résultats. Cela vous prouvera que, si vous vous laissez aller à rester morose, triste, abattu, c'est que vous le voulez bien.

Ne me croyez surtout pas sur parole : essayez, testez, expérimentez par vous-même. Devenez maître du langage de vos attitudes corporelles — et vous aurez votre destin entre vos mains…

Dans ce chapitre consacré aux attitudes corporelles, vous avez vu que celles-ci sont étroitement connectées aux états d'âme, aux sentiments, aux émotions et aux sensations. Il en est de même des images et des mots, ainsi que vous avez pu le constater aux chapitres précédents.

Vous allez maintenant découvrir la quatrième grande clé de la communication avec votre Inconscient : la puissance des émotions.

Le langage de l'Inconscient

QUATRIÈME ÉTAPE

Utilisez le pouvoir des émotions, des sentiments et des sensations

Donc, le langage compréhensible par votre Inconscient, ce sont les mots, les images et symboles, les attitudes corporelles et les émotions-sentiments-sensations.

Nous voici au quatrième aspect de ce langage à présent.

Vous avez déjà été humilié ? Je ne connais personne à qui cela n'est pas arrivé, quelque part dans son passé, à l'école ou ailleurs. Souvenez-vous : vous avez ressenti alors des émotions, des sentiments et des sensations. Par exemple :

— émotions-sentiments : humiliation, dévalorisation de soi, abattement, haine envers l'adversaire du moment
— sensations : pincement au plexus, gorge serrée, énergie évanouie, raideurs dans les épaules et la nuque, rougeur ou pâleur au visage, lourdeur…

Changeons de registre et rappelez encore vos souvenirs, mais cette fois-ci d'un moment de joie ou de plaisir intense. Vous avez ressenti tout autre chose alors. Par exemple, selon les situations :
— émotions-sentiments : épanouissement, plénitude, joie, reconnaissance, amour, enthousiasme, exaltation…
— sensations : plaisir physique éventuellement localisable, apport de vitalité et d'énergie, légèreté…

Peut-être avez-vous, un jour, ressenti une frayeur intense, parce que vous avez cru vous noyer ou que vous avez subi une agression ? Cela s'est imprimé en vous par des sentiments, des émotions et des sensations. Là encore, quelques exemples :
— émotions-sentiments : pulsion de prendre les jambes à son cou, peur, frayeur, envie de pleurer ou de crier…
— sensations : difficulté à respirer, accélération cardiaque, « électricité » dans le dos ou les membres, afflux ou reflux du sang dans la tête, paralysie…

Ces constatations « enfoncent une porte ouverte » ? Certes… Mon propos n'est pas de vous submerger sous des évidences, mais de vous dire que ces évidences sont prises au premier degré par votre Inconscient. Votre Inconscient, comme vous le savez, cherche à assurer la cohérence interne, la survie, à vous éloigner de la souffrance, à vous approcher du plaisir, dans cet ordre là.

Votre Inconscient comprend très bien vos émotions-sentiments-sensations. Il tient compte immédiatement de tout ce qui, de son point de vue, risque de mettre en danger votre survie. Repensez à Romuald et à ce qui a motivé sa phobie de l'eau. Et puisque nous parlons de phobie, voici celle d'Armand.

Un cataclysme pour l'Inconscient

— ARMAND, 38 ans, a la phobie des chiens depuis sa petite enfance. A l'âge de 3 ou 4 ans, il a commis l'imprudence de vouloir jouer avec les chiots qu'allaitait encore la chienne appartenant à des amis de ses parents. Ce qui pouvait arriver arriva : la chienne l'a attaqué et le petit Armand a été mordu à la joue — il en garde aujourd'hui encore une petite cicatrice.

Il y eut des flots de sang et la terreur visible des parents. Et aussi, en Armand, des émotions-sentiments et des sensations : effet de violente surprise, frayeur, incompréhension, culpabilité (la chienne fut battue et glapissait, les chiots gémissaient), souffrance au visage, ses larmes et cris, sentiment d'injustice, de traîtrise et de déception, envie de fuir et de se cacher, vue de l'agitation affolée des adultes et du sang sur ses vêtements, surabondance de cris et de clameurs alentour, épuisement nerveux et énergétique…

Un vrai cataclysme dans la langue de l'Inconscient ! Ces images et ces sons, ainsi que ces émotions-sentiments-sensations lui ont communiqué un message que rien, jusqu'à 38 ans, n'est parvenu à changer : les chiens sont dangereux. La parade fut la phobie, parade efficace : Armand n'a plus guère été à suffisante proximité d'un chien pour courir le moindre risque. En effet, dès qu'il apercevait un chien non attaché, son adrénaline entrait en jeu, son cœur se mettait à battre, sa respiration à s'accélérer et le mécanisme d'éloignement du danger faisait son œuvre, compulsif, irrésistible.

Mais voilà, l'affectif est souvent une motivation pour chercher à changer. Armand tombe amoureux, et la dame de ses pensées a du mal à s'adapter à l'idée de devoir se passer d'animaux toute sa vie, car elle a été élevée dans une maison pleine de chiens, de chats et même d'inoffensives couleuvres à collier que son père allait « cueillir » dans la montagne.

Aujourd'hui, Armand a appris à « *raconter à son Inconscient l'histoire autrement* », et son problème est résolu. Quant à vous, vous avez sans doute saisi l'importance des émotions-sentiments et sensations, alliés aux pouvoirs des sons, des mots et des images, pour amener l'Inconscient à accepter un message et à implanter des comportements.

Peur ou plaisir

Comment, à partir de là, utiliser cet aspect du langage de l'Inconscient pour lui communiquer ce que *VOUS* voulez qu'il comprenne ?

Il est à peu près impossible — sauf peut-être à des comédiens de très haut vol — de se fabriquer, à partir de rien, des émotions-sentiments-sensations. Cela veut dire qu'*il est toujours nécessaire d'utiliser les aspects auditif et visuel, pour catalyser ces émotions-sentiments-sensations,* et nous allons y venir dans un instant.

Mais je m'aperçois que je ne vous donne que des exemples affreux, telles les handicapantes expériences de Romuald et d'Armand. Permettez-moi de vous raconter une aventure plus amusante et qui m'est personnelle.

— J'ai 5 ans, et je suis en vacances avec un groupe d'enfants de tous âges. Ce soir-là, c'est la veillée, dans une grande pièce. Les enfants sont groupés par classes d'âge sur des couvertures et des chaises. Je fais partie des plus petits et nous sommes cinq ou six, réunis sur une couverture vers le milieu de la salle ; les plus grands sont sur des chaises vers le pourtour. Les animateurs ont — ce qui, à la réflexion, est une curieuse idée — entrepris de raconter des histoires de fantômes et autres récits fantastiques. Je me souviens très bien : une des histoires est celle d'une main coupée argentée, qui commet bien des méfaits, s'introduit dans la chambre pour y étrangler les dormeurs et… et un animateur éteint la lumière, la salle est plongée dans l'obscurité la plus complète, il y a des « ah » et des « oh »… Et *je vois,* se découpant, quasi phosphorescente sur le noir ambiant, la main, cette main coupée animée de sombres desseins, agitant ses doigts devant et au-dessus de moi.

Que croyez-vous qu'il m'advint ? Des cauchemars ? Des angoisses ? Une tendance à fuir ce genre de choses ?…

Vous n'y êtes pas du tout ! En réalité, je suis grand amateur de récits et films fantastiques et d'épouvante. Vous ne comprenez pas ? C'est parce que je vous ai caché les émotions-sentiments-sensations que j'ai vécus pendant qu'était racontée cette histoire (l'auditif) et pendant que j'ai vu (le visuel) la main meurtrière brillant dans le noir, créée par mon imagination. J'ai ressenti quelque chose que j'ai appelé (vingt ou vingt-cinq ans plus tard, quand j'eus identifié la sensation) la « volupté de la terreur », une sensation de plaisir « électrique » tout au long de la colonne vertébrale et jusqu'au sommet du cerveau, associée à un sentiment de sécurité (nous étions, les petits, serrés les uns contre les autres sur notre couverture et les grands étaient tout autour) et à des émotions de type : exaltation, découverte de choses inconnues.

En réalité, rien dans cet ensemble n'a communiqué à mon Inconscient un message de peur, de danger ou de souffrance. Bien au contraire, ce fut un message de *plaisir*[1]. Et comme l'Inconscient cherche à réactualiser le

1. Il est tout à fait possible que certains des enfants aient envoyé à leur Inconscient une *illusion* terrifiée, lors de cette même soirée de vacances, et en gardent, aujourd'hui encore, un malaise face au fantastique.

plaisir, faut-il s'étonner qu'il m'ait envoyée retrouver ce plaisir à travers la littérature et le cinéma *ad hoc* ?

Sur un tout autre registre, signalons que c'est là aussi le mécanisme du fétichisme ou des perversions sexuelles : association, lors d'un événement fondateur, entre une vision (des souliers, par exemple), (et) ou des sons, et les sensations du plaisir sexuel.

La guérison de Jean-Pierre

Revenons à votre apprentissage de la maîtrise du langage de votre Inconscient, afin de *lui raconter votre histoire autrement.*

Vous avez bien compris que ce sont les images-symboles et les mots et sons qui catalysent les émotions-sentiments-sensations. Pour vous illustrer comment vous pouvez faire avec votre histoire personnelle, vos séquences à vous, prenons l'exemple de la manière dont Jean-Pierre a procédé pour guérir de sa timidité paralysante.

Souvenez-vous : un jour d'été, lors de la fête du village, cette séquence fondatrice vécue à l'âge de 3 ou 4 ans, Jean-Pierre est passé de l'état d'un enfant équilibré à celui d'un enfant craintif, timide, qui a perdu ses repères et sa confiance. Ce moment de crise aiguë a immédiatement modifié son comportement, et cette modification a généré des réponses provenant de l'environnement différentes de ce qu'elles étaient auparavant. Car il est bien évident que l'attitude que l'on a *module les réactions d'autrui envers soi.*

Jean-Pierre se comporte donc différemment, ce qui modifie ses rapports avec les autres — et c'est ainsi que s'implantent de plus en plus en lui les « preuves » et la certitude que le monde est redoutable. Son RAS le « branchant » illico sur tout ce qui va dans le sens de sa peur et le rend aveugle à tout ce qui n'en participe pas. La séquence fondatrice et toutes celles qui suivent alors continuent ainsi à « prouver » le problème.

Ces scènes vécues, c'est toujours :

— des images-symboles,
— des sons, mots, phrases,
— les attitudes corporelles qui vont avec,
— des émotions-sentiments-sensations.

Comment Jean-Pierre va-t-il faire pour *raconter l'histoire autrement* à son Inconscient, de manière à ce que celui-ci lève l'inhibition, ayant compris que cette hyperprotection n'a pas d'objet ?

Pour éliminer son problème, Jean-Pierre, avec mon aide, a revécu mentalement la séquence initiale et certaines autres qui ont suivi, en en modifiant les submodalités visuelles et auditives du négatif au positif. Progressivement, le « sens » de ses souvenirs s'est trouvé modifié et l'Inconscient y a cru. Et cela a été générateur d'émotions-sentiments-sensations différents de ceux des épisodes initiaux et assortis des attitudes corporelles y afférentes. Cet ensemble est venu fracturer le jugement initial : « Je suis impuissant, personne ne me protège, je suis livré sans défense », et l'a transformé en « C'est rigolo de chanter et danser devant ce public qui m'applaudit ! ».

Pour en arriver là, il a fallu quelques mois et vingt ou trente modifications successives du film de la séquence initiale dans l'imagerie mentale de Jean-Pierre.

Vous auriez vu la transformation opérée par ce travail, vous en auriez été étonné. La première fois que, dans sa thérapie, cet homme a réactualisé son histoire dans son mental, il était assis, immobile, le dos voûté, les poumons écrasés, les bras repliés sur le ventre, la tête et le regard bas, la lèvre tremblante, la voix éteinte, le cœur battant. Tout en lui exprimait la détresse, le sentiment d'abandon et d'humiliation. Les mots qu'il utilisait étaient des mots de défaite et dans les images qu'il décrivait, il y avait des géants (tous les autres) et une toute petite chose vaincue (lui).

La dernière fois que j'ai vu Jean-Pierre réactualiser cette histoire, il était debout, bien droit, les bras relevés en arrière, le geste large. Il poussait la chansonnette avec plein de fausses notes mais la voix bien timbrée, chansonnette suivie d'un éclat de rire et d'un mot pour s'excuser « de vous casser les oreilles avec ma voix d'éléphant ». Son attitude corporelle exprimait l'amusement et une certaine domination — après tout, dans la séquence, il était debout sur une estrade, donc au-dessus du public. Ses émotions-sentiments-sensations étaient : sentiment d'assurance (avoir fait le clown en public lui donnait droit à des applaudissements imaginaires), impression d'être la vedette du moment. Même le maire applaudissait et disait : « Ça, c'est un petit bonhomme qui a du cran ! »

Aujourd'hui, Jean-Pierre a fini ce travail qui a visé à lui faire, avec obstination, *raconter l'histoire autrement* à son Inconscient. Son Inconscient a compris le message : Jean-Pierre vit avec une jeune femme tout à fait attractive et il se forme pour devenir psychothérapeute…

Le *morphing* psychologique

Vous croyez que c'est trop simple, trop facile ?

Mais essayez donc, faites-vous votre opinion, jugez-en par vous-même.

En procédant par étapes successives et en plusieurs séances :

— prenez une séquence de votre passé que vous avez encore un peu « sur l'estomac » : un échec, une déception, une humiliation ou quelque chose d'analogue. Revivez-la dans votre tête telle quelle, avec les images, les sons, les émotions-sentiments-sensations et les attitudes corporelles qui vous en restent et qui vous pèsent encore aujourd'hui. C'est tout cela qui signe votre *choix d'illusion* quant à cette séquence ;
— puis, modifiez les submodalités visuelles en utilisant vos constantes positives que vous avez déjà repérées ;
— faites ensuite de même avec les submodalités auditives ;
— servez-vous de votre imagination pour déformer en plusieurs étapes les événements de la séquence vers un scénario qui vous plaît mieux ;
— dans le scénario final, vous êtes vainqueur et non plus vaincu. Notez bien que, pour cela, vous n'avez besoin de « tuer » personne : vous serez mieux vainqueur si vous amenez, dans le scénario, les autres à vous « manger dans la main », que si vous jouez la carte de la brutalité — laquelle, pour votre Inconscient, est plutôt une marque d'échec que de réussite ;
— bien sûr, à chaque changement que vous apportez, associez-y des attitudes corporelles et des émotions-sentiments-sensations en rapport, pour conforter votre Inconscient dans la nouvelle interprétation que vous choisissez de lui donner quant aux souvenirs en question ;
— ensuite, faites de même avec les séquences analogues qui ont suivi, et qui ont solidifié l'illusion négative implantée dans la première scène.

Pour vous fixer les idées : vous avez certainement déjà vu les différentes séquences d'un *morphing ?* C'est un procédé informatique : dans le morphing on a une image de départ (par exemple la tête d'un Tyrannosaurus Rex) et une image d'arrivée (par exemple le beau visage de Kim Basinger). Le logiciel génère une transformation progressive de l'image de départ vers l'image d'arrivée, avec toutes les étapes intermédiaires.

C'est un peu cela qu'il vous faut faire : passer, par étapes intermédiaires, d'une séquence mal vécue au cours de laquelle a été adoptée une *illusion* négative, à la même séquence transformée où s'impose un *choix d'illusions* positif.

En PNL, on appelle cela : « récrire l'histoire de vie ». Moi, j'appellerai cela volontiers : le *morphing psychologique...*

Répétez pour réussir

La réussite tient dans une **répétition** suffisante de l'ensemble de cette procédure dans votre mental. Donc, *obstinez-vous, répétez les transformations et les nouveaux scénarios avec les nouveaux paramètres (submodalités).* Et le message parviendra à destination et convaincra votre Inconscient.

Votre comportement changera alors tout naturellement : votre phobie disparaîtra ou votre limitation s'éloignera...

Vous pouvez utiliser cette procédure chaque fois qu'un de vos problèmes de comportement a pour source une séquence vécue que vous pouvez identifier. Car elle est la première d'une chaîne de scènes qui renforce son impact négatif et générateur de limitations, de souffrance.

Ce permanent présent

Rappelez-vous toujours ce qui suit : votre Inconscient ne fait pas de différence entre le « rêve » et la « réalité » [1]. Ce qui lui parvient *dans le bon langage* est, pour lui, réel. Votre Inconscient ne sait pas conjuguer les temps : pour lui il n'y a ni passé, ni futur, seulement le présent. Tout ce qu'il « contient », ressent, perçoit, tout ce à quoi il réagit est, pour lui, du présent. Même ce viol, subi il y a huit ans par cette jeune femme, est *présent* à chaque fois que quelque chose se produit qui en réveille la charge. Même le stress subi à 4 ans par Jean-Pierre est présent et vivant à 27 ans encore : sa charge ne peut changer qu'avec la communication d'une autre interprétation de l'Inconscient.

Ce qui vous pèse aujourd'hui, de votre passé, est du *présent* pour votre Inconscient.

Lorsque vous modifiez la charge en vous d'un événement passé, en utilisant le langage de l'Inconscient, vous modifiez quelque chose qui est présent et vivant *aujourd'hui.* Et cela a une action sur la suite de votre temps, sur votre « présent futur ». *Lorsque votre Inconscient a accepté un changement,* l'ancienne version ***N'EST PAS*** reléguée dans un coin pour resurgir peut-être un jour. C'est une *transmutation* qui s'opère : seule la nouvelle interprétation existe dans ce présent de l'Inconscient. C'est comme si l'ancienne n'avait jamais existé (même si le Conscient, lui, peut s'en souvenir) : toutes les chaînes de comportement qui y étaient accolées sont évanouies et remplacées par les chaînes de comportement connectées à la nouvelle interprétation.

Ce n'est pas extraordinaire, ça ? Si, dans le monde

---

1. Ce concept de réalité sera évoqué plus loin.

« réel », le passé est inamovible et ne peut être changé, au niveau de l'Inconscient, le temps linéaire, qui ne va que dans un sens, est une barrière qui n'existe pas. A ce niveau, vous pouvez changer le passé et agir sur l'avenir : vous pouvez convaincre votre Inconscient de vous préparer un autre avenir que celui qui semble logique sur vos bases actuelles. Qui eût cru que Jean-Pierre deviendrait un jour psychothérapeute ? Personne. Et surtout pas lui. Et pourtant, c'est bien ce qui arrive…

Alors, vous aussi, vous voulez changer vers le positif? Mais le voulez-vous vraiment ? Car c'est là toute la question…

Changer ou ne pas changer

— NADIA est une jolie femme de 30 ans, célibataire et maîtresse d'un homme marié — qui ne divorcera pas pour elle. Elle a un job bien payé, selon ses propres termes. Il l'amène une dizaine de fois par an à voyager pour des missions en France, en Grande-Bretagne et en Allemagne et à croiser dans le milieu de certaines professions libérales plutôt valorisées. Elle a fait des études allant jusqu'au BAC+4, est trilingue ; son milieu familial appartient à la bourgeoisie aisée. Et Nadia vit dans son propre appartement, dans un très agréable décor.

Résumons : elle est belle à regarder, disponible, intelligente et cultivée, d'un milieu social favorisé, a de l'argent, voyage et rencontre des gens que tout le monde considérerait comme potentiellement intéressants.

On pourrait dire que, si tout cela n'entraîne pas automatiquement le bonheur, cela devrait y contribuer pas mal.

Mais voilà, Nadia sait utiliser le **pouvoir des mots** pour se rendre malheureuse : sa famille est « nulle » ; son job, c'est l'« ennui mortel » ; les gens qu'elle rencontre, *tous* les gens qu'elle rencontre : « Oh, ils sont c… » ; les voyages : « Bof, j'en ai rien à cirer, ça ne m'intéresse pas » ; sa beauté physique : « Vous trouvez ? Et pour ce à quoi ça me sert ! De toutes façons j'ai ci et ça qui ne va pas » ; son intelligence : « Ouais, mais à quoi ça me sert puisque je ne suis pas heureuse ? » ; l'argent et le chez-soi : « Pff, ça m'est égal, tout ça » ; son partenaire : « Il est marié… de toutes façons, je m'en fous, je ne mérite rien de mieux » ; la sexualité : « Je ne sais même pas à quoi ressemble un orgasme — je ne me masturbe jamais. »

Allons bon ! Voilà une *illusion* — et même une série d'illusions — nuisible, où je ne m'y connais pas.

Nadia a fait deux tentatives de suicide et vient chercher du secours pour échapper à la souffrance qu'elle ressent — ce sentiment de vide, d'inutilité, de carence, de froid —, pour échapper aussi à toute cette négativité qu'elle attache à elle-même et à tout son vécu. Et il est vrai que ce qu'elle vit, l'*illusion* qu'elle cultive, est plus près de la mort que de la vie.

■ Si Nadia utilise à la perfection le pouvoir des mots, elle sait aussi très bien utiliser **le pouvoir des images** pour se plonger dans la déprime : « Je tire toujours la tronche face à la famille — qui me le rend bien » ; « L'ambiance, au boulot, c'est la grisaille », etc.

■ Nadia est, surtout, passée maîtresse dans l'art d'utiliser **le pouvoir des attitudes corporelles** pour se communiquer (et aux autres aussi, dans la foulée !) son interprétation sinistre des différents plans de sa vie. Comment elle fait ça ? Comme vous le faites peut-être vous-même, quand vous êtes, par exemple, tête basse et dos voûté, en train de remâcher de la rancœur ou tout autre sentiment négatif.

■ Quant au **pouvoir des émotions-sentiments-sensations :** « Quand j'attends mon ami, je reste vautrée dans mon fauteuil, l'œil fixé sur la montre sur l'accoudoir, en rageant parce qu'il n'est pas encore là. » Sur le plan professionnel : « Au bureau, mon chef me dit souvent que mon sourire est super — mais qu'on ne le voit guère ! — une façon de constater que je fais la gueule. » Dans les réunions et pendant ses missions : « Je suis mal à l'aise, je n'ai qu'une envie : c'est de fuir et de me retrouver seule dans mon trou. » Au lit, avec son partenaire : « J'attends que ça se passe en pensant souvent à autre chose — quand je ne me mets pas à le critiquer dans ma tête en commençant à m'énerver. » Etc.

L'Inconscient de Nadia (l'Inconscient de chacun) sait très bien lire ce langage. Au fil de la « cohabitation » Corps-Conscient-Inconscient, sur toutes ces années de la vie, le visuel, l'auditif, l'émotif et les attitudes physiques en rapport avec la joie, l'enthousiasme, l'énergie... se sont révélés tout à fait différents de ceux qui sont connectés à la tristesse, à la dépression, à l'angoisse, à l'autodévalorisation...

Cela veut dire que, pour peu que vous utilisiez le « langage » qui signe l'abattement, votre Inconscient et votre RAS vont comprendre que c'est cela que vous voulez : être abattu. Et faites-leur confiance, ils vous rendront ce service, puisqu'ils cherchent à vous aider. Mais vous leur aurez fait passer là un bien nuisible message !

Plaisir ? Douleur ?

Vous allez dire : « Mais je croyais que l'Inconscient cherche à me faire éviter la souffrance ? »

Certes. Une digression apparaît ici nécessaire : voilà venu le moment de vous parler de la souffrance et du plaisir.

Sans forcément parler de masochisme, où s'arrête la

souffrance et où commence le plaisir ? Que celui qui peut donner une réponse définitive lève le doigt — moi, je ne le peux pas. Car enfin, qu'est-ce qui oblige certains à se vautrer dans la déprime ? Ou à cultiver la sinistrose et la négativité ? Des problèmes psychologiques — mais que recouvre ce terme ? La « fatalité » — alors pourquoi eux en sont-ils victimes et pas tout le monde ? Ou un certain *plaisir* — même s'il n'est pas reconnu comme tel ?...

Il y a une théorie sur la souffrance qui ne manque pas d'intérêt : celle de la « volonté de puissance ». Schématiquement expliquée : le fait d'être malade, névrosé, déprimé, mal en point — ou insuffisant, maladroit, échouant — donne de la puissance sur autrui. En effet, les proches, les familiers, mais aussi les personnes extérieures, même exaspérées, prendront plus de gants, auront plus d'égards et de soins pour quelqu'un qui a des problèmes que pour quelqu'un qui est en pleine forme et qu'on peut laisser se débrouiller sans aide.

Dans ce cas (ne généralisons toutefois pas), l'équation est : maladie, névrose, dépression, échec = puissance sur autrui. En guérir = perdre sa puissance sur autrui. Donc, à un niveau inconscient, est compris le fait qu'il vaut mieux ne pas en sortir — entre deux maux, on choisit toujours le moindre.

Je ne veux nullement dire que chaque personne qui vit des difficultés relève de ce mécanisme-là. Mais il y en a beaucoup, et nous en connaissons tous.

Ce que je veux dire par contre, c'est que, sauf dans des cas vraiment pathologiques, il y a toujours moyen de sortir de ces difficultés d'être : mais pour cela, il faut déjà se mettre au clair avec la question posée sur le tableau 11.

Répondre honnêtement à ce tableau est déjà lever un pan du voile sur le pourquoi des difficultés et sur la *réelle* motivation à changer. Je livre cela à vos réflexions et je voudrais illustrer ceci par ce qui suit.

Un charmant vampire

— Nous avons des amis allemands, un couple dont la femme répond au joli nom de PETRA. Elle est près de la cinquantaine, a deux filles adultes et un foyer très confortable. Son mari l'appelle : « Mon gros bébé », et elle est vraiment un gros bébé. Pas une femme-enfant, un bébé : voix, façon de parler, réactions, maladresses d'enfant. Elle est si adorable que tout le monde lui pardonne ses bêtises, ses inattentions (qui ont parfois coûté cher : linge brûlé, portières de voitures enfoncées, montre non étanche inondée, perte de sac à main, et même début d'incendie dans sa cave car elle y avait oublié une bougie allumée, et j'en passe), ses retards systématiques à ses rendez-vous (quand elle ne les oublie pas !). Son côté « tête en l'air » est devenu proverbial dans sa famille. Ses filles apparaissent plus matures qu'elle et l'aident souvent à se souvenir de ce qu'elle doit faire, lui corrigent orthographe et grammaire lorsqu'elle écrit. Son mari est aux petits soins et, en fait, elle obtient tout ce qu'elle veut de son petit monde familial et amical.

En réalité, Petra est un petit vampire. Elle a, comme nous tous, 28 milliards de neurones dans sa boîte crânienne et est tout à fait capable d'être autonome lorsqu'elle y est acculée. Elle a néanmoins, non consciemment, mis au point un magnifique système pour éviter les conflits, pour qu'on lui « mange dans la main », et pour que ses proches lui restent : elle se comporte comme quelqu'un qui a besoin d'être assisté, ce qui lui attire le plus souvent la protection amusée et l'aide spontanée d'autrui. Autrui y trouve son compte aussi, d'ailleurs : aider, protéger, c'est manifester une forme de supériorité implicite, ça fait plaisir.

C'est tout de même pernicieux, car comment voulez-vous qu'on abandonne un « gros bébé » ? Les deux filles de Petra ne parviennent pas à s'équilibrer affectivement et semblent avoir bien du mal à quitter le foyer parental.

En réalité, si Petra joue ce jeu, c'est parce qu'elle a très peur au fond d'elle de perdre ses repères, et que ses familiers aillent ailleurs vivre leur vie. Alors, elle se débrouille pour passer pour une *adorable idiote,* assume tous les commentaires négatifs qui pleuvent sur ses incompétences, ses insuffisances, etc. — et elle reste ainsi tout à fait en dessous de ses possibilités réelles. Et elle a ainsi *un grand pouvoir* sur autrui.

Or, j'ai vu Petra à l'œuvre et je sais qu'elle est capable de réactions tout à fait adaptées, efficaces, précises, lucides et pointues : il y a quelques années, en vacances, elle et moi nous promenions dans une campagne inconnue. Une voiture percuta un chien errant et continua sa route. Petra s'est métamorphosée instantanément : elle a pris les choses en main avec une efficacité surprenante et le chien blessé s'est retrouvé en une demi-heure sur la table de soins d'un vétérinaire. Il fut ainsi sauvé, guéri puis placé par Petra dans une bonne famille par la suite.

Pendant cette demi-heure-là, entre l'accident et le cabinet du vétérinaire, Petra fut une tout autre femme, le regard aigu, la bouche ferme, l'énergie disponible, le geste sûr et l'action ciblée. Et après que fut tombé le diagnostic rassurant du vétérinaire, son personnage de « gros bébé » a refait son apparition.

Les êtres humains sont capables de ces métamorphoses… On a vu, m'a-t-on dit, de faibles femmes soulever une lourde voiture pour en dégager leur enfant, preuve encore s'il en est besoin que les ressources dont on dispose sont toujours plus grandes qu'on ne le croit.

Alors, si Petra souhaitait *vraiment* (ce n'est pas le cas jusqu'à ce jour) sortir de son personnage d'assistée et de protégée, et qu'elle doive préalablement répondre au questionnaire du tableau 11, il est très certain qu'elle se rendrait compte des choses suivantes : en changeant son comportement, *elle perdrait d'énormes avantages.* Et croyez-vous qu'alors, sa motivation à changer se maintiendrait facilement ? Essayons de répondre pour elle à ce questionnaire. Voyez le tableau 12.

Si vous avez bien examiné les réponses de Petra, dans le tableau 12, vous comprenez maintenant ce que je voulais dire lorsque je vous parlais, plus haut, des *avantages* que l'on peut retirer, en termes de pouvoir sur autrui, de ses propres insuffisances.

Revenons brièvement à Nadia. Les avantages qu'elle retire de ses attitudes et jugements négatifs sur tout ce qu'elle vit s'énoncent aussi en termes de pouvoir sur autrui :

— sa famille ne lui demande jamais rien et se contente, sans faire de réflexions, du peu que Nadia consent à lui consacrer ;
— ses parents, aussi bien que son amant, filent droit, ne lui font ni reproche ni ne lui demandent d'explications. Ils agissent et lui parlent avec infiniment de précautions pour essayer d'éviter ses coups de gueule et coups de déprime (qui arrivent tout de même, inévitablement) ;
— au travail, on n'attend rien de plus d'elle que le nécessaire, on essaie de l'amadouer et on lui facilite au maximum les choses ;
— quant à ses amies, elles sont au garde-à-vous à la moindre alerte, au moindre coup-de-fil-appel-au-secours, et certaines d'entre elles laissent tout tomber séance tenante pour aller remonter le moral de Nadia, terrifiées à l'idée qu'elle pourrait revider son pot de somnifères encore une fois…

QU'EST-CE QUI CHANGERAIT DANS MA VIE, CONCRÈTEMENT, SI JE N'AVAIS PLUS CES PROBLÈMES ?

— Dans mes rapports avec les autres ?

— Dans les rapports des autres avec moi ?

— Dans ma façon et mon obligation d'agir ?

— De gérer ?

— De communiquer ?

— D'aimer ?

— D'être aimé(e) ?

— De donner ?

— De recevoir ?

— De jouir ?

— D'être responsable ?

— D'être pris en charge ?

— Dans ma façon de me percevoir ?

— Autre ?

TABLEAU 11

Il n'en demeure pas moins que Nadia ressent de la souffrance, mais cela est très ambigu : son Inconscient ne croit-il pas qu'elle risque de souffrir bien plus si les *avantages* inhérents à son *illusion* disparaissaient parce que son comportement a changé ? Autrement dit : Nadia a-t-elle réellement le désir et la motivation pour changer ? Ou a-t-elle seulement l'envie de (se) faire croire qu'elle fait tout ce qu'il faut pour y arriver (avant de venir me voir, Nadia avait déjà « usé » deux psychanalystes sur cinq ans) ? Autrement dit encore : son Inconscient — le vrai patron — laissera-t-il Nadia changer, alors qu'il sait parfaitement que des compensations considérables et le pouvoir sur autrui sont en jeu ?...

EN RÉALITÉ, TOUT SE PASSE COMME SI L'INCONSCIENT, TOUJOURS ET ENCORE, ENTRE DEUX MAUX *CHOISIT LE MOINDRE* ET MAINTIENT CETTE POSITION FERMEMENT

Alors, posons-nous une *question dynamisante :* comment faire pour que l'Inconscient de Nadia accepte le fait qu'il y a plus d'avantages à laisser le changement d'attitude s'installer qu'à maintenir les attitudes négatives ?

Eh bien, il faut lui faire passer ce message en utilisant son langage. Car enfin, le regard, la pensée, l'attitude, le jugement, décrivant le vécu de Nadia, ne signent qu'une des *illusions*, qu'une des interprétations possibles dans un tel contexte de vie. Et les avantages qui en découlent sont *conséquences* et non causes de cette *illusion.* Le pouvoir sur autrui est la *conséquence* de l'illusion négative qu'a « choisie » Nadia. Il a pu suffire d'un jour de déprime autrefois (cause) et de la constatation empirique de ce que les autres soumettaient leur attitude à son humeur du moment (conséquence), pour que soit compris, dans les profondeurs, le *pouvoir* de la déprime sur l'environnement. Le pouvoir donne du plaisir — même si ce plaisir n'est pas identifié comme tel consciemment. Il y a toujours tendance à rechercher le plaisir, et ainsi s'installe une mécanique bien huilée qui va se réactualiser à chaque occasion : activation du plaisir — conséquence — à la suite de l'interprétation négative — cause.

Ces réactualisations successives renforcent la mécanique au fur et à mesure du temps qui passe — et cette dialectique souffrance-plaisir est vite implantée dans le comportement.

Je vous le demandais un peu plus haut : où s'arrête la souffrance et où commence le plaisir ? Qu'est-ce qui oblige certains à se vautrer dans la déprime ou à cultiver la sinistrose et la négativité ? *Alors qu'ils ont, comme chacun, le choix de l'illusion ?...*

Je répondrai : cela est fonction du principe du moindre déplaisir.

Pendant huit mois, par un travail psychothérapeutique, j'ai aidé Nadia à se donner le *choix d'une autre illusion,* plus franchement agréable à vivre que la précédente. Pour cela, je lui ai appris à dialoguer avec son Inconscient, dans son langage à lui, afin qu'il cesse de s'agripper au « moindre déplaisir » et parvienne à « un plus grand plaisir » — ce qui est loin d'être la même chose ! Et aujourd'hui, Nadia a rencontré un homme tout à fait agréable lors d'un de ses voyages (et a quitté son amant marié), elle s'est mise en ménage avec lui et apprécie le contact sexuel. Elle a progressé professionnellement, ses amis ne la reconnaissent pas, n'ont plus à accourir à la moindre alerte — car il n'y a plus d'alerte — et apprécient Nadia bien plus qu'avant. Un dialogue meilleur, fait de plus d'indulgence et de plus de compréhension, s'est instauré avec sa famille et aussi avec sa presque belle-famille. Même l'écriture de Nadia a changé : elle

PETRA

QU'EST-CE QUI CHANGERAIT DANS MA VIE, CONCRÈTEMENT, SI JE DEVENAIS MATURE, AUTONOME, EFFICACE, PLUS FORTE ET RESPONSABLE ?
— Dans mes rapports avec les autres ? Je cesserais de pouvoir à peu près tout me permettre sans blâme : arriver en retard, être tête de linotte, commettre des gaffes et des bévues... Je devrais être attentive à ce que je fais et dis. Je devrais prendre en charge des choses que je n'ai peut-être pas envie d'assumer. On attendra beaucoup plus de moi qu'actuellement. Je serai soumise au jugement plus dur et plus exigeant d'autrui et je serai plus vulnérable à la critique.
— Dans les rapports des autres avec moi ? On n'aurait plus de raison d'avoir des scrupules à me laisser me débrouiller seule. Mon mari pourrait cesser de me protéger, de me soutenir, de m'aider, de tout me pardonner, d'être aux petits soins, de se sentir obligé d'être attentif à moi. Il pourrait même peut-être envisager de me quitter sans remords, sachant que je peux me débrouiller toute seule. Idem pour mes filles. Mes amis seraient moins indulgents avec moi. On oserait me faire des reproches.
— Dans ma façon et mon obligation d'agir ? Je devrais faire des efforts parce que l'on attendrait de moi des résultats, de l'efficacité, de l'attention, de la ponctualité, d'assumer des responsabilités. On ne me « passerait » plus des erreurs ou des inattentions. On risque de me poser sur le dos fardeaux et responsabilités.
— De gérer ? Je n'aurais plus droit à l'erreur. Je devrais faire preuve de plus de rigueur. Et si je me trompe, on n'hésitera plus à m'en faire reproche et on attendra que je répare l'erreur sans m'aider.
— De communiquer ? Il faudra que j'argumente, si je suis d'un autre avis que mon interlocuteur. Je ne pourrais plus m'en sortir d'une pirouette ou d'une volte-face. Il faudra que je sois attentive à ma façon de communiquer : gaffes et « pieds dans le plat » ne passeront plus si facilement. Il faudra que je me justifie, ou que j'explique, ou que je m'excuse.
— D'aimer ? Il faudra que j'assume avec le sourire que mes filles prennent leurs distances pour vivre leur vie. Et même, que je les aide en ce sens en leur montrant que je fonctionne bien sans leur présence. Je pourrais laisser mon mari respirer.

— D'être aimé(e)? On risque de moins me manifester d'attentions, de tendresse, de protection, de me trouver moins d'excuses. On ne me «portera» plus autant. Ceux qui m'aiment pourraient s'occuper plus des autres que de moi et s'éloigner.
— De donner? (Petra est du genre à donner sa chemise) Il faudra que je devienne raisonnable et que je rende des comptes. Il faudra que je fasse l'effort de dominer mes impulsions et que je sache jusqu'où je peux donner sans léser personne. Sur un plan plus figuré : je devrais plus donner qu'attendre systématiquement de recevoir.
— De recevoir? Je recevrais moins d'attention, de présence, de facilités, d'indulgence. Il faudra que je me débrouille davantage toute seule — ce qui a un côté paniquant et m'obligerait à faire mes preuves.
— De jouir? Je vivrais sur un mode plus sérieux, moins marrant, moins léger, plus mature, plus responsable, plus pondéré, moins «jeune» et plus «vieux».
— D'être responsable ou pris en charge? On me poserait plus de responsabilités sur le dos et on me critiquerait si je les assume mal. On risque de «m'attendre au tournant», sans indulgence. On penserait que, puisque je suis capable, il n'est pas nécessaire de m'aider, de me soutenir. Ma vie serait plus lourde à porter: je perdrais la légèreté et la facilité actuelles de mon vécu. Je devrais renoncer aux avantages de mon côté bébête.
— Dans ma façon de me percevoir? Il faudra que je me sente plus mûre — et plus mûre, c'est prendre de l'âge aussi —, il faudra donc que j'assume de vieillir avec tout ce que ça signifie. Il faudra que je regarde en face le fait que j'ai 50 ans, deux grandes filles qui ont leur vie de femme à mettre en place et que je pourrais bientôt avoir le titre de «grand-mère». Il faudra que je laisse plus de liberté à mes proches — qu'ils puissent cesser de se faire du souci pour ce que je pourrais bien inventer comme bêtise. Il faudra que j'entreprenne des choses que je n'ai pas entreprises, que je m'intéresse à des aspects ou des connaissances nouvelles. Il faudra que je fasse des efforts pour développer mon potentiel, mes intérêts et mon pouvoir d'action. Il faudra que je fasse l'effort de devenir autonome et que je trouve de l'énergie et aussi du désir envers cela.

TABLEAU 12

est moins heurtée qu'auparavant et je suis sûre qu'un graphologue y lirait des transformations dans la personnalité.

Et, chose intéressante, Nadia n'a pas moins de pouvoir sur autrui : *elle en a bien plus, parce* qu'on l'apprécie et qu'on l'aime, qu'on a plaisir à la côtoyer (au lieu d'avoir peur de ses réactions, ce qui était le cas autrefois). On la recherche parce que c'est agréable d'être avec elle.

LE PLAISIR QUE L'ON APPORTE AUX AUTRES EST LE PLUS GRAND VECTEUR DE POUVOIR AUTHENTIQUE SUR EUX QUE JE CONNAISSE

Il faut se le rappeler : chacun est attiré irrésistiblement vers ce et ceux qui lui apportent du plaisir. Nadia est devenue un pôle de plaisir pour son environnement et elle en tire une joie de vivre pour elle-même. C'est un *échange* sain et agréable à vivre, là où autrefois il y avait un échange malsain, fondé sur de la peur.

Nadia a appris à se donner le choix d'une illusion positive, et elle s'en porte bien.

▶ Maintenant, je vous suggérerai volontiers, si vous le voulez bien, de répondre vous aussi à la question du tableau 11. Déterminez d'abord sur le papier ce que vous aimeriez changer dans votre comportement et pourquoi. Puis, écrivez dans le tableau tout ce que vous aurez à gagner, *mais aussi à perdre,* si vous implantez ces changements en vous. Méditez bien vos réponses : cela sera probablement plein d'enseignements sur vous, sur l'*illusion* que vous avez choisie, et sur votre réelle motivation à vous transformer.

Si les avantages à *ne pas* changer vous semblent plus importants que les avantages à changer — et si néanmoins vous persistez à vouloir apporter des modifications à votre façon d'être et de fonctionner —, alors, il vous faudra probablement une aide psychothérapeutique sur quelques mois, pour amorcer le processus, comme ce fut le cas pour Nadia.

Si les avantages à changer vous sont plus importants que les avantages à ne pas changer, alors vous êtes sur la bonne voie pour vous choisir une plus magnifique *illusion.* Et cela vous sera facile en utilisant les moyens que je vous décris dans ce livre, le dialogue avec votre Inconscient dans son langage à lui : utilisez le pouvoir des mots, des images et symboles, des attitudes corporelles et des émotions-sentiments-sensations.

Je vous invite maintenant à aborder un intermède, sauf si vous vous sentez très rationaliste, auquel cas ne le lisez surtout pas et sautez tout de suite à la troisième partie de cet ouvrage.

Car si, jusque-là, mon discours a pu vous apparaître logique et acceptable, il n'est pas sûr que vous gardiez cette opinion à la lecture des pages suivantes. Mais si vous avez envie de vous aventurer encore plus avant dans les pouvoirs de l'*illusion* et de votre Inconscient, éteignez votre cigarette, attachez votre ceinture. Et envolons-nous ensemble vers des rivages bien étranges…

INTERMÈDE

CHANGER LA *RÉALITÉ*

« Il y a plus de choses sur la terre et dans le ciel que n'en peut rêver toute ta philosophie, Horatio. »

Shakespeare.

Alors, je peux vous emmener dans une promenade un peu décousue autour du concept de réalité ?

Un singe

Je me souviens d'une histoire de science-fiction, une nouvelle lue il y a maintenant plus de vingt ans. Je ne pourrai « rendre à César », car je ne me rappelle plus le nom de l'auteur — qu'il reçoive ici mes excuses pour cet oubli. Pour vous, je résume ce récit tel qu'il m'est resté en mémoire.

Imaginez un laboratoire d'expériences sur le comportement animal, quelque part dans une zone désertique. Là naît un jour un bébé singe que l'on retire aussitôt à sa mère. Appelons-le Washoe, en souvenir d'un autre singe, dans une autre expérience scientifique. Il est élevé avec beaucoup de soins et d'attentions par les savants, sans aucun contact avec d'autres singes. Entouré, bien nourri, il se développe dans un vaste enclos tout à fait agréable à vivre.

Un détail toutefois : plusieurs fois par jour, l'un ou l'autre savant, après lui avoir montré un objet, lui met les mains sur les yeux et un assistant retire prestement l'objet. Lorsque Washoe peut regarder à nouveau, l'objet a disparu. On cherche à ancrer dans sa perception de la réalité le fait que, quand il ferme les yeux, ce qu'il voit peut disparaître.

C'est là la seule particularité dans la vie de l'animal.

Le temps et les années passent ainsi, paisiblement, et un jour, un enchaînement d'inattentions se produit : on oublie de verrouiller la porte de la cage. Washoe s'aventure hors du centre de recherche et se retrouve seul, dans une nature rocheuse, un environnement totalement inhabituel dans lequel il erre.

Les recherches dans un laboratoire coûtent cher et il faut à tout prix retrouver le fugitif. Les hommes se mettent à sa poursuite afin de le récupérer et ils finissent par l'apercevoir, là-haut sur un rocher.

Mais voilà, toutes ces aventures ont terrifié l'animal. Cet environnement inconnu, cet espace trop immense, ces humains, là-bas, qui gesticulent et crient et s'approchent en l'encerclant… il a de plus en plus peur et se voit acculé. Les « assaillants » sont à quelques mètres de lui, ils vont le toucher et… Washoe plaque ses mains sur ses yeux, serre les paupières sous ses paumes et reste ainsi quelques instants en tremblant. Puis il retire ses mains, regarde et… Washoe est là, dans ce décor, sur ce rocher

— silence, calme et vent léger. Les hommes ont disparu, il est seul et il peut s'apaiser…

« Est-il possible, puisque la conscience peut organiser des processus internes du cerveau, que cette même conscience puisse organiser des processus extérieurs à l'individu ? »

M. Varvoglis — Ph. D. en psychologie expérimentale.

Des chamans

Avant de devenir psychothérapeute et spécialiste en développement de la personnalité, je suis ethnologue de formation et mon conjoint également. Nos travaux et recherches personnels ont surtout porté sur les États Modifiés de Conscience, aussi bien dans les cultures traditionnelles qu'en Occident, et les cultures chamanistiques ont été un de nos axes d'étude et d'intérêt majeurs.

S'il est une discipline scientifique qui exige de la souplesse d'esprit, c'est bien l'ethnologie. Car dès que l'on est confronté aux connaissances d'une autre culture, on est aussi confronté à une autre « réalité ». C'est un tout autre agencement, une intrication différente, des éléments du monde qui apparaît : un aveuglement pour certaines choses (évidentes pourtant pour un autre peuple) et une valorisation pour d'autres choses (jugées sans intérêt par une autre culture).

Il en est des peuples comme des individus : une interprétation de la réalité — *le choix d'une illusion* — marque la spécificité d'une culture par rapport à l'autre. Souvenons-nous qu'il est impossible d'avoir plus de neuf éléments simultanés dans le champ de la conscience humaine, et que le RAS cible l'attention en fonction des intérêts du sujet.

LE RAS CIBLE AUSSI L'ATTENTION EN FONCTION DES *CROYANCES* DU SUJET

Il est heureusement passé, le temps du mépris de nous autres, « civilisés », pour les « sauvages ». Le mot « primitif » n'est plus accolé à « peuple » ou à « culture » dans les Sciences Humaines d'aujourd'hui (ce qui était encore le cas dans les années 60). Et voici bien une preuve que notre perception, notre interprétation, notre *illusion*, de la réalité de ces peuples a changé. Il y a toujours d'excellentes raisons pour expliquer que notre appréciation de la réalité change. Mais ce ne sont pas ces bonnes raisons qui devraient nous aveugler : ce sont les *conséquences* de ce changement qui devraient nous mobiliser.

> *« Les différents pouvoirs psychiques qui leur (aux hommes-médecine aborigènes) sont attribués ne doivent pas être trop rapidement rejetés comme de simples superstitions magiques primitives, car la plupart d'entre eux se sont spécialisés dans le fonctionnement de l'esprit humain, et de l'influence de l'esprit sur le corps et de l'esprit sur l'esprit... »*
>
> A. P. Elkin — anthropologue.

Notre perception de la réalité de ces peuples (dits « traditionnels », aujourd'hui) ayant changé, voici ce qui en découle : des ethnologues font des recherches auprès de guérisseurs et de chamans traditionnels pour découvrir des plantes et des techniques qui pourraient compléter notre arsenal thérapeutique occidental. Un de mes professeurs de faculté est, en ce moment même où je rédige, en Amérique du Sud pour une mission de cette nature. Des équipes scientifiques poursuivent des recherches de ce type à Madagascar et ailleurs, et cela modifie la « réalité » de notre savoir pharmacologique. Cela pourra, par la suite, modifier la réalité de malades : vivre ou mourir, voilà deux réalités apparemment bien différentes !

Les états de transes dans les rituels chamaniques étaient, il n'y a pas bien longtemps, considérés par d'augustes savants comme des manifestations d'une pathologie psychique avancée. Aujourd'hui, des recherches sont menées pour essayer de comprendre les effets thérapeutiques de ces rites et de la transe. Il a suffi que le *regard* change pour que, au lieu de ne voir que des contorsions délirantes chez les chamans, *on voie les résultats qu'ils obtenaient.* Et cela a modifié le jugement porté sur ces rites et donc leur *réalité* perçue.

Un dé à coudre de matière

Alors, la *réalité,* c'est quoi ?…

Connaissez-vous ce fait établi par les sciences dites exactes : si on comprimait la matière qui forme toute l'humanité actuelle, en éliminant tout le vide qu'il y a entre les atomes composant ces six milliards de corps, ce qui resterait de cette matière compactée remplirait tout juste *un dé à coudre ?*

Vous pesez, mettons 82 kilos, votre taille est de 1,80 m et votre carrure est moyenne. Quel effet cela vous fait-il de savoir que, comprimé ainsi, votre corps occuperait le volume approximatif d'un six milliardième de dé à coudre ? Mais alors, qu'est donc votre corps, *en réalité ?*

Plein de vide ? Ou vide de plein ? Ou en chair et en os solides ?

Autre chose... Regardez autour de vous, vous avez certainement une plante verte dans vos environs. Regardez-la bien. Vous voyez : elle est *verte,* c'est tout à fait réel. Eh bien non ! Ce que *vous percevez* et appelez vert n'a aucune réalité. Le vert n'existe pas plus qu'aucune autre couleur : le vert est *une illusion*. Le vert est une longueur d'onde et non pas une *réalité*. C'est l'activité de votre cerveau qui vous communique la *sensation* visuelle que vous associez au vert de par les conventions de votre culture.

Il y a des populations sur cette terre qui ne connaissent que trois couleurs : le noir, le rouge et le bleu. Là où vous diriez « jaune », elles diraient « rouge ». Là où vous diriez « olive », elles diraient « bleu ».

Primitifs, ces gens-là ? Non. Pas plus que nous qui ne connaissons que trois ou quatre états de la neige (fondante, gelée, etc.) là où les Inuit en reconnaissent plus de quinze.

Où est l'erreur ?

Nous percevons le monde à travers nos sens, certes, mais aussi à travers le filtre de nos connaissances et de nos croyances sur ce monde et sur la réalité. Le monde objectif n'est probablement rien de ce que nous croyons ou alors, il est tout ce que croit la totalité de ceux qui le perçoivent, plus, peut-être, encore bien d'autres « choses ».

La perception et la compréhension qu'un homme a du monde sont nécessairement limitées et n'engagent pas la réalité totale. La perception et la compréhension qu'a son voisin — ou la culture d'à côté — peuvent être tout à fait différentes et sont nécessairement limitées — et n'engagent pas plus la réalité totale. Chacune de ces perceptions et compréhensions ne sont qu'un des aspects, une des miettes, de ce qu'est le monde : micro-réalités par rapport à une macro-réalité.

Mon propos n'est pas de philosopher, mais d'essayer de vous donner ce léger vertige, cette légère excitation, annonciateurs de perspectives nouvelles, de terres à explorer, d'actions à stimuler, de buts nouveaux à atteindre.

> *« C'est la théorie qui décide de ce que nous sommes en mesure d'observer. »*
>
> Einstein.

Chaque culture vit dans une micro-réalité, à l'intérieur de laquelle il y a *un certain nombre de faits et de jugements acceptés par chaque membre de cette culture.* C'est cette strate, commune à tous, véhiculée par la tradition, l'éducation, les croyances et les comportements qui en découlent, que j'appelle : le « consensus de réalité basal ». C'est cette base commune qui donne aux membres de la culture l'impression de vivre dans une réalité partagée par tous. C'est grâce à elle qu'ils peuvent se communiquer cette réalité entre eux en se comprenant mutuellement. Hors de cette strate, la communication devient impossible. Au-dessus de cette strate, il y a les différences individuelles, le *choix d'illusion* individuel.

Des fées ?

Imaginez un village dont la population croit aux fées, aux korrigans, aux trolls, à ce « Petit Peuple » que l'imagination, ou la « réalité », place dans certains coins de nature. Imaginez encore un jeune homme rentrant chez lui un soir d'orage, après s'être vu poursuivi par une de ces créatures en voulant à son âme. Tous les gens vont compatir à son récit, le réconforter et abonder.

Maintenant, imaginez le village d'à côté, où l'on a cessé depuis longtemps de croire aux fées. Les habitants auraient tôt fait de se frapper le front de l'index au récit du jeune homme, ou de le soupçonner de mentir pour se rendre intéressant. Ou d'avoir forcé sur l'équivalent local du calvados.

Vous vous demandez lequel des deux villages a raison ? A mon avis : aucun des deux et aussi tous les deux. Car chacun n'a accès qu'à sa micro-réalité à soi — et aucune ne rend compte de la réalité absolue. Ces micro-réalités ne sont que le résultat des croyances. Et ce qui est important à saisir là, ce n'est pas la réalité objective des fées, korrigans et trolls (sur laquelle je n'ai pas d'opinion), mais *le fait que le comportement des gens de chacun de ces villages va être différent en fonction de cette croyance.*

ET QU'EN RETOUR, LE MONDE ENVIRONNANT VA LEUR RENVOYER LA CONFIRMATION DE LA CROYANCE

> *« Par exemple, dans un groupe favorable au psy, mettons des moines tibétains, ce consensus fait que les événements psy ont une très haute probabilité de se produire par rapport à leur probabilité d'apparition dans un autre groupe qui ne croirait pas à l'existence de facultés psy. »*
>
> C. Hardy, anthropologue.

Les gens du village numéro 1 seront sans doute infiniment plus attentifs et précautionneux dans leurs contacts avec la nature, peut-être laisseront-ils des offrandes à certains endroits, lors de certaines fêtes, pour apaiser ces esprits de la nature ou s'attirer leur protection. Leur fonction RAS, collectivement et individuellement, branchera leur attention sur tout ce qui peut aller dans le sens de leur croyance — et il ne manquera pas d'éléments à cet égard. Tout ceci *alimentera la croyance* et *confortera ces comportements.* Et voici qu'est cristallisée de plus en plus, pour eux, la conviction que tout ceci est la réalité — et qui peut affirmer en toute connaissance que ce n'est pas un aspect de la réalité absolue ?

Voyons maintenant le comportement des gens du village numéro 2. Leur rapport à la nature sera différent, ils laboureront avec des tracteurs, feront sauter la rocaille qui les dérange et s'ouvriront un chemin à coup de boutoir à travers la forêt ou la montagne. Tout ce qu'ils verront et vivront dans ce qui, pour les autres, est le domaine du Petit Peuple, les confortera dans le fait que ce Petit Peuple n'est que « croyances stupides des arriérés du village d'à côté ». Et qui peut dire que ce n'est pas, là aussi, un pan de la réalité absolue ?

Vous vous demandez toujours lequel des deux villages est dans la vérité ?

Et si ce n'était pas la bonne question ? Si la bonne question était :

« LAQUELLE DE CES MICRO-RÉALITÉS AI-JE ENVIE DE VIVRE ? »

C'est à cela que je veux en venir : si la micro-réalité de quelqu'un d'autre me plaît mieux que la mienne, comment puis-je l'adopter, la vivre et m'y épanouir ? Est-ce seulement possible ? Et si oui, comment puis-je me transformer de manière à parvenir à cela ? Ou suis-je fatalement rivé à « ma personnalité », à « mon caractère » ?...

> *« Si vous adoptez l'attitude que tout est possible, vous verrez qu'un grand nombre de choses qui étaient auparavant considérées comme impossibles finissent par devenir possibles. »*
>
> R. Bandler.

De la magie ?

Je vous ai parlé de souplesse plus haut. L'ethnologue, pour essayer de comprendre une culture qui lui est étrangère, doit intégrer le « consensus de réalité basal » inhérent à cette culture. Le consensus de réalité basal, c'est comme une sorte de *programmation* modulant les croyances des gens et rendant les comportements compréhensibles par chaque membre du groupe. L'ethnologue occidental par exemple, qui chercherait à comprendre une culture traditionnelle en fonction du consensus de réalité basal de sa propre culture à lui, n'y verrait que du pathos, de l'arriération et de la stupidité — de la « primitivité » —, et on est bien revenu de cette vision-là aujourd'hui.

L'ethnologue (le psychothérapeute également), pour comprendre et communiquer, doit être capable de faire des va-et-vient d'un consensus de réalité basal à l'autre, d'une micro-réalité à l'autre. Il ne doit pas perdre sa cohésion et sa cohérence pour autant, et cela exige de la souplesse, cela exige de se dérigidifier, de sortir de ses limites et de ses croyances limitantes, de cultiver une magnifique adaptation... Cela exige d'accepter, au moins ponctuellement, pour la saisir de l'intérieur, une autre micro-réalité que celle à laquelle il a été conditionné.

C'est ainsi qu'un de mes amis, faisant un travail de

recherche sur la magie dans les villes, s'est mis pendant tout le temps qu'a duré sa recherche à user de pratiques considérées comme superstitieuses *en y croyant sincèrement :* il faisait des signes cabalistiques sur les murs des locaux dans lesquels il entrait pour y être protégé, il posait chaque jour un glyphe sur sa voiture pour qu'elle l'amène entier à bon port, et d'autres choses du même acabit. Non : il n'était ni fou, ni délirant, ni naïf et encore moins stupide ! Il était seulement, le temps nécessaire, entré dans la micro-réalité qu'il voulait étudier et il en est ressorti ensuite, en parfaite santé mentale, ayant réalisé un superbe travail scientifique, et plus riche d'expérience, de pouvoir et de savoir.

> *« Le fait qu'un phénomène ne puisse se mesurer à l'aide d'instruments (...) n'implique pas qu'il n'est pas, encore moins qu'il ne peut être ; mais simplement qu'il doit être abordé autrement... »*
>
> J. Servier — ethnologue.

Vous voulez d'autres exemples ?

En 1918 débarque à Hawaii Max Long, psychologue et linguiste. Il entre en relation amicale avec le vieux Dr William Brigham, administrateur d'un musée à Honolulu. Ce dernier est fasciné depuis plus de quarante ans par les « miracles » opérés par les Kahuna, les prêtres, guérisseurs et thaumaturges locaux : guérisons, pouvoirs sur le climat et autres choses étonnantes. Il introduit Max Long auprès des derniers vieux Kahuna de sa connaissance — le rouleau compresseur de l'Occident est passé par là et a laminé les traditions autochtones.

Le Dr Brigham a amassé de nombreuses données pour essayer de comprendre comment les Kahuna opèrent ces miracles. Il meurt en posant sur le dos de Max Long le fardeau de toutes les questions sans réponse qu'il s'est posées tout au long de ces quarante années. Et meurent bientôt les derniers grands Kahuna de la vieille tradition.

Max Long compulse, cherche, mais ne trouve aucune réponse qui le satisfasse, bien qu'il ait tout fait pour en obtenir jusqu'en 1931, année de son départ de Hawaii. Il est néanmoins absolument convaincu que des faits extraordinaires de toutes sortes sont possibles, pour peu qu'on connaisse les procédures qui les déclenchent.

En 1934, alors qu'il a abandonné tout espoir de trouver ce qu'il cherchait, il se réveille une nuit. Une idée a surgi dans son sommeil : et si les réponses se trouvaient *dans la langue* des Kahuna ? Et plus précisément dans les mots qui y avaient rapport avec la nature spirituelle ou mentale de l'homme ?

Max Long, à partir de cette intuition, développe tout un système, une micro-réalité englobant croyances, explications, actions, et même une méthodologie, qui de son point de vue signe le pouvoir des Kahuna. Son livre paraît en 1948 aux États-Unis, et de nombreux lecteurs lui écrivent pour le prier de les aider à expérimenter ce pouvoir et de leur enseigner les procédures pour le développer. Des groupes de travail sont alors fondés dans différents coins du monde et les participants expérimentent : guérisons à distance, contacts télépathiques à distance, phénomènes de clairvoyance. Et même, résolutions de difficultés tout à fait concrètes : problèmes financiers, professionnels, affectifs…

Doux dingues ? Naïfs ? Ou micro-réalité ?

> *« Il est ainsi concevable que les êtres puissent être reliés et échanger des informations, non pas à travers l'espace, mais à travers le contact avec leur Inconscient commun. »*
>
> M. Varvoglis.

José Silva, un Américain aujourd'hui octogénaire, a consacré sa vie entière au développement des ressources mentales en État de Conscience Modifié. Il y a de nombreuses personnes — et non des moindres — qui, ayant suivi sa méthode, rapportent : guérisons à distance, clairvoyance, résolution de difficultés de toutes sortes...

Doux dingues ? Débiles mentaux ? Ou micro-réalité ?

Carl Simonton, médecin cancérologue américain qui avait à l'origine suivi la méthode Silva, crée en 1971 une approche thérapeutique tout à fait inacceptable pour les purs et durs du rationalisme ambiant : il fait visualiser mentalement à ses malades, en État de Conscience Modifié, le combat imagé contre leur cancer et la victoire de leurs forces d'autoguérison. Beaucoup de ses patients voient considérablement augmenter la durée de leur survie par rapport aux pronostics des médecins — et avec une bonne qualité de vie. Nombreux sont ceux qui guérissent, malgré leur condamnation à mort par la médecine officielle. Depuis 1976, des milliers de médecins et thérapeutes ont suivi les séminaires où enseigne Simonton, aux USA et dans le monde entier, et ils obtiennent des résultats analogues.

Doux dingues ? Escrocs ? Ou micro-réalité ?

« Beaucoup d'expériences spontanées et d'expérimentations de laboratoire suggèrent que l'ESP (perception extra-sensorielle) apparaît plus facilement dans les états mentaux qui impliquent un contact avec l'Inconscient, par exemple, les rêves et les transes montrent que le PSI ne nécessite pas le conscient du sujet. »

M. Varvoglis.

Des rites de guérisons, dans les cultures traditionnelles, guérissent également tout à fait efficacement des maladies organiques et psychologiques — et s'il est souvent soulageant pour certains de coller systématiquement ces phénomènes sur le dos de l'hystérie, de la psychosomatique, de l'autosuggestion, de l'effet placebo : qu'attendent-ils donc pour avoir les mêmes résultats ?...

Dans certaines cultures, des rites de mort tuent tout à fait efficacement aussi, et cette micro-réalité-là fait une sacrée différence pour les victimes ! Voici ce que raconte le Dr Herbert Benson, qui a beaucoup étudié les relations corps-esprit. Dans une ethnie aborigène, en Australie, une pratique d'envoûtement de mort consiste à « pointer l'os » sur quelqu'un qui, à partir de là, sait avec une absolue certitude que d'atroces souffrances et la mort vont être son lot. A. Robbins nous décrit ce cas survenu en 1925 et rapporté par le Dr Benson : un homme s'aperçoit qu'un ennemi « pointe l'os » sur lui. Sa physionomie change instantanément : hagard, exsangue, les yeux vitreux, le visage atrocement déformé, l'écume aux lèvres. Son corps se met à trembler, il tombe, se cabre comme tétanisé puis entre en convulsions en criant et gémissant... Enfin, il meurt dans un temps relativement court...

En 1906, le Dr C. A. Wiggins en poste à l'hôpital de Mombasa examine un homme qui affirme avoir été envoûté par un sorcier. Cet homme dit qu'à cause de cela, il va mourir la nuit prochaine à minuit. L'examen médical le trouve en parfaite santé. Mais la nuit suivante, l'indigène reste assis sur son lit, immobile. A minuit, sous les yeux du médecin qui ne peut rien faire, l'homme meurt subitement. Rationnellement et médicalement, cette mort est inexplicable [1].

---

1. Cité par le Pr Régis Dutheil dans la Médecine Superlumineuse, Sand, Paris, 1992, pages 157-158.

Affolant, non ? Heureusement que ça n'arrive pas chez nous !

Eh bien si, ça arrive chez nous : le Dr George Engel, du Centre de Médecine de l'Université de Rochester, a un épais dossier. Ce dossier contient des faits divers du monde entier sur des morts subites inexpliquées. Dans tous les cas, c'est bien la propre *illusion* de la victime qui l'a tuée : ses propres certitudes d'être agressée de quelque manière, impuissante et vouée à mourir, inévitablement.

En 1965, au Labrador, une femme subit une petite opération sans gravité. Tout se passe bien, la patiente se réveille normalement. Mais le lendemain, elle meurt. En enquêtant, on apprend qu'à l'âge de 5 ans, une voyante lui avait prédit qu'elle mourrait à 43 ans. Avant son entrée à l'hôpital, la défunte avait prévenu sa sœur et l'infirmière qu'elle ne survivrait pas à l'opération [1].

Aux USA, dans les années 60, un Américain de 53 ans entre en conflit aigu avec sa mère pour une question matérielle. Sa mère le prévient que s'il n'obéit pas à sa volonté, cela lui portera malheur. Rapidement, cet homme, qui n'avait jamais été malade, se met à faire des crises d'asthme, puis il meurt [2].

QUELLE *PUISSANCE*, QUE *L'ILLUSION* !

> *« Dès que l'on atteint des plans plus subtils de conscience, on peut opérer par fonctionnement psychique sur le plan matériel. »*
>
> B. Josephson, prix Nobel de physique.

1. Cité par le Pr Régis Dutheil, *op. cit.*
2. *Ibid.*

Voici un autre récit, moins dramatique, celui-là. Milton Erickson, l'immense psychiatre et hypnothérapeute américain, mort en 1980, raconte l'histoire d'un de ses patients né un 3 août et qui, depuis l'adolescence, cultivait l'idée (l'*illusion*) qu'à quarante ans, il deviendrait un vieil homme. Le 17 juillet de ses 39 ans révolus, il assiste à une fête où tout se passe bien, bon repas, plaisirs... A trois heures du matin ce 18 juillet, il se réveille avec une douleur terrible à l'estomac. A partir de là, il s'affole, consulte plusieurs médecins successivement pendant que s'enchaînent des symptômes respiratoires, cardiaques et digestifs de plus en plus aigus.

Au bout de plusieurs mois, les examens médicaux successifs et poussés finissent par démontrer qu'il n'y avait absolument aucun problème réel, aucune raison d'inquiétude pour sa santé. Mais il était tout de même « vert de peur » et finit par atterrir dans le cabinet du Dr Erickson qui, en deux séances, le guérit de son *auto-envoûtement.* Pendant des dizaines d'années, cet homme avait communiqué à son Inconscient l'*illusion* néfaste de la-fin-à-quarante-ans : « ... le 3 août il aurait 40 ans — clairement sur l'autre versant avec plus jamais rien à attendre de la vie » [1]. Encore une *illusion* devenue micro-réalité.

1. L'Hypnose Thérapeutique — Quatre conférences, ESF, Paris, 1990, page 23.

Choisissez la réalité qui est positive pour vous

> *« La certitude bloque probablement plus les progrès de l'homme que n'importe quel état d'esprit. Cependant, la certitude, comme tout, est une expérience subjective que vous pouvez changer. »*
>
> R. Bandler

A travers tout ce qui précède, je voudrais insister sur plusieurs choses :

— qu'est-ce donc que la compacte matière du corps, qui semble séparer les hommes ?
— où est la réalité vraie ?
— qu'est-ce qui est illusoire ?
— qui pense juste ? Qui *sait* juste ?
— qui pense faux ? Qui *sait* faux ?
— l'absolue certitude qu'à 40 ans le patient d'Erickson allait être fini, cela peut-il créer tout un ensemble de symptômes, tout autant efficacement que le fait de « pointer l'os » sur l'Aborigène de Benson le tue ?

Ne soyez pas rigide, ne vous limitez pas aux apparences. Le monde, vous-même, les autres et la vie, sont plus complexes et plus excitants qu'il ne semble de prime abord dans le regard d'une culture donnée — et même de la nôtre.

Sortez du consensus de réalité basal de votre culture, sortez de votre conditionnement, cessez de croire que ce dans quoi vous vous sentez limité, enfermé — comportements, croyances, conceptions, superstitions, jugements sur vous-même, sur les choses et sur les autres… — engage la réalité.

Partez en exploration, expérimentez, testez d'autres

interprétations, d'autres micro-réalités et choisissez celles qui vous conviennent, celles que vous aimez, celles qui vous réussissent, vous épanouissent, vous font réussir, vous font aimer, vous grandissent, vous font gagner…

Si une croyance négative peut avoir un impact destructeur sur l'organisme, une croyance positive peut avoir un impact créateur. Vous pouvez vous guérir de la pire des maladies si vous arrivez à faire passer ce message de guérison à votre Inconscient. Pour cela, il faut que votre croyance soit totale, absolue. Si votre *choix d'illusion* est de traîner, vous traînerez. Si votre *choix d'illusion* est de vous sauver, vous vous sauverez. Si votre *choix d'illusion* est d'être pauvre, vous le serez. Si votre *choix d'illusion* est d'être riche, vous serez riche…

Cet intermède s'achève à présent.

Découvrez maintenant de nouveaux moyens de changer votre *choix d'illusion.*

TROISIÈME PARTIE

AU COMMENCEMENT EST LA CROYANCE

« Les mots disent la même chose que les habitudes des gens : ce qui n'est pas dans tes habitudes ne peut pas exister dans les mots que tu prononces. »

Barkié, guérisseur à Ouagadougou.

— Il y a quelques années, on m'a parlé de SOPHIE et j'ai pu lire une partie de son journal intime. Sophie était droguée : alcool, valium, témesta, élixir parégorique, colle, certains champignons, noix de muscade, cannabis, héroïne et j'en passe. Tout ce sur quoi elle mettait la main et qui pouvait soit l'assommer, soit lui donner des sensations — même désagréables —, était bon à prendre. Voici ce qui caractérisait l'univers de Sophie :

1. L'environnement :

Sophie traînait dans un squat avec des copains aussi paumés qu'elle. Ni eau, ni électricité. Crasse et vermine.

2. Comportement :

Avec eux, elle faisait la manche, commettait quelques larcins pour subsister chichement et surtout pour se procurer leurs « substances ». Elle se livrait aussi à la prostitution occasionnellement.

3. Capacités :

Sophie savait cacher la crasse sous du maquillage bon marché et parvenait à maintenir une apparence et des vêtements avenants — si on n'y regardait pas de trop près. Elle savait encore faire la différence entre le fait de pouvoir se montrer pour avoir une chance de « draguer » un client, et les moments où elle était trop « schlass »[1] et où il valait mieux qu'elle ne sorte pas.

4. Convictions et valeurs :

Pour Sophie, la vie des « gens ordinaires » ne valait pas la peine d'être vécue. Les gens ordinaires : tous ceux qui « se plient à une norme », sont « dans le rang », « n'ont rien de spécial », « des moutons, des nuls, du bétail », qui vivent « une petite vie médiocre, sans rien à découvrir, sans aller au bout de ce qui est possible »… « Il vaut mieux être hors norme, en marge, avide d'aller au bout de toutes les expériences possibles. D'être originale. Peu importent l'inconfort, la saleté et le danger : vivre n'est pas plus ou moins important que souffrir ou

1. Tous les passages entre guillemets sont les termes mêmes de Sophie, extraits de son journal.

mourir»... «Je veux emmagasiner en peu de temps l'expérience d'une dizaine de vies».

5. *Identité = croyances sur soi-même :*
   «Je suis quelqu'un qui ne peut pas vivre vieille». «Je suis mieux que tous ces clampins moutonnesques». «Je suis sur terre pour expérimenter toutes sortes d'états spéciaux, c'est la seule chose qui m'intéresse, et ensuite mourir».

Nous ne saurons jamais pourquoi elle a fait ce *choix d'illusion,* mais ce choix-là a été tout à fait efficace et agissant : Sophie est morte à présent.

Vous avez là l'exemple d'un système qui, de l'identité jusqu'à l'environnement, en passant par les valeurs, les capacités et les comportements, est tout à fait logique et *fonctionnant :* il aboutit à ce qui est logique dans sa logique propre.

Vous vous souvenez de Margot, la sœur jumelle de Romuald ? Celle qui devint une «vraie sirène», réussit brillamment ses études et commença sa carrière aux USA ?

Elle aussi a un système qui, de son identité jusqu'à son environnement, est tout à fait logique et fonctionnant. Imaginons ce que peut être ce système :

1. *Identité, croyances sur soi*
   «Je suis celle qui en met plein la vue aux autres ! Je suis la star. Je suis capable d'étonner. Je suis celle qui va conquérir l'Amérique».

2. *Convictions et valeurs*
   «Ne jamais faillir, ni me dégonfler. Réussir tout ce que j'entreprends. M'imposer.» «Il n'y a pas grand-chose qui puisse m'abattre.» «C'est un vrai

plaisir que d'être admirée ! » « J'ai l'Amérique à ma portée. C'est facile d'arriver à ce que je veux — et je veux beaucoup. J'ai tout ce qu'il faut pour arriver au sommet — et j'y vais tout droit. »

3. *Capacités*

   Étudie avec aisance. Facilités dans les contacts et a un bon impact sur autrui. Augmente son bagage et ses talents et se pousse en avant. Écrit pour se faire connaître. Relève facilement les défis et est stimulée par les challenges.

4. *Comportement*

   Vivant, énergique, impactant, entreprenant. Projets et objectifs poursuivis avec efficacité. Aisance et confiance en soi dans les contacts, les examens, les travaux. Élan vital. Bon rayonnement.

5. *Environnement*

   Universités, laboratoires de recherches, contacts avec des gens cultivés. Voyages. Confort de vie. Estime d'autrui, prestige personnel.

Nous obéissons tous à un système non conscient qui nous mène tout droit de notre identité et croyances sur nous-mêmes au style d'environnement dans lequel nous vivons, de manière absolument logique — et surtout *imparable.*

Sophie avait, non consciemment, « choisi » une *illusion* autodestructrice. Si elle avait survécu, elle aurait pu choisir d'adopter, délibérément cette fois-ci, une tout autre *illusion* — et pourquoi pas une du genre de celle de Margot ? Sophie avait aussi, comme Margot, quelque 28 milliards de neurones dans sa boîte crânienne, et donc *tout le potentiel humain total.*

Ce à quoi je veux en venir, c'est à ceci :

CE SONT VOS CROYANCES SUR VOUS-MÊME QUI VOUS MÈNENT TOUT DROIT, IMPARABLEMENT, À VIVRE LA VIE QUE VOUS VIVEZ, À ÊTRE DANS L'ENVIRONNEMENT DANS LEQUEL VOUS ÊTES, À CÔTOYER LES GENS QUE VOUS CÔTOYEZ, À RESSENTIR LES JOIES OU LES FRUSTRATIONS QUE VOUS RESSENTEZ.

ALORS, SI CE QUE VOUS VIVEZ NE VOUS PLAÎT PAS, CHANGEZ-LE !

L'anthropologue Grégory Bateson et Robert Dilts, un des pionniers de la PNL, ont constaté que l'homme fonctionne à ce qu'on a appelé les « niveaux logiques de la pensée ». Voici un schéma qui image cela :

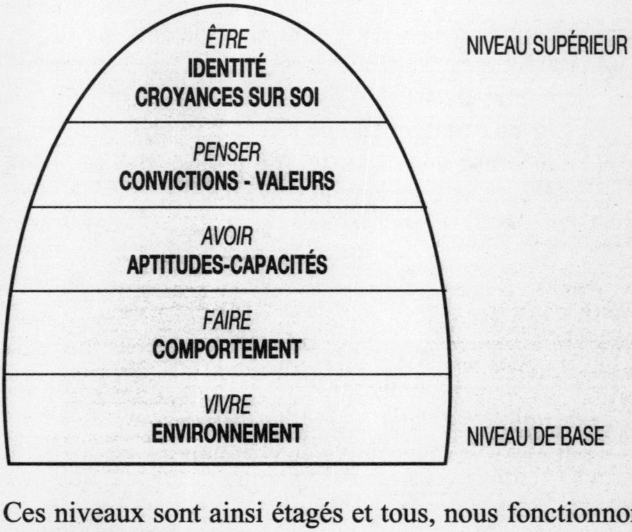

Ces niveaux sont ainsi étagés et tous, nous fonctionnons sur ces cinq niveaux :

1. Chacun a des **croyances sur soi** qui définissent l'identité. Exemples :
   — « Je suis ceci, cela » ou « Je suis comme ceci, comme cela (boulimique, froussard, bon gestionnaire, dévoué, tolérant, etc.) »
   — « Je ne suis pas ceci, pas cela. »
   — « Je ne suis pas comme ceci, pas comme cela (pas une lavette, pas la "bosse des maths"…) ». Etc.

2. Chacun de nous a des **convictions et des valeurs** (ce qu'on aime, estime, et ce qu'on n'aime pas, déteste). Exemples :
   — « L'amour à deux est la chose la plus désirable au monde. »
   — « La faiblesse est la chose la plus haïssable. Pour moi, il faut toujours sauver la face, garder la tête haute. »
   — « La bonté (ou l'honnêteté, ou la puissance, ou l'indépendance, ou l'amitié, ou la spiritualité, ou l'argent, ou toute autre chose, attitude, sentiment, action, valorisés), c'est le plus important. »
   — « Je suis convaincu que l'argent pourrit tout. »
   — « Je pense que celui qui n'a pas de sens religieux est tout juste au niveau de la bête. »
   — « Il faut être seul pour se retrouver soi-même. »
   — Etc.

3. Chacun a des **aptitudes et des capacités,** des compétences et des savoir-faire qu'il utilise pour vivre, engranger, communiquer, réussir ou échouer, agir sur l'environnement matériel et humain :
   — études, bagages, niveau et connaissances sur le plan intellectuel ;
   — aptitudes physiques ;
   — aptitudes mentales ;
   — aptitudes manuelles ;

— talents ;
— etc.

4. Ces aptitudes et capacités modulent notre **comportement.** Par exemple :
   — ce que j'ose faire, ce que je n'ose pas faire (parler en public, « draguer », demander une augmentation...) ;
   — là où j'ose aller, là où je n'ose pas aller ;
   — là où j'ose parler, là où je n'ose pas parler ;
   — etc.

5. **L'environnement** (dans le sens large du terme : domicile, mode de vie, relations humaines, job, facilités matérielles, etc.) va être fonction du comportement. Par exemple :
   — si je me comporte de manière asociale, mon environnement va être pauvre en relations humaines.

> *« On peut ainsi envisager que ce qui occupe le focus de notre attention la plupart du temps a aussi pour effet de "courber" les événements qui surgissent dans notre vie. »*
>
> C. Hardy.

Ce qu'il est important de bien saisir ici, c'est que l'environnement dans lequel je vis,

JE LE CRÉE DE TOUTES PIÈCES

Je le crée de toutes pièces à partir de la logique interne générée par la façon dont je « remplis » ces cinq niveaux logiques.

J'ai assez parlé déjà du *choix de l'illusion* : je n'y

reviendrai pas ici. Sauf pour rappeler que le sens de son identité et les croyances que l'on cultive sur soi-même ne sont qu'une des multiples *illusions* possibles : une seule des multiples identités possibles. On peut décider d'en changer, et il faut le faire lorsque l'identité qui s'est implantée est nuisible où lorsqu'on en désire une autre, plus riche de possibilités, par exemple.

Donc, je ne reviendrai pas ici sur cette notion du *choix de l'illusion*. Mais je voudrais insister sur ce qui suit :

MON IDENTITÉ ET LES CROYANCES (CONSCIENTES ET SURTOUT NON CONSCIENTES) QUE J'AI SUR CE QUE JE SUIS, AINSI QUE LES CONVICTIONS ET LES VALEURS QUI ME SONT IMPORTANTES, MODULENT MES CAPACITÉS. LESQUELLES INFLUENT SUR MON COMPORTEMENT. MON COMPORTEMENT CRÉE MON ENVIRONNEMENT : L'ENVIRONNEMENT RÉPOND À MON COMPORTEMENT.

Cela aboutit à la conclusion suivante :

a) je suis totalement responsable de ce que je vis
b) si je modifie l'un quelconque des autres maillons de la chaîne des niveaux logiques, *je modifie automatiquement la résultante, le niveau de base : mon environnement.*

En effet, les travaux de Bateson ont mis en lumière le fait suivant : si un changement s'opère dans l'un des niveaux du haut du schéma, CELA INDUIRA AUTOMATIQUEMENT CERTAINS CHANGEMENTS DANS TOUS LES NIVEAUX INFÉRIEURS (ce qui n'est pas toujours vrai dans l'autre sens).

Donc, posons ceci comme règles :

— *si je veux changer mon environnement parce qu'il ne convient pas à mon épanouissement, à mon bonheur, à mes buts ou à mes désirs, je dois apporter une modification à l'un des niveaux au-dessus* ;

— *plus le niveau que je modifie est élevé, plus les changements dans ma vie et ma façon d'être seront importants.*

L'exemple d'Albert

Ce qui suit vous illustrera cela.

— Voici le cas d'ALBERT, qui est agriculteur et a une cinquantaine d'années. Il est issu d'une famille de fermiers modestes. Depuis sa naissance, il était clair pour sa famille qu'il prendrait la suite du père dans l'exploitation familiale. Ce père est mort lorsque Albert avait 27 ans. Toute sa vie jusqu'à aujourd'hui, Albert est resté dans cette même ferme avec sa mère. Il ne s'est jamais marié, n'ayant pas trouvé de femme à épouser, et maintenant que sa mère est morte à son tour, il se sent bien seul. Il l'est, en effet, et il se dit qu'à 50 ans, sans fortune, il n'a aucune chance d'amener une femme dans sa ferme.

Je vous propose **cinq tableaux**. Le premier, le tableau 13, représente la vraie vie d'Albert, telle qu'elle était, avec des caractéristiques de ses cinq niveaux logiques s'enchaînant imparablement pour l'amener à vivre dans un environnement limité, avec de petits moyens, guère d'espoir et un gros sentiment de solitude après le décès de sa mère.

Pour les besoins de la démonstration, j'ai imaginé de façon tout à fait arbitraire des changements au niveau 2, puis 3, puis 4, puis 5, et ce que ces changements auraient pu entraîner dans le mode de vie, le destin et l'environnement d'Albert [1].

---

1. Il n'y a aucun jugement de valeur dans ces nouvelles propositions : je ne pense pas qu'il est « mieux » d'être musicien ou qu'il est plus noble de vouloir être maire de son village (ce ne sont là que des *illusions* possibles parmi de multiples autres).

Au tableau 14, les trois niveaux supérieurs sont identiques à ceux du tableau 13. Rien n'empêche en effet ce deuxième Albert, fidèle à l'identité qu'il a acceptée et aux valeurs et convictions auxquelles il attache de l'importance, ayant fait les mêmes études et disposant des mêmes aptitudes, de se détendre et de s'amuser en « boîte » avec les copains de sa classe d'âge : il n'y a là aucune incompatibilité. C'est là un *choix d'illusion* que le véritable Albert aurait pu faire sans dégâts. Et vous concevez sans peine, je pense, que cette seule différence dans le comportement aurait amené inévitablement des différences dans l'environnement vécu par notre sujet.

Au tableau 15, il y a changement au niveau des aptitudes-capacités, l'identité et les valeurs restant identiques. Et cela change tout naturellement le comportement et l'environnement.

Au tableau 16, seule l'identité demeure, le changement est formé au niveau des convictions-valeurs, et cela modifie les capacités, le comportement et l'environnement.

Enfin, au tableau 17, l'identité est différente et cela entraîne une existence totalement autre.

Avant d'en venir à vous expliquer comment vous pouvez opérer des changements à l'un ou l'autre de vos niveaux, dans le but de vous offrir une vie et un environnement plus satisfaisants, il faut encore que je vous parle du premier impératif de votre Inconscient que je n'ai fait qu'évoquer jusqu'à présent :

Le principe de cohérence interne

Avant même que de stimuler à la fuite devant la souffrance (ou, dans certains cas, à accepter la moindre souffrance) et d'attirer vers le plaisir, tout se passe comme si l'Inconscient devait, *avant tout,* obéir à ce principe de cohérence interne.

Vous vous souvenez : votre Inconscient vise d'abord votre survie — et fera tout ce qui est en son pouvoir pour assurer cette survie — *SAUF* lorsque cela contrevient au principe de cohérence interne. Je ne sais pas pourquoi c'est ainsi, mais c'est ainsi et il faut en tenir compte.

Les niveaux logiques de l'être montrent cette cohérence, cette logique interne. La croyance en l'identité domine sur la vie ou la mort — et c'est ce que montre l'histoire de Sophie, la jeune femme droguée (« Je suis quelqu'un qui ne peut pas vivre vieille »). C'est aussi ce que l'on voit chez la victime aborigène du « pointage d'os » : la croyance absolue que cela signifie la mort entraîne la mort réellement. C'est aussi cet impératif de cohérence qui fait le héros, celui dont l'Inconscient le laisse aller à la souffrance ou même à la mort, au bénéfice de son identité et de ses convictions et valeurs.

CELA SIGNIFIE QU'IL VAUT MIEUX *CHOISIR DÉLIBÉRÉMENT* L'IDENTITÉ QUE L'ON VEUT AVOIR, OU AU MOINS LES CONVICTIONS-VALEURS AUXQUELLES ON ATTACHE DE L'IMPORTANCE — ET CELA, EN FONCTION DES BUTS QUE L'ON VEUT ATTEINDRE OU DU CHOIX DE LA VIE À LAQUELLE ON ASPIRE.

ALBERT **LA VIE D'ALBERT, TELLE QU'EN ELLE-MÊME...**
1. *IDENTITÉ, CROYANCES SUR SOI* « Je suis destiné à prendre la suite de mon père et à devenir agriculteur. Je suis le continuateur d'une lignée de paysans. »
2. *CONVICTIONS - VALEURS* « La famille, les parents, la tradition familiale, sont sacrés. Le travail de la terre est noble et est ma voie. Il faut beaucoup travailler et gagner sa vie à la sueur de son front. »
3. *APTITUDES - CAPACITÉS* Études adéquates, mais juste ce qu'il faut. Bonne santé. Force et résistance physique. « Sens » de la terre.
4. *COMPORTEMENT* Adapté au rythme diurne : journées longues en été, courtes en hiver. Centré sur le travail et les aléas du climat et des saisons. Centré sur les parents puis sur la mère presque exclusivement.
5. *ENVIRONNEMENT* Limité : la ferme, la famille, la coopérative. Assez d'argent pour vivre correctement, sans plus. Quelques bals champêtres et fêtes villageoises. Pas de réelle opportunité pour trouver une femme. Alimentation saine, préparée par sa mère.

TABLEAU 13

ALBERT

1. *IDENTITÉ, CROYANCES SUR SOI*
Idem

Identité, valeurs et aptitudes sont identiques. La modification intervient au niveau du comportement : cela suffit à modifier l'environnement.

2. *CONVICTIONS - VALEURS*
Idem

3. *APTITUDES - CAPACITÉS*
Idem

4. *COMPORTEMENT*
Se force à sortir en boîte au moins une fois par semaine dans la ville voisine, avec ou sans ses copains du village. S'efforce de se montrer charmant et de prendre contact avec des femmes.

5. *ENVIRONNEMENT*
Plus large. Davantage de contacts humains. Des moments où il s'amuse bien. Compensant des moments où il travaille dur. Répartit autrement l'argent. Toujours : la ferme, la famille, la coopérative, les bals et fêtes et la nourriture saine. Mais bien meilleures possibilités de rencontres.

TABLEAU 14

ALBERT
1. *IDENTITÉ, CROYANCES SUR SOI* Idem Identité et valeurs identiques. Cela change à partir des capacités mises en place pour aboutir à un autre comportement et environnement.
2. *CONVICTIONS - VALEURS* Idem
3. *APTITUDES - CAPACITÉS* Idem. Mais en plus, amélioration de la formation, ce qui le branche sur l'utilité de rechercher de nouveaux produits à cultiver ou (et) débouchés ou (et) techniques agricoles et d'élevage. Se forme à ces derniers.
4. *COMPORTEMENT* Cherche des moyens de se moderniser : s'informe par lectures, réunions et foires. Rencontre des gens pour cela. Participe à des manifestations dans sa branche d'activité. Davantage d'ouverture et de sociabilité de ce fait.
5. *ENVIRONNEMENT* Encore plus large. Contacts avec d'autres lieux, d'autres manières de faire, d'autres conceptions sur son travail. Manipule autrement et peut-être plus d'argent pour ses projets. Bien meilleures possibilités de rencontrer une femme — et même dans sa branche d'activités.

TABLEAU 15

ALBERT

1. *IDENTITÉ, CROYANCES SUR SOI*
Idem

Identité idem, cela est différent à partir des convictions et valeurs. A partir de là, tout change, et cela donne un destin différent.

2. *CONDITIONS - VALEURS*
« L'ambition est importante. La vie est faite pour s'accroître et ne pas rester en rade. Réussir, se moderniser, s'agrandir, faire de l'argent. Devenir la plus grande ferme du coin. Acheter des terres en plus. Avoir de gros engins. Me battre pour une meilleure image du travail de la terre et peut-être être maire un jour. »

3. *APTITUDES - CAPACITÉS*
Au-delà de l'école, pousse son bagage plus loin. S'intéresse à la politique. Sait cultiver les relations utiles. Bonne santé (quoique mange trop parfois). Apprend à parler en public, à être convaincant, à développer ses argumentations. Sait « passer la main dans le sens du poil » lorsque c'est nécessaire à ses fins. Apprend à gérer pour asseoir ses projets.

4. *COMPORTEMENT*
Dominateur, ambitieux, adaptable. Affable ou autoritaire selon nécessité. Sait se faire apprécier, admirer, ne passe pas inaperçu. Paternaliste, protecteur. Organisateur. « Bon vivant ». « Bon parti ».

5. *ENVIRONNEMENT*
Encore plus large. Contacts avec les notables locaux, mais aussi plus lointains. Réunions, dîners, organisation de manifestations (fêtes, salons, etc.). Gagne beaucoup plus d'argent. Très bonnes possibilités de trouver une femme.

TABLEAU 16

ALBERT
1. *IDENTITÉ, CROYANCES SUR SOI* « Je ne suis pas un paysan ! » « Je suis un musicien (ou explorateur, ou médecin, ou enseignant, ou hippie, ou...) ». « Je suis moi, et pas ce que mes parents veulent que je sois ! » « Je suis un papillon et un artiste, pas un bouseux ! » L'identité change = tout change.
2. *CONVICTIONS - VALEURS* « J'ai horreur d'avoir les doigts dans la bouse ! » « Je veux me réaliser dans ce qui me plaît. » « L'autonomie et le non-conformisme sont les plus grandes qualités. » « Je veux voyager, découvrir le monde, faire de la musique. Pas m'enterrer dans ce trou ! »
3. *APTITUDES - CAPACITÉS* Est rebelle et fugue jusqu'à parvenir à aller dans la voie qu'il s'est choisie. La résistance physique est moyenne. Cherche à développer ses talents artistiques. Expérimente différents styles, se montre, auditionne. Cherche à augmenter son aptitude à vendre son talent, à avoir le sens du public. Orgueil.
4. *COMPORTEMENT* Se lève tard, se couche tard. Expérimente de nouveaux modes de vie et de consommation. Ouvert et curieux d'esprit. Vêtements originaux. Sociabilité et fait tout pour plaire. A du mal à rester longtemps au même endroit.
5. *ENVIRONNEMENT* Très large et varié. En change souvent. Vie sociale abondante et superficielle. Argent fluctuant : parfois beaucoup, parfois peu. Pas de chez-soi fixe, mais voyages et changements de décors fréquents. Vie affective instable. Alimentation chaotique.

TABLEAU 17

▶ Arrivé à ce stade de votre lecture, il est certainement nécessaire pour vous de vous pencher sur vos cinq niveaux logiques. Et si vous preniez un petit moment, là, maintenant, et que vous y pensiez sérieusement ? Aidez-vous du tableau 18, page 259, pour cela : décrivez-y votre environnement, votre comportement, vos capacités-aptitudes, vos convictions et valeurs, et votre identité et croyances sur vous-même.

Allons, interrompez votre lecture et faites cela *maintenant*…

Et, à présent que vous avez mis sur le papier votre ÊTRE, votre façon de PENSER, votre AVOIR, votre FAIRE et votre VIVRE, si vous jouiez à modifier votre niveau du FAIRE, pour voir ce que cela changerait à votre environnement, votre façon de VIVRE ?

Servez-vous pour cela du tableau 19. Relisez attentivement l'exemple d'Alfred, notre cultivateur, pour bien saisir ce mécanisme du changement de la « réalité » vécue concrètement (vous trouverez encore d'autres exemples dans les tableaux 23 à 26). Je ne puis vous aider plus en cela, car vous êtes unique — et je ne vous connais pas. Réfléchissez, soyez réceptif à la logique interne, à la *cohérence* interne. Faites plusieurs « versions » différentes d'un changement à ce niveau de votre comportement, si nécessaire.

Vous constaterez alors qu'un changement au niveau du comportement modifiera nécessairement, de quelque manière, votre vécu dans votre environnement.

Puis, faites de même avec un changement au troisième niveau, celui des capacités, en vous servant du tableau 20. Là aussi, voyez, en raisonnant logiquement, quelles modifications cela apporterait dans votre comportement et puis dans votre environnement.

Continuez avec le tableau 21, en impliquant cette fois-ci des changements dans vos convictions et valeurs, et descendez la chaîne logique sur les niveaux en dessous : percevez bien les différences avec les tableaux 18, 19 et 20.

Enfin, grâce au tableau 22, modifiez votre perception de votre identité et vos certitudes sur vous-même et voyez les résultantes logiques de ces changements sur tous les autres niveaux.

▶ Allez-y, faites tout cela *maintenant.* Interrompez à nouveau votre lecture pour cela : vous gagnerez énormément à faire cet exercice. Vous verrez plus clairement que jamais ce qui vous limite — ce que vous laissez vous limiter — et qui vous empêche d'ouvrir vos capacités, d'épanouir votre comportement et de changer votre environnement.

Prenez vraiment le temps pour cela, ne ménagez pas « l'huile de cervelle » et les cogitations : quand votre Inconscient et votre RAS auront compris ce que vous voulez faire, ils vous aideront. Un peu d'obstination, de lutte contre vous-même et votre envie, peut-être, d'un café ou d'une pause… Et, à un moment donné, vous sentirez le « déclic » et les idées viendront toutes seules. Alors, prenez un crayon et rendez-vous dans une heure ou deux ?…

Si vous avez opéré cette recherche, vous avez compris maintenant beaucoup de choses sur vous, et vous commencez à bien percevoir pourquoi *vous êtes responsable* (et pas le « destin », ou l'hérédité, ou l'éducation reçue, ou toute autre sorte de « coupable ») de ce que vous vivez.

ET, PUISQUE C'EST AINSI, CELA VEUT DIRE QUE VOUS POUVEZ ÊTRE RESPONSABLE DE VOTRE BIEN-ÊTRE, DE VOTRE BIEN-VIVRE, DE VOTRE AISANCE FINANCIÈRE, D'AVOIR DE MEILLEURES RELATIONS, UN MEILLEUR JOB, ETC.

Vous voulez un meilleur job ? Demandez-vous (et écrivez-le sur le papier) quel(s) comportement(s) il vous faut avoir pour y arriver et vous maintenir dans ce travail. Ensuite, demandez-vous de quelles capacités et aptitudes vous auriez besoin pour être opérationnel dans ce travail et y réussir valablement. Puis, occupez-vous de repérer vos convictions et vos valeurs qui vous empêchent d'y accéder ou d'y rester en y évoluant bien. Enfin posez-vous la question de savoir quels éléments de votre identité et de vos croyances sur vous-même vous handicapent ou vous favorisent pour votre but.

Notez bien qu'il n'est pas toujours nécessaire de changer tous les niveaux logiques pour parvenir à un résultat dans l'environnement. Parfois, il suffit d'amener une différence seulement dans le comportement pour obtenir le résultat visé. Parfois, il faut « monter » jusqu'au troisième niveau, celui des capacités, pour que la réussite désirée soit atteinte. Parfois, il faut aller encore plus haut, au niveau des valeurs, voire de l'identité.

Mais souvenez-vous qu'il n'est pas toujours nécessaire d'aller jusque-là. Modifiez-vous d'abord par le comportement, et ne touchez plus haut que si le résultat n'est pas obtenu.

VOTRE NOM :

VIVRE *VOTRE ENVIRONNEMENT* à tous niveaux : êtres humains, activités, aisance matérielle, décor(s) de vie. Tout ce qui vous entoure, les avantages que vous avez et les contraintes que cela vous impose et aussi les réactions des autres à votre égard :
FAIRE *VOTRE COMPORTEMENT* : c'est-à-dire tout ce que vous faites pour interagir avec votre environnement, dans tous les domaines — actions, travail, finances, contacts... :
AVOIR *VOS APTITUDES ET CAPACITÉS* à tous niveaux : votre niveau de formation, votre bagage et vos connaissances intellectuelles, vos compétences, vos savoir-faire. Votre physique et votre santé. Vos talents et dons. Les intérêts et projets *qui vous mobilisent vraiment*, en ce sens que vous les réalisez. Et *ceux qui vous immobilisent vraiment*, c'est-à-dire les capacités dont vous pensez qu'elles vous manquent (ne pas avoir la « bosse des maths », ou ne pas être capable de gérer, par exemple). Mettez là toutes les capacités que vous utilisez pour alimenter votre comportement :
PENSER *VOS CONVICTIONS-VALEURS* à tous niveaux : tout ce à quoi vous attachez de l'importance (en positif : « j'aime la gentillesse », par exemple ; ou en négatif : « je crois que la pire des fautes de goût est la mièvrerie », par exemple), ce que vous croyez, ce à quoi vous vous soumettez, votre acceptation ou non de principes moraux, religieux, philosophiques. Ce qui vous amène à juger une chose, une action, une réalisation, une relation, etc., « bon » ou « mauvais » — que ce soit vous ou une autre personne qui y soit impliqué. Vos « interdits » et vos « permis ». Les limites que vous vous imposez pour rester en accord avec vos valeurs (si l'honnêteté est une valeur importante pour vous, vous ne vous laisserez pas aller à voler, par exemple) :
ÊTRE *VOTRE IDENTITÉ - VOS CROYANCES SUR VOUS-MÊME* : c'est-à-dire l'image que vous avez de vous-même. Tout ce que vous êtes convaincu d'être ou de ne pas être, d'avoir ou de ne pas avoir (par exemple : « je suis intelligent », « je suis peureux », « je manque de culture générale », « je suis catholique fervent », etc.) ; à tous niveaux : affectif, émotif, physique, intellectuel, culturel, moral, religieux. Dans tous les domaines : dans l'action, le travail, le relationnel, les finances, les plaisirs, la souffrance (exemple : « je suis capable d'endurer une grande souffrance au service de mon idéal »), etc. :

TABLEAU 18

NOTA : ici les niveaux logiques sont à « l'envers », c'est-à-dire commencent à l'environnement pour aller jusqu'à l'identité. Ceci afin de vous faciliter le raisonnement. Les tableaux 19 à 22 mettront l'identité en haut et l'environnement en bas.

VOS RÉPONSES :

VIVRE *VOTRE ENVIRONNEMENT* à tous niveaux :
FAIRE *VOTRE COMPORTEMENT :*
AVOIR *VOS APTITUDES ET CAPACITÉS* à tous niveaux :
PENSER *VOS CONVICTIONS* - *VALEURS* à tous niveaux :
ÊTRE *VOTRE IDENTITÉ* - *VOS CROYANCES SUR VOUS-MÊME :*

VOUS ET VOTRE VIE, TELS QU'EN EUX-MÊMES

TABLEAU 18B

VOTRE NOM :

VOTRE IDENTITÉ - VOS CROYANCES SUR VOUS-MÊME : idem que vos réponses au tableau 18 :
VOS CONVICTIONS - VALEURS : idem que vos réponses au tableau 18 :
VOS APTITUDES ET CAPACITÉS : idem que vos réponses au tableau 18 :
VOTRE COMPORTEMENT : que pourriez-vous changer à votre façon de vous comporter pour que cela vous offre des avantages nouveaux au niveau de votre environnement ? — Vous comporter avec plus de (sociabilité, élan, sentimentalité, etc., par exemple). — Vous comporter avec moins de (je-m'en-fichisme, paresse, etc., par exemple). Quels nouveaux comportements vous seraient-ils favorables ?
VOTRE ENVIRONNEMENT : quel(s) changement(s) ces modifications de votre comportement apportent-elles logiquement ici ?

TABLEAU 19

CHANGER VOTRE COMPORTEMENT CHANGE VOTRE ENVIRONNEMENT

VOTRE IDENTITÉ - VOS CROYANCES SUR VOUS-MÊME :
VOS CONVICTIONS - VALEURS :
VOS APTITUDES ET CAPACITÉS :
VOTRE COMPORTEMENT :
VOTRE ENVIRONNEMENT :

TABLEAU 19B

VOTRE NOM :

VOTRE IDENTITÉ - VOS CROYANCES SUR VOUS-MÊME : idem que vos réponses au tableau 18 :
VOS CONVICTIONS - VALEURS : idem que vos réponses au tableau 18 :
VOS APTITUDES ET CAPACITÉS : que pourriez-vous modifier dans vos capacités et aptitudes pour y trouver des avantages et des changements positifs dans votre comportement et dans votre environnement (exemples : étudier quelque chose, vous perfectionner dans un domaine, vous développer dans de nouvelles directions en vous en donnant les moyens, acquérir une technique, un savoir-faire...). Quelle(s) autre(s) compétence(s) pouvez-vous acquérir ?
VOTRE COMPORTEMENT : en quoi ces changements au niveau des aptitudes et des capacités influeraient-ils logiquement sur votre comportement, votre façon de faire, d'agir et d'interagir ?
VOTRE ENVIRONNEMENT : en quoi ces changements au niveau des aptitudes et des capacités et leur retentissement sur votre comportement amèneront-ils logiquement des modifications à votre environnement ?

TABLEAU 20

CHANGER VOS CAPACITÉS ET APTITUDES
CHANGE VOTRE COMPORTEMENT ET VOTRE ENVIRONNEMENT

VOTRE IDENTITÉ - VOS CROYANCES SUR VOUS-MÊME :
VOS CONVICTIONS - VALEURS :
VOS APTITUDES ET CAPACITÉS :
VOTRE COMPORTEMENT :
VOTRE ENVIRONNEMENT :

TABLEAU 20B

VOTRE NOM :

VOTRE IDENTITÉ - VOS CROYANCES SUR VOUS-MÊME : idem que vos réponses au tableau 18 :
VOS CONVICTIONS - VALEURS : voyez quelles sont les convictions et valeurs qui vous limitent, vous entravent, vous emprisonnent, vous bloquent, vous paralysent, vous nuisent. Dans vos contacts, dans votre liberté d'action et de choix, dans vos sentiments, dans vos réalisations à tous niveaux, etc. (exemples : « l'argent est antinomique de la spiritualité », ou bien « se mettre en avant, c'est risquer de faire de l'ombre à quelqu'un d'autre », ou bien « l'individu doit se plier aux exigences de la tradition », ou bien « le mensonge est haïssable, et il ne faut pas mentir, même si la vérité doit faire souffrir »). Supposez ici que vous les éliminez et que vous choisissez d'autres convictions et valeurs à la place, dynamisantes et « décoinçantes » (exemples : « la prière n'est pas pour les ventres vides », ou bien « il y a assez de soleil pour tout le monde — et me mettre en avant, c'est aussi me donner les moyens de mieux aider les autres », ou bien « la tradition figée est néfaste et l'individu doit se réaliser », ou bien « toute vérité n'est pas bonne à dire », etc.) :
VOS APTITUDES ET CAPACITÉS : en quoi le(s) changement(s) dans vos convictions-valeurs peu(ven)t-il(s) modifier vos capacités et aptitudes (exemple : « la prière n'est pas pour les ventres vides : d'être à l'aise matériellement me donnera un esprit assez libre pour que ma spiritualité soit plus authentique — je vais donc cultiver les moyens, aptitudes et capacités qui me permettront de gagner plus d'argent. Par exemple apprendre à mieux gérer, me former pour avoir accès à un job plus rémunérateur, etc. ») ?
VOTRE COMPORTEMENT : en quoi le(s) changement(s) dans vos convictions-valeurs, et donc dans vos capacités-aptitudes, modifie-t-il (modifient-ils) votre comportement (exemple : « j'ai appris à gérer et je suis plus sûr de moi face à mon banquier ») ?
VOTRE ENVIRONNEMENT : en quoi le(s) changement(s) dans vos convictions-valeurs, et donc dans vos capacités-aptitudes, et donc dans votre comportement, modifie-t-il (modifient-ils) votre environnement (exemple : « ma bonne gestion fait que j'ai des économies et cela me permet d'acheter une maison pour vivre dans un décor plus agréable ») ? :

TABLEAU 21

CHANGER VOS CONVICTIONS ET VALEURS CHANGE VOS APTITUDES, VOTRE COMPORTEMENT ET VOTRE ENVIRONNEMENT

VOTRE IDENTITÉ - VOS CROYANCES SUR VOUS-MÊME :
VOS CONVICTIONS - VALEURS :
VOS APTITUDES ET CAPACITÉS :
VOTRE COMPORTEMENT :
VOTRE ENVIRONNEMENT :

TABLEAU 21B

VOTRE NOM :

VOTRE IDENTITÉ - VOS CROYANCES SUR VOUS-MÊME :

voyez ce qui vous limite, vous nuit, vous handicape, vous paralyse, vous bloque dans ce que vous percevez comme votre identité et vos croyances sur vous-même (exemples : « je suis trop grosse : pas un homme ne voudra de moi », ou bien « je suis un drogué, je ne m'en sortirai jamais », ou bien « je suis nul en maths, je vais échouer dans mes études à cause de cela », ou bien « je suis un travailleur acharné et je ne lâche pas mon objectif, quoiqu'il m'en coûte sur le plan privé », ou bien « je suis incapable de bosser de façon cohérente et d'apporter à ma famille le confort qu'elle mérite », etc.).

Supposez ici que vous éliminiez ces croyances sur vous-même et que vous les remplaciez par d'autres, plus valorisantes, plus ouvrantes, plus dynamisantes (exemples : « je suis capable de dépasser mes limites », ou bien « j'ai 28 milliards de neurones dans ma boîte crânienne tout comme Einstein, Edison, Dalí et Wagner : je suis capable d'apprendre à mieux utiliser ce potentiel, à développer ma personnalité, à devenir fort en maths et en bien d'autres choses encore », ou bien « je me comporte (très différent de "je suis") comme un drogué : je sais par contre que je suis capable de me nettoyer de cette tendance », ou bien « je suis... (sympathique, équilibré, intelligent, capable de plaire, évolutif...) », etc.) :

VOS CONVICTIONS-VALEURS :

en quoi ce(s) changement(s) au niveau de votre identité et de vos croyances sur vous-même va-t-il (vont-ils) modifier vos convictions et vos valeurs (exemples : « un homme qui ne me juge que sur ma silhouette est un imbécile, à éliminer sans regrets », ou bien « donner de mon temps pour aider mes proches est plus important, et me procure plus de plaisir, que de bosser comme un fou », ou bien « l'amour authentique n'est pas lié à l'apparence, c'est une communication, un échange, une compréhension, une vibration intérieure », ou bien « grimper dans ma carrière m'importe beaucoup pour apporter du confort aux miens. Pour cela, tous les efforts sont utiles, estimables et c'est une bonne motivation pour les faire », etc.) ? :

VOS APTITUDES ET CAPACITÉS :

en quoi ce(s) changement(s) au niveau de votre identité et de vos croyances sur vous-même, suivi(s) des changements au niveau des convictions et valeurs, va-t-il (vont-ils) modifier vos capacités et aptitudes (exemples : « je peux plaire malgré mes kilos en trop et je sais me mettre en valeur, m'ha-

biller, me coiffer et me maquiller. Je sais aussi écouter, être agréable, charmer », ou bien « j'apprends à répartir mon temps de manière à être à la fois évolutif dans mon travail et suffisamment présent pour ma femme et mes enfants », ou bien « pour que mon partenaire soit fier de moi, je sais perdre du poids », ou bien « j'ai appris à dépasser mes limites, et maintenant, il m'est facile d'apporter à ma famille aisance et confort », etc.) ? :
VOTRE COMPORTEMENT : en quoi ce(s) changement(s) au niveau de votre identité et de vos croyances sur vous-même, suivi(s) des changements au niveau des convictions et valeurs, suivis des changements dans vos capacités et aptitudes, va-t-il (vont-ils) modifier votre comportement (exemples : « je me débrouille pour avoir l'attitude juste pour qu'on me trouve charmante et plaisante », ou bien « je donne plus de temps à ma famille », ou bien « je perds quelques kilos et je plais », ou bien « je suis devenu cohérent dans ma façon d'agir, régulier au travail, agréable avec mes collègues. Ma confiance en moi a augmenté et cela me facilite les contacts, professionnels et autres », etc.) ? :
VOTRE ENVIRONNEMENT : en quoi ce(s) changement(s) au niveau de votre identité et de vos croyances sur vous-même, suivi(s) des changements au niveau des convictions et valeurs, suivis des changements dans vos capacités et aptitudes, suivis des changements au niveau de votre comportement, va-t-il (vont-ils) modifier votre environnement (exemples : « depuis que j'ai compris que la beauté ne se mangeait pas en salade et qu'il y a des choses plus graves que quelques kilos en trop, je me suis mariée avec un homme charmant qui m'accepte comme je suis. J'attends un bébé — et je suis heureuse — », ou bien « je gagne un peu moins d'argent depuis que je donne plus de temps à ma famille, mais j'y gagne infiniment sur le plan de la qualité de ma vie », ou bien « j'ai pu offrir à ma femme et à mes enfants ce home si agréable, une nouvelle voiture. Et on a même quelques économies », etc.) ? :

TABLEAU 22

CHANGER VOTRE IDENTITÉ ET VOS CROYANCES SUR VOUS-MÊME : TOUTE VOTRE VIE SE MODIFIE

VOTRE IDENTITÉ - VOS CROYANCES SUR VOUS-MÊME :
VOS CONVICTIONS - VALEURS :
VOS APTITUDES ET CAPACITÉS :
VOTRE COMPORTEMENT :
VOTRE ENVIRONNEMENT :

TABLEAU 22B

Encore quelques exemples

Pour vous illustrer tout ceci, voici les cas de Christophe, Danielle, Bernard et Greta.

— CHRISTOPHE est un homme de 38 ans. Il se trouve licencié et décide de profiter de sa prime de licenciement et des 40 000 F offerts par l'État à tout chômeur qui crée une entreprise pour, précisément, se lancer dans la création de sa propre boîte dans un créneau technique. Seulement Christophe, effectivement technicien de formation, doit alors se muer en commerçant : les aptitudes et connaissances techniques ne lui suffiront pas pour réussir. Il lui faut, vite, se découvrir des talents nouveaux pour convaincre d'éventuels clients et obtenir des contrats. Christophe ne parvient pas à « assurer » sur ce plan. Il vient me voir car il a appris par un ami que je « change les gens ».

En simplifiant ici à l'extrême pour ne pas alourdir cet exposé, je vous donne au tableau 23, en quelques lignes, les principales caractéristiques et notions paralysant Christophe dans l'aspect « communication » de son nouveau job. Vous y verrez qu'il a suffi de modifier le comportement, sans avoir à toucher aux niveaux d'au-dessus, pour parvenir à l'objectif : faire de Christophe un bon vendeur, convaincant et efficace. Et cela a été réalisé en environ 3 mois à raison d'une séance par semaine.

Ce résultat a été obtenu grâce à l'apprentissage par Christophe de l'autoprogrammation (donc, grâce au dialogue avec son Inconscient) et à l'utilisation répétée et persévérante de cette technique. Pour ce cas-là, cela a été suffisant, car il n'y avait pas, chez Christophe, de plus gros « pavé dans la mare » : par exemple des croyances sur soi négatives par rapport à son travail, ou des valeurs en lui s'opposant à sa réussite dans les affaires.

CHRISTOPHE
OBJECTIF : DEVENIR UN BON VENDEUR
AVANT IDENTITÉ - CROYANCES SUR SOI « Je suis un excellent technicien et je suis expert dans ma branche. » « Je suis sérieux, fiable et honnête. » « Je suis capable de travailler énormément. »
VALEURS - CONVICTIONS « Réussir à mon compte, c'est mon rêve depuis longtemps. Pour l'argent, mais aussi pour le plaisir d'être autonome. »
CAPACITÉS ET APTITUDES « J'ai développé encore ma formation : pris des cours de vente, de gestion et de comptabilité. Je continue à m'informer sur tout ce qui concerne mon job et mes produits. » « J'ai beaucoup d'énergie et de disponibilité pour mon travail. »
COMPORTEMENT « J'ai peur d'échouer, je manque de confiance en moi et donc de charisme. » « Je suis souvent embarrassé et à bout d'arguments devant le client. » « J'ai les mains moites quand je suis ému ou troublé, j'ai du mal à serrer la main d'autrui car j'appréhende une réaction dégoûtée. » « Le client sent que je suis dans mes petits souliers. » « J'ai peur de l'avenir, de la faillite. »
ENVIRONNEMENT « Peu de clients. Difficultés et soucis financiers. »

TABLEAU 23

POUR FAIRE MARCHER SON ENTREPRISE.
APRÈS IDENTITÉ - CROYANCES SUR SOI Idem
VALEURS - CONVICTIONS Idem
CAPACITÉS ET APTITUDES Idem
COMPORTEMENT « J'ai beaucoup de ressources, il me suffit de les puiser en moi. Je m'autoprogramme pour cela et je me révèle : à l'aise, causant, souriant, positif et efficace. Ma compétence dans ma branche augmente ma confiance en moi et comme je reste à la pointe de la technologie, je peux apporter à mes clients des prestations qu'ils ne trouveront pas ailleurs. Ça commence à se savoir... »
ENVIRONNEMENT « Facilité accrue à avoir des clients. Amélioration des finances. Les gens me reconnaissent plus pour ma vraie valeur et ça me fait plaisir. Je suis souvent invité à déjeuner par des clients qui semblent avoir plaisir à ma compagnie et se montrent agréables avec moi. En plus, ils me font des commandes. »

— Passons maintenant au cas de DANIELLE, fort jolie jeune femme de 24 ans. Elle veut devenir comédienne et a du talent pour cela. Mais voilà : elle arrive après l'heure aux auditions, il y a longtemps qu'elle devrait envoyer une vidéo d'elle à des agents artistiques afin d'être présentée sur la liste de l'un d'entre eux. Elle ne supporte pas la critique, même venant de gens qui ne veulent que son bien, et se coupe ainsi de sources d'informations utiles, d'amis et aussi de personnes qui pourraient l'aider à atteindre son objectif. Elle n'accepte pas les contraintes et se reconnaît paresseuse.

Or, le travail qu'elle ambitionne de faire est essentiellement lié aux contacts humains qu'elle devrait nouer et cultiver, et ses attitudes se sont révélées pernicieuses pour cela. Alors, malgré son talent, sa beauté et les opportunités existantes, elle se retrouve sans travail et à la charge de sa famille — ce qui lui pèse.

Pour faire changer Danielle, il eût été insuffisant de toucher au niveau du comportement seul : la paresse et le refus des contraintes, qui relèvent du niveau des capacités, sont les clés à changer pour aboutir au résultat souhaité. C'est donc à ce troisième niveau que le changement a dû être opéré pour être efficace et s'implanter dans le comportement et dans l'environnement. Voyez cela au tableau 24.

Ce résultat a été obtenu en environ 5 mois grâce à l'autoprogrammation à travers le dialogue avec l'Inconscient. Un travail sur les submodalités a également été mis en place : Danielle a appris à associer des submodalités positives à l'action judicieuse et des submodalités négatives à la paresse et au laisser-aller. Le plaisir ressenti à voir les résultats concrets (rôles, contacts positifs) a complété le « traitement ». A partir de là, Danielle recherchera spontanément la réitération de ce plaisir, ce qui l'amènera encore à agir pour se le procurer : voilà un « automatisme » sympathique en train de s'implanter.

Est-ce à dire que Danielle est devenue un bourreau de travail ? Non : elle sait toujours profiter de moments de farniente, mais elle ne se laisse plus saboter dans ses aspirations par cette tendance. Elle sait où ça doit s'arrêter pour passer à autre chose, et cela lui est devenu facile…

— Venons-en maintenant à BERNARD. Bernard, la quarantaine, a des ambitions politiques au niveau municipal dans un premier temps, et pourquoi pas plus loin par la suite si cela lui est possible. Pour Bernard, il a été nécessaire d'aller jusqu'au niveau des valeurs et convictions pour parvenir au résultat espéré.

Quel était donc le problème de cet homme ? Son apparence physique, carrure, prestance BCBG, étaient tout à fait OK. Sa réussite professionnelle parlait pour lui. Mais son abord des autres, plutôt compassé et froid, lui retirait cette « cote d'amour » si utile aussi en politique.

Pourquoi cette attitude ? Parce que, dans ses convictions et valeurs, Bernard avait une revanche à prendre sur son enfance. Ce sentiment — cette *illusion* — avait orienté le choix de valeurs connexes (devoir être self made man ; il n'est pas bon devoir quelque chose à autrui ; la vie ce n'est pas de la rigolade…), ce qui avait enclenché la mise en place de certaines aptitudes et capacités au détriment d'autres (le travail acharné, mais pas l'humour ; le bagage qui permet de réussir professionnellement, mais pas le sentiment ; la force et l'obstination, mais aussi l'intolérance…). A partir de là, le comportement envers autrui était plutôt raide et perçu comme arrogant.

Résultat des courses : réussit professionnellement sans rechercher d'appuis, mais échoue dans ses objectifs politiques car on ne l'aime ni ne l'apprécie en tant qu'*être humain.* Or, là, en politique, il a besoin d'appuis, de

DANIELLE
OBJECTIF : QU'ELLE PARVIENNE À AGIR DE FAÇON COHÉRENTE
AVANT
IDENTITÉ - CROYANCES SUR SOI « J'ai la comédie dans le sang. » « J'ai du talent. » « Je suis belle. » « Je suis généreuse. »
VALEURS - CONVICTIONS « L'art est important pour moi. Surtout la comédie. Je veux être une grande comédienne — pas que pour l'argent ou le prestige, mais surtout pour servir l'art et embellir la vie des gens en leur donnant du plaisir. » « J'aime l'argent pour les jolies choses qu'il permet d'acquérir et pas pour lui-même. »
CAPACITÉS ET APTITUDES « J'ai suivi des cours au conservatoire et même en privé. On m'y a considérée comme bonne, talentueuse. Je suis belle, je peux porter toutes les toilettes, tout me va. Je n'ai pas peur de m'enlaidir pour un rôle ou de faire des prouesses physiques si nécessaire. Mais je suis paresseuse. Je n'arrive pas à me lever le matin. Je loupe mes rendez-vous, je me sabote comme ça et je commence à avoir une réputation de quelqu'un sur qui on ne peut pas compter. Je ne supporte pas les contraintes. »
COMPORTEMENT « Je suis instable, irrégulière. Je donne aux gens l'impression de me foutre d'eux, de n'être pas sérieuse. Je deviens agressive lorsqu'on me fait des reproches de mon attitude : je ne le fais pourtant pas exprès ! J'ai perdu des amis comme ça, dont je sais qu'ils ne voulaient que mon bien. »
ENVIRONNEMENT Pas de travail. Vit dans un petit studio et aux crochets de sa famille. Côtoie surtout d'autres comédiens sans travail. Soucis financiers.

TABLEAU 24

POUR ENTAMER SA CARRIÈRE DE COMÉDIENNE.
APRÈS
IDENTITÉ - CROYANCES SUR SOI Idem
VALEURS - CONVICTIONS Idem
CAPACITÉS ET APTITUDES « Mes cours sont une bonne base, mais je n'arrêterai pas pour autant d'apprendre : le talent, ce n'est pas que inné, c'est aussi à perfectionner toute la vie. Ma motivation a augmenté et je trouve maintenant beaucoup plus de plaisir à agir pour mon travail et mes projets qu'à paresser. En fait, je m'ennuie vite quand je flemmarde ! Ça m'excite vraiment quand je me donne un défi à relever : être parmi les meilleures dans une audition, et tout ça. Je sais maintenant me poser des objectifs, faire des plans datés, et c'est finalement facile de tenir les délais. Je suis maintenant "fichée" chez un agent et ça m'a déjà permis de participer à des castings et de figurer plusieurs fois. C'est un commencement prometteur... »
COMPORTEMENT « Plus stable. Respectant la parole donnée. Plus cool aussi : je m'énerve beaucoup moins vite et ça facilite les contacts humains. J'accepte les critiques lorsqu'elles sont constructives et me permettent de m'améliorer. Je sais me faire apprécier beaucoup mieux qu'avant. »
ENVIRONNEMENT Gagne gentiment sa vie. Reçoit souvent compliments et estime d'autrui. Décroche régulièrement de petits rôles et des postsynchronisations. A créé un spectacle — un "one woman show" — qu'elle va présenter dans des écoles, et qui plaît.

BERNARD
OBJECTIF : LUI DONNER TOUS LES ATOUTS
AVANT
IDENTITÉ - CROYANCES SUR SOI « Je suis intelligent, ambitieux, travailleur. J'ai un bon bagage, j'ai tout pour réussir dans mon ambition politique et leur montrer de quoi je suis capable pour améliorer la société. J'ai du tonus, une bonne santé, je suis fort, endurant et persévérant. »
VALEURS - CONVICTIONS « Je suis issu de modestes ouvriers. J'ai été humilié quand j'étais jeune par des gosses de riches. J'ai trimé pour avancer dans ma carrière professionnelle et pour commencer une ascension politique : je pense qu'il faut être un self made man. Je ne veux rien devoir à personne : il faut avancer à la force des poignets. L'huile de coude et le cerveau actif, voilà la clé. Si on veut, on peut. Je n'ai pas besoin qu'on m'aime : il me suffit qu'on me respecte. La vie, ce n'est pas de la rigolade ! »
CAPACITÉS ET APTITUDES « Je dors peu et suis capable de travailler beaucoup. J'ai fait des études supérieures que je me suis payées tout en travaillant, pour ne pas être à la charge de ma famille. Je n'aime pas faire du sentiment. Je suis cultivé, j'ai un bon bagage. La rigolade ne m'intéresse pas : la vie, c'est sérieux, le travail et l'argent aussi. Je me méfie des faibles et des quémandeurs — ils cherchent à vous pomper. Je n'aime pas perdre mon temps : le temps c'est de l'argent et de l'activité. Les mondanités m'assomment, alors qu'il y a des choses si importantes à réaliser. »
COMPORTEMENT Perçu souvent comme raide, prétentieux, arrogant, pète-sec, sans humour. Se donne souvent en exemple de self made man et ne comprend pas qu'il y ait des gens moins réussissants. Personnalité pesante qui cherche systématiquement à en imposer par besoin de l'admiration d'autrui. Force d'impact sur ceux qui sont près de lui mais ne « passe pas la rampe ».
ENVIRONNEMENT Les gens le respectent mais ne l'aiment pas. Donc, contacts plutôt froids et parfois maladroits. Vie confortable gagnée à la force du poignet. Vie conjugale « frisquette ». Guère de chance d'être élu : charme et charisme insuffisants, trop de raideur.

TABLEAU 25

POUR QU'IL RÉUSSISSE UNE CARRIÈRE EN POLITIQUE.

APRÈS

IDENTITÉ - CROYANCES SUR SOI
Idem

VALEURS - CONVICTIONS
« J'ai grimpé dans l'échelle sociale et je me suis enrichi, je n'ai donc rien à prouver à personne : j'ai déjà fait mes preuves. Mon expérience peut servir à d'autres et c'est par le dialogue et la communication que je peux la communiquer aux autres : montrer aux autres comment on peut évoluer. La vie ce n'est pas toujours de la rigolade, mais si on y met de l'humour, c'est tellement mieux — et ça compense les moments plus durs. C'est agréable pour moi que les gens me doivent quelque chose, ça me valorise et ça me donne un rôle intéressant à jouer. Je sais leur trouver des solutions, des idées, pour améliorer leur vie et la société. Et la position de conseilleur actif me plaît. »

CAPACITÉS ET APTITUDES
« J'ai prouvé que je sais avancer, trouver et appliquer des solutions : ça m'est finalement plus facile qu'à bien d'autres. M'intéresser aux gens pour leur trouver des solutions, ce n'est pas faire du « bête » sentiment, c'est être constructif et solide — et ça n'empêche pas que la sympathie puisse naître. Après tout, si autrui me pompe, c'est que je suis capable d'être pompé : plus fort, plus résistant, plus riche... alors, pourquoi pas ? Ça prouve qu'on a besoin de moi, de quelque chose que je possède (et eux pas), et ça me valorise. »

COMPORTEMENT
Plus « rond », plus chaleureux, plus « donneur », moins pontifiant. Plus protecteur que lourd ou jugeant durement. Développe un côté plus sécurisant pour autrui. Se pose en point de repère pour autrui.

ENVIRONNEMENT
Le « courant » passe de mieux en mieux au niveau de ses ambitions politiques. Progresse dans sa sphère politique et y obtient des appuis inattendus. Commence réellement une carrière politique.

savoir faire preuve de plus d'humanité, d'indulgence, de tolérance, de souplesse et même d'humour…

Voyez sur le tableau 25 les modifications apportées chez Bernard après un travail sur huit mois (acharné, je ne vous dis que ça !) à mon cabinet.

Pour aboutir à cela, différentes techniques de développement de la personnalité ont servi d'outils de changement : l'autoprogrammation pour puiser les ressources dans l'Inconscient, le travail sur les submodalités. Et aussi un travail plus thérapeutique, pour que Bernard en vienne à *se raconter l'histoire autrement,* l'histoire de ses vexations de jeunesse et du *choix d'illusion* qu'il fit alors et qui amena les effets que l'on sait.

Surtout, notez bien que les changements ainsi apportés n'empêchent pas Bernard de continuer à bosser avec efficacité et à mener son monde lorsque c'est nécessaire. Ces changements *rajoutent* des comportements, des capacités et des valeurs. Ainsi, la capacité d'adaptation est amplifiée : il y a plus de réponses possibles aux différents stimuli de l'existence. Ceci *enrichit* la palette des valeurs, des capacités et des comportements.

SOUVENEZ-VOUS DE CELA LORSQUE VOUS VOUDREZ APPORTER DES CHANGEMENTS EN VOUS : VOUS NE VOUS RETIREREZ RIEN, VOUS GARDEREZ VOTRE POTENTIEL ET VOUS EN RAJOUTEREZ ENCORE. VOUS AUGMENTEREZ VOS ATOUTS, VOUS VOUS ENRICHIREZ AINSI.

— Passons à GRETA à présent. Le tableau 26 nous la montre « avant » et « après ».

Voici comment Greta a changé sa vie. Lorsqu'elle vient me voir, c'est une jeune femme de 28 ans, secrétaire de direction, avec beaucoup d'esprit pratique et une intelligence concrète tout à fait estimable. Le seul problème de Greta, ce sont les kilos en trop : elle pèse 85 kilos pour 1,65 mètre, ce qui la « complexe » abondamment. Pas de vie affective, pas de vie sexuelle ; guère de sorties sauf avec des copines et rarement dans des endroits où elle peut rencontrer des hommes. Dans ces lieux-là, elle se comporte de façon « coincée », son attitude grognon lui fait « faire tapisserie » le plus souvent et quand un homme s'aventure à l'inviter à danser, elle se révèle peu causante et fuyante. Elle pense : « Ce doit être pour faire sa B.A. qu'il m'invite. Il n'y a pas un homme qui peut s'intéresser réellement à une grosse dondon comme moi ! » Greta voudrait se marier, avoir des enfants et une vie de famille, mais elle *sait* « que c'est impossible à cause de mon poids ».

Greta a déjà fait beaucoup de régimes avec le « retour de bâton » habituel : reprise de plus de kilos que ce qu'elle avait perdu. Or, il est vrai que, entre deux maux, l'Inconscient choisit toujours le moindre : une perte de la cohérence interne est pour lui le plus grand mal, alors que la souffrance du vécu est, là, le moindre mal.

Voyez ce qu'a donné l'examen des niveaux chez Greta. Belle cohérence interne : les capacités, le comportement et l'environnement se plient aux croyances sur elle-même (« je suis grosse ») et aux convictions-valeurs (« il faut être belle et mince pour plaire à un homme »).

Vous vous doutez bien, en fonction de ce que vous avez appris dans ce livre, que si c'est là la « vérité » qui a été communiquée à l'Inconscient de Greta, celui-ci va tout faire pour qu'elle reste dans cette vérité-là, dans cette cohérence interne : faire échouer tous les régimes, toutes les rencontres, saboter toutes les possibilités affectives…

Ça ne vous rappelle rien ? Vous en connaissez peut-être vous aussi de ces femmes et de ces hommes dont le comportement, *dans les faits,* va systématiquement à

GRETA

OBJECTIF : PERDRE

AVANT

IDENTITÉ - CROYANCES SUR SOI

« Je suis une grosse. » « Je ne peux plaire à personne. » « Je suis incapable de maigrir. » « Personne ne peut vouloir d'une grosse dondon comme moi. » « Il n'y a pas un homme qui aurait plaisir à caresser un tas de graisse comme moi. » « J'ai un destin de vieille fille. »

VALEURS - CONVICTIONS

« La beauté physique est indispensable pour plaire à un homme. » « Être grosse, c'est être moche ! »

CAPACITÉS ET APTITUDES

« Je suis incapable de maigrir : chaque fois que je suis un régime, quand j'arrête, je reprends encore plus de kilos. » « Je ne sais que bosser, je sais m'assumer. Il faudra que je sache assumer d'être vieille fille et confite dans ma frustration. » « Je ne sais pas résister à la tentation-nourriture. »

COMPORTEMENT

Coincé, fuyant le contact avec l'élément masculin. Fuit aussi les occasions et les lieux où elle pourrait rencontrer un homme. Frigidité. Grogne. Autodénigrement lorsque parle d'elle-même à un homme. Méfiance et inhibitions.

ENVIRONNEMENT

N'a que des connaissances féminines. Solitude morale, affective, sexuelle. Ni vacances au soleil, ni baignades. Limitation dans les lieux fréquentés.

TABLEAU 25

SON EXCÈS PONDÉRAL.

APRÈS

IDENTITÉ - CROYANCES SUR SOI
« Je suis une femme et tous les organes liés à ma féminité sont opérationnels. » « J'ai l'âme d'une bonne épouse et d'une bonne mère. » « En tant que femme, je suis le complément naturel de l'homme. » « J'ai de beaux yeux, des cheveux drus et un joli visage. Ma bouche a un beau dessin — je me souviens que l'on m'a dit ça, et c'est vrai. » « Je suis désirable et c'est vrai qu'on a déjà cherché à me draguer, même avec les kilos en trop ! »

VALEURS - CONVICTIONS
« La beauté ne se mange pas en salade. » « L'homme qui me dédaignerait pour courir après un mannequin n'est qu'un crétin : il ne m'intéresse pas. » « Il y a des hommes qui s'intéressent plus à l'être qu'à l'apparence d'une femme : c'est ce genre de partenaire qui me convient. Pas un bellâtre prétentieux, mais un homme cohérent, avec qui fonder une famille. » « Maigrir est facile, il suffit de suivre un régime. Stabiliser le poids est réalisable : il me suffit de négocier avec moi-même pour que je ne fasse pas d'excès, ou d'utiliser les submodalités. »

CAPACITÉS ET APTITUDES
« Négocie » avec soi-même pour perdre du poids (« J'ai envie de reprendre une louche de cela. Je vais attendre deux heures, et si j'en ai encore envie alors, j'en prendrai » — mais deux heures après, l'envie est passée). Apprend à se mettre en valeur : visage, cheveux, vêtements. Danse le slow sans se raidir comme avant et apprend de ses amies de nouvelles danses.

COMPORTEMENT
Plus sûre de soi et de sa féminité. Sexualité mieux vécue, quoique orgasmes encore rares. Contacts plus naturels et plus spontanés avec les hommes. Tranquillité dans l'attitude. Sourire facile et comportement avenant.

ENVIRONNEMENT
D'abord : davantage de sorties et de sollicitations masculines. Du plaisir à sortir : de bons moments, des découvertes.
Puis : mariée et donne naissance à une fille. Entente correcte avec le conjoint. Le décor a changé : déménagement dans un appartement plus grand.

l'encontre de leur désir et les fait échouer ? Cette mécanique est fréquente, que la difficulté soit un problème affectif, de poids, d'argent, de travail, de projets, d'entreprises inachevées, etc.

Mais revenons à Greta. Je vous épargnerai les étapes intermédiaires pour vous présenter le tableau 26, image finale du travail psychothérapeutique (qui date à ce jour de plus de trois ans) mené à bien en quelque dix mois (à raison d'une séance par semaine). A l'issue de ce travail, Greta a suivi un régime et a perdu les vingt kilos de trop en un an. Pendant cette même année, elle a rencontré un homme en n'ayant perdu que cinq à six kilos — ce qui lui a prouvé qu'il n'est pas nécessaire d'être mince pour plaire. Oh surprise : c'était un employé de son entreprise qui n'avait jamais osé l'aborder à cause de son attitude glaciale et renfrognée. Elle est aujourd'hui mariée et mère d'une jolie petite fille. Elle s'est stabilisée entre 65 et 67 kilos, ce qui lui va bien : elle est bien en chair et bien faite.

Tout cela lui fut facile à partir du moment où son Inconscient réceptionna et accepta les nouvelles caractéristiques du niveau *identité et croyances sur soi*.

Certes, il a fallu travailler sur ce problème pendant quelques mois, mais cela n'en valait-il pas la peine ? Toute la vie de Greta s'en est, *concrètement, réellement,* trouvée changée.

Pour arriver à ce résultat, j'ai utilisé les mêmes techniques que pour Bernard, adaptées au cas de Greta et d'autres techniques de développement de la personnalité dont l'exposé n'entre pas dans le cadre de cet ouvrage.

A vous d'agir, maintenant

Revenons à vous.

Je vous ai expliqué ces cas de Christophe, Danielle, Bernard et Greta pour vous fixer les idées : c'est à travers la multiplication des exemples que vous saisirez le mieux la démarche pour vous changer afin que vous parveniez à vos buts.

Pour changer vos niveaux logiques, allez-y progressivement. Notez bien que, plus haut il vous faut monter dans les niveaux, plus il est nécessaire de mettre le temps de votre côté pour parvenir à vous modifier. Il n'est pas question, là, de changer instantanément, comme c'est le cas avec les submodalités. On touche ici à des « structures lourdes » dans l'Inconscient, des « poutres » établies depuis longtemps. Il est hors de question d'imaginer qu'il suffit de claquer des doigts pour les faire bouger. L'aide du thérapeute PNL ou TNPro™ est utile, et parfois même indispensable, déjà pour vous éviter de chercher à vous implanter des idées absurdes, ou nuisibles, ou irréalistes : faire d'un perdant au loto un gagnant au même loto (alors que la probabilité pour le gain maximal y est de 1 sur 14 millions !), par exemple. Si quelqu'un tentait cela et y croyait, il risquerait bien de se ruiner au jeu.

Alors, comment pouvez-vous faire pour faire bouger vos niveaux logiques ? Les clés sont dans ce livre :
- mettez-vous d'abord au clair avec vos objectifs ;
- utilisez le dialogue avec votre Inconscient pour vous autoprogrammer, comme vous avez appris à le faire dans la première partie ;
- parlez à votre Inconscient, dans son langage, pour lui *raconter l'histoire autrement,* comme vous avez appris à le faire dans la deuxième partie de ce livre ;

— « branchez » ainsi votre RAS sur votre objectif ;
— donnez-vous le *choix de l'illusion :* ne vous butez pas sur ce que vous croyez être la réalité — car la réalité est multiforme…

Ne croyez pas que « c'est trop facile », que « ça ne marche pas ». Si vous pensez cela, c'est parce que vous vous agrippez encore à vos croyances ou à votre identité actuelles, et à leurs limites, leur paralysie, leur handicap. Si vous pensez cela, c'est parce que vous croyez peut-être encore que « chacun a sa nature, sa personnalité, son caractère, qui sont déterminés par son hérédité, ou son éducation », ou je ne sais quoi.

Eh bien non ! Tout ce livre vous montre que cela est faux : ce ne sont là que *croyances* et non la réalité. Je reconnais que cette croyance est répandue, mais cela n'en fait pas une réalité pour autant. Cette croyance-là n'est que le *choix d'une illusion* — et elle est néfaste car elle vous bloque — parmi toutes les autres illusions possibles.

Allons, choisissez-en consciemment, délibérément, une autre, plus positive et dynamisante : vous pouvez changer, vous n'êtes pas enfermé dans ces limites. Avec vos 28 milliards de neurones, tout le potentiel humain vous est accessible. Et c'est bien cela que vous pouvez faire maintenant : changer.

CHANGER VOS NIVEAUX LOGIQUES POUR CHANGER VOTRE VIE

Et maintenant, dites-moi, l'argent, la réussite professionnelle, sentimentale, ça vous intéresse ? Alors, tournez la page…

QUATRIÈME PARTIE

Cette quatrième partie est vouée à vous parler des domaines majeurs de l'existence de manière tout à fait concrète : santé, argent, réussite affective et professionnelle.

Lorsque ces aspects sont carencés, la vie risque d'être frustrante, médiocre, voire douloureuse. Alors qu'il est tout à fait possible de les développer, de les magnifier, de réussir sur tous ces plans.

Les techniques du TNPro vous permettent d'aller vers le succès dans tous ces domaines, que vous utilisiez ces techniques seul grâce à ce livre ou bien, plus confortablement et plus vite, en séances ou stages avec votre Entraîneur TNPro*.

En tout cas, je souhaite vraiment votre plus grand épanouissement dans ces choses si importantes de la vie.

Et si nous commencions par cette chose dont on dit « qu'à défaut de faire le bonheur, elle y contribue » ?

---

* Si vous souhaitez des informations là-dessus, vous pouvez écrire au Centre d'Énergétique Humaine, 7 place d'Austerlitz, 67000 Strasbourg, France, qui vous renseignera.

L'ARGENT

Vous le savez : il y a beaucoup de gens qui voudraient être riches. Ils regardent avec envie les gens fortunés autour d'eux — et, en même temps, ils peuvent les considérer comme des « pourris ». « Pourris de fric », c'est une expression courante que tout le monde connaît, et nombreux sont ceux qui l'ont utilisée à l'un ou l'autre moment. Mais, il faut bien le dire, ce genre d'expression sort surtout de la bouche de ceux qui, justement, courent après l'argent, ont des fins de mois difficiles et n'arrivent pas à assurer leurs arrières, financièrement parlant.

Vous me direz : « C'est normal. Les pourris de fric ne peuvent pas se considérer eux-mêmes comme des pourris ! » Et vous aurez tout à fait raison. Mais peut-être pas pour les motifs que vous croyez.

Des histoires d'argent

Dans notre culture, il y a une grande ambivalence par rapport à l'argent et à la prospérité : on en veut, mais on tend à les mépriser. On en veut, mais on se veut aussi au-dessus de ça. On en veut, mais on a peur d'y « perdre son âme ».

Nous y voilà : au fond de beaucoup de personnes il y a un énorme blocage qui *sabote* tout ce qu'ils font pour s'enrichir — et cela, quelles que soient les capacités que, potentiellement, ils en auraient.

Leur Conscient veut tout faire pour qu'ils s'enrichissent, mais leur Inconscient a été conditionné à les sauver de « la perte de leur âme » dans ce qui est considéré comme du (vil !) matérialisme.

Ces gens sont victimes de l'artificielle antinomie entre matérialisme et spiritualité, entre corps et esprit. Au fond d'eux il y a une *croyance* : argent = sale.

Vous croyez que leur Inconscient — qui ne veut que leur bien — va les laisser se salir au contact de l'argent ? Non, bien sûr. Il va tout faire pour les en tenir à distance, pour réduire à néant tous les efforts conscients faits pour s'enrichir. L'Inconscient de ces personnes manifeste une sorte de *phobie* de l'argent.

— DÉSIRÉE, pacifiste et antimilitariste convaincue, hérite de quelque 500 000 francs d'un oncle, militaire de carrière — beaucoup de médailles et plusieurs campagnes à son actif. Sur une impulsion, elle achète pour résidence secondaire une merveilleuse ruine à restaurer, dans un décor somptueux dont elle est tombée amoureuse. Comme l'héritage ne suffit pas, elle emprunte à la banque et entreprend des travaux nécessaires. Elle s'y prend d'une façon un peu anarchique, n'étant nullement compétente en matière de travaux de construction. Ses amis lui disent : « Commence par faire réparer la toiture et ensuite, rend habitable une partie seulement de la maison. Le reste, tu peux le faire plus tard, au fur et à mesure de tes moyens. »

Mais non : Désirée fait faire un peu ici, un peu là, sans plan directeur et, comme toujours les finances prévues sont insuffisantes. Nouvel emprunt à la banque, qui va en partie être utilisé à rembourser les traites du précédent. Au bout du compte, cinq ans de « galère » après, Désirée ne parvient plus à rembourser les traites, la maison est inachevée et n'a donc pas plus de valeur qu'au moment de l'achat et de plus, le marché de l'immobilier est mauvais. Acculée, Désirée revend, à peine plus du prix d'achat, et parvient tout juste à éponger ses dettes.

Non seulement elle y a perdu son héritage, mais aussi le montant de ce qu'elle a remboursé en cinq ans : au total, c'est pratiquement 1 million de francs qu'elle laisse dans l'aventure, sans compter les angoisses, les insomnies, le sentiment d'échec et de perte et l'usure nerveuse.

Le nouveau propriétaire de la maison, en moins d'un an et demi — avec une mise de fonds totale d'environ 800 000 francs et une planification intelligente des travaux —, en fait une maison qui vaut 1,5 million de francs.

Pourquoi Désirée, en cinq ans et plus d'argent, n'a-t-elle pas pu en faire autant ? Son fils et son frère n'ont pas manqué de lui apporter leurs compétences masculines, mais elle n'en a fait qu'à sa tête.

— GERMAIN gagne bien sa vie en tant que commercial (entre 15 000 et 30 000 francs par mois selon ses résultats) mais il n'a jamais un sou d'avance. Il aimerait bien s'acheter un appartement, et aussi capitaliser pour ses vieux jours, mais il n'y arrive pas. En fait, il vit quasi en permanence sur le découvert que lui accorde sa banque :

il est tout le temps « dans le rouge » — et paie des agios en conséquence.

Germain ne résiste pas à ses envies : il a des compulsions à acheter. Il a envie d'une nouvelle chaîne hi-fi aujourd'hui, il se retient quelques heures en se disant que les 15 000 francs en question seraient mieux investis dans un apport personnel pour un appartement. Et puis, il achète la chaîne hi-fi. Ou bien, c'est la moto que vend un de ses copains qu'il ne peut laisser échapper : elle vaut 45 000 francs et il peut l'avoir pour 40 000 francs. Bien sûr, il a une grosse voiture et il n'a guère le temps de faire de la moto, mais enfin…

A 35 ans, Germain aimerait bien fonder un foyer, mais pour cela il pense qu'il aurait besoin de posséder d'abord son appartement. Les femmes se suivent dans sa vie et se ressemblent… en ce sens qu'elles le fuient au bout de quelques semaines ou mois. Pourtant il est charmant, Germain, fils de bonne famille, intelligent, bien fait de sa personne. Il fait facilement des cadeaux somptuaires à sa compagne du moment : repas dans les grands restaurants, parfums de prix, toilettes ou bijoux, week-end à Madrid ou à Venise, shopping à Londres…

Il a envie de se marier, oui, mais il a aussi peur de perdre sa liberté et de devoir se responsabiliser.

Donc, Germain a un « complexe » : il n'a pas d'argent devant lui pour être un mari regardable, il n'a pas de patrimoine — hors celui qu'il héritera un jour de ses parents ; il n'a, à 35 ans, « rien fait ni rien construit dans sa vie » et, si jamais il se retrouve au chômage, il sera « vraiment dans la m… », selon ses propres termes, n'ayant aucune réserve financière. Alors, quand il ne plastronne pas pour la façade, Germain déprime. En plus, il trouve que son travail commercial est « un boulot de pute » et il dit que, s'il en avait le courage, il irait recommencer sa vie en Australie ou au Canada… Mais pour ça, il lui faut de l'argent car « je n'ai pas envie de redémarrer au SMIC. Je pourrais monter ma propre entreprise — c'est mieux d'être patron que salarié. Je me lancerai peut-être un jour. Mais est-ce que je gagnerai autant d'argent et aussi facilement qu'aujourd'hui ? »

Germain est également attiré par les conceptions véhiculées par le New Age : spiritualité, amour universel et… dédain de la « matière ». « Finalement, on doit aussi pouvoir vivre de peu. Il n'y a pas que le fric dans la vie… »

— MAURICE, qui veut s'enrichir rapidement, est un homme entreprenant : il en est à sa énième tentative pour se faire sa place au soleil et se monter son pécule. Il a commencé par créer, avec peu d'argent, un club de rencontre qui a bien démarré : des adhérents, alléchés, s'y sont inscrits. Au programme du club : activités nombreuses, sorties, excursions, soirées discothèques, visites guidées, thés dansants, dîners aux chandelles… Tout ce qu'il faut pour que les gens se rencontrent, aient des occasions de dialogue et de communication à travers des loisirs et des découvertes.

La première année, tout se passe bien et l'argent rentre à flot. La deuxième année, Maurice se dit qu'il pourrait ajouter une corde à son arc : s'il étudiait la psychologie, il serait encore plus efficace dans ses contacts et son travail. Il s'inscrit dont à la faculté et entreprend de suivre les cours, délaissant petit à petit son club de rencontre, passionné qu'il est par ses études.

De moins en moins d'activités sont organisées pour les adhérents et ceux-ci, déçus, ne se réinscrivent plus. Le club de rencontre doit fermer et les études de psychologie échouent à cause des soucis professionnels.

Qu'à cela ne tienne ! Maurice a une idée : et s'il montait une entreprise de vente par correspondance ? Il y a des opportunités qu'on lui dit extraordinaires dans ce secteur : acheter à vil prix des gadgets à Hong Kong, les importer et les revendre fort cher ici. Maurice emprunte à sa famille et à ses amis pour entreprendre ce commerce. Ça marche plutôt bien : toutes les énergies de l'homme sont axées sur son travail et l'argent commence à affluer.

C'est alors que Maurice entend parler d'une opportunité passionnante : le créneau des lettres confidentielles. Vendre l'abonnement à quelques feuilles de papier 600 francs par an à deux mille abonnés, cela lui ferait, tous frais déduits, un bénéfice de 800 000 francs par an ! Il entreprend donc de lancer cette idée tout en négligeant son affaire d'importation de gadgets, qui périclite en quelques mois — pendant lesquels le nombre d'abonnés à sa lettre confidentielle ne dépasse pas soixante ! ! ! Retour à la case départ : la « boîte » coule et il reste des dettes à payer.

Ce même mécanisme s'est réactualisé six fois (! ! !) avant que Maurice ne vienne me voir pour… améliorer ses capacités de communicateur, afin de se lancer en tant qu'animateur de séminaires.

— LAURENT est marié et employé de bureau. Il gagne moyennement sa vie, il a la stabilité et la sécurité de l'emploi. Il voudrait avoir plus d'argent pour se payer la maison de ses rêves, des vacances plus exotiques que le camping près d'un des rivages bordant la France : Bretagne, Vendée, Côte d'Azur… Il voudrait aussi une plus grosse voiture et s'habiller plus chic. Sa femme *Nadine* aimerait quelques bijoux et des vêtements de marque. Elle travaille à mi-temps en tant que standardiste et élève leur fille Karine. Bien sûr, Nadine et Laurent souhaitent que leur enfant fasse plus tard des études supérieures — « Dans le droit. Le notariat, ce serait bien » —, parce qu'ils sont insatisfaits de leur propre niveau d'études : BAC pour Nadine et niveau BAC+2 pour Laurent.

Maison, costumes, voyages, voiture, bijoux, études longues pour leur fille, voilà qui représente un paquet d'argent. Or, ni Nadine ni Laurent ne peuvent espérer d'héritage, puisqu'ils sont tous deux issus de familles modestes. Laurent joue bien au loto quelquefois, mais enfin il sait bien que la probabilité pour qu'il touche le gros paquet d'argent est réduite.

Nadine a un frère, Dominique, son aîné de quatre ans et qui a arrêté ses études au BEPC. Il est ensuite devenu apprenti coiffeur, a réussi le BEP puis la maîtrise de coiffure. Il a gagné quelques concours de coiffure et s'est encore perfectionné plus ou moins tout seul. Son patron a voulu s'agrandir en prenant un deuxième salon et en a confié la gérance à Dominique, malgré le jeune âge de celui-ci. En deux ans, ce salon voit une très bonne réussite car Dominique est dynamique et inventif. En plus de cours de gestion, il s'initie à la pub : il organise des journées portes ouvertes, des manifestations commerciales, des jeux avec loterie… Tout ceci attire du monde chez lui et augmente sa clientèle. Le deuxième salon marche vite mieux que le premier et Dominique, à 26 ans, se sent prêt à se lancer dans l'aventure de l'acquisition d'un salon de coiffure pour devenir patron à son tour. C'est à ce moment que son employeur, pour éviter de perdre un aussi bon élément, lui propose une association.

Lorsque je rencontre Laurent et Nadine, ils me racontent qu'à 32 ans, Dominique est à la tête d'une chaîne de huit salons de coiffure et d'esthétique dans six villes différentes. Il conduit une Mercedes, a acheté sa villa avec piscine et, selon les propres termes du couple : « Il roule sur l'or que c'en est écœurant ! Alors qu'il n'a même pas le BAC ! »

Nadine et Laurent n'ont que peu de contacts avec Dominique, pourtant parrain de leur fille qu'il gâte volontiers lors des fêtes « obligatoires », anniversaires, Noël : gourmette en or, chèque pour son compte épargne, un ordinateur, un séjour de vacances avec un groupe de jeunes, un voyage linguistique en Allemagne...

« Il affiche sa réussite, ça nous met mal à l'aise. Karine l'aime beaucoup, mais c'est un mauvais exemple pour elle, tout cet étalage de luxe. C'est sûr que si elle compare avec notre situation, elle se sent frustrée... Nous, c'est pas avec ce qu'on gagne qu'on pourrait se payer une villa avec piscine ! »

Je leur demande : « Et pourquoi pas ? »

Ils me regardent, interloqués, et ne trouvent rien à répondre. Je réitère : « Et pourquoi pas ? Qu'est-ce qui vous empêche de gagner plus d'argent ? Vous n'aimez pas l'argent ? »

« Si, bien sûr... Enfin, il ne faut tout de même pas mettre son âme dans l'argent, ce n'est pas bien ! »

Nous y voilà ! On voudrait une maison, des vêtements de prix, etc., mais pas l'argent qui permettrait tout cela : « ce n'est pas bien, l'argent... »

Je continue : « Il n'y a rien de mal à souhaiter un toit confortable sur la tête de sa famille, non ? Et qu'est-ce que vous seriez disposés à faire pour avoir plus d'argent et vous offrir ce que vous désirez ? »

« ... (long silence)... Ce n'est pas avec ce qu'on gagne qu'on y arrivera. On a fait les comptes : si on se lançait dans un achat immobilier, il faudrait vraiment se serrer la ceinture pendant vingt ans, avec toutes les traites qu'on aurait à payer. Donc, ce n'est malheureusement pas possible. »

« Je ne vous ai pas demandé à quoi il vous faudrait *renoncer* pour y parvenir. Mais *ce que vous êtes disposés* **à faire pour cela ?** »

Nadine et Laurent se regardent, puis : « On ne comprend pas ce que vous voulez dire. »

Vous, vous avez compris ? Non seulement ces deux-là n'aiment pas l'argent ni ne sont disposés à faire quelque chose pour en avoir, mais en plus, ils croient, au fond d'eux, que l'argent ce n'est pas bien. Ils croient que, pour gagner plus d'argent, il faut « mettre son âme dans l'argent » — et que « cela n'est pas bien ».

Leur Inconscient a acquis la même conviction, forcément, puisque c'est là leur *choix d'illusion* et l'interprétation qui lui a été communiquée. Et que croyez-vous qu'il fit ? Il a bloqué pour eux toute possibilité de faire quelque chose pour s'enrichir. Il a même bloqué l'arrivée de toute idée ou possibilité permettant d'aller dans ce sens.

Il est vrai que tant que cette *croyance* dans le côté néfaste de l'argent se maintiendra, il n'y aura aucune possibilité pour Nadine et Laurent d'évoluer. Leur *désir* d'acquisition ne suffira pas contre la *volonté de leur sauvegarde* imposée par leur Inconscient.

Vous voulez comprendre mieux ?

— DÉSIRÉE hérite de son oncle militaire, quelqu'un qu'elle soupçonne fort d'avoir beaucoup de morts à son actif. Cet argent qui lui tombe du ciel est celui de la guerre, de la violence, du déni de la vie humaine… C'est de l'argent plus que « sale » : c'est de l'argent qui sent le sang. Désirée est pacifiste, elle milite pour Amnesty International, cotise à Greenpeace et à d'autres mouvements analogues. Elle adore la nature, les animaux, la vie, la beauté…

Elle ne peut refuser cet argent — qui irait alors à l'État qui, pour elle, est grand pourvoyeur d'armes dans le monde. Alors, elle va l'investir dans ce merveilleux coin de nature, ce décor si beau, si paisible, si émouvant : elle va redresser cette vieille maison qui a tant d'âme, afin que ses amis et sa famille y trouvent un havre d'équilibre et de calme.

Mais l'Inconscient de Désirée ne l'entend pas ainsi : cela fait longtemps que le *choix de l'illusion* qui lui a été communiqué est la critique acerbe de cet oncle, de son travail, de son « manque d'humanité », etc. : « Il a fait campagne pendant la guerre d'Algérie et aussi en Indochine. Qui sait combien de gens il a tués ? »

Là où le Conscient peut voir une sorte de *purification* de cet argent à travers le projet de Désirée, l'Inconscient ne perçoit rien de tel : il voit là une compromission, une faillite de la logique interne, un échec de la cohérence interne. Il voit évidemment là un élément de souffrance dont il doit protéger Désirée. Il imprime les comportements parfaits (mauvais choix, erreurs de jugement et de stratégie, etc.) pour que cet argent disparaisse — et tant pis si cela entraîne de gros problèmes : entre deux maux, il choisit le moindre pour préserver la cohérence interne, le choix de réalité préexistant.

— GERMAIN, au niveau conscient, sait que, compte tenu des valeurs de son milieu social, il doit songer à fonder une famille. Mais, toujours compte tenu des présupposés de ce même milieu : on ne se marie pas sans avoir montré sa capacité à engranger des biens et des côtés raisonnables dans le caractère et l'action. Et disposer d'un pécule acquis fait bien mieux dans le tableau que de compter sur l'héritage parental. Donc, voilà ce que recherche consciemment Germain. A tel point que son choix de partenaires féminines porte toujours sur des femmes BCBG, classe, du même genre de milieu que le sien et avec les mêmes présupposés.

Jusque-là, ça va. Mais là où ça ne va plus, c'est que Germain étouffe dans son milieu, qu'il a envie de fuir (au Canada ou en Australie), pour vivre de peu car « il n'y a pas que le fric dans la vie ! ». L'Inconscient de Germain a reçu un message bien différent de celui du conformisme social. L'Inconscient de Germain vise à le sauver de cette « rentrée dans le rang » que l'on attend de lui, que même son Conscient désire. Puisque l'argent, l'appartement et la raison sont les clés nécessaires à cet « enterrement » dans le conformisme, l'Inconscient imprime exactement les comportements compulsivement dépensiers qu'il faut pour que Germain ne se retrouve pas en position d'aboutir. Et tous les reproches qu'il se fait après avoir tout dépensé, ou que ses proches lui font, n'y changent rien : la compulsion à dépenser revient avec une régularité de métronome. L'Inconscient cherche à sauver Germain malgré lui…

— Le cas de MAURICE est plus subtil : il s'est donné à lui-même une « étiquette » de créateur. Ce créateur est celui qui crée, pas celui qui amasse, et quand il ne crée pas, il n'est plus rien. A l'examen, c'est cela qui s'est avéré être le *choix de l'illusion* de Maurice. C'est pourquoi, chaque fois que son affaire roule sur sa lancée, il faut qu'il se remette à créer autre chose, monter une nouvelle entreprise, cultiver une nouvelle idée, découvrir un nouveau filon…

Dans sa logique interne, l'Inconscient de Maurice a compris que la création seule avait de la valeur, il lui a été communiqué la croyance que seule la création était intéressante, motivante, valable et méritait d'être vécue. Alors, chaque fois que Maurice n'était plus en phase créatrice mais passait en phase de solidification, l'Inconscient imprimait un élan pour un intérêt inédit, pour un nouvel objectif.

Entre la perte de ce qui est perçu comme l'identité propre et valorisée, et la perte d'argent, l'Inconscient choisit entre deux maux le moindre. Comme toujours.

Alors, l'âme *et* l'argent ?

Je pourrais multiplier les exemples. Mais ce n'est pas nécessaire : vous connaissez aussi de ces gens qui aimeraient tant gagner plus et qui sabotent leurs chances d'y arriver, se contentent d'émettre des vœux pieux ou attendent le gain improbable au loto. Des gens qui envient de plus riches qu'eux tout en les traitant de « pourris de fric » ou de « veinards » (on n'a aucun mérite à être chanceux, pensent-ils), ou de « fils à papa » (on n'a pas non plus de mérite à être fils à papa, disent-ils). Des gens qui méprisent l'argent tout en en rêvant — quel paradoxe !

Leur Inconscient les maintient dans la logique de leur *illusion* quant à l'argent, il leur rend ce service très facilement : leur âme est ainsi « sauvée » de la « souillure » par l'argent ! Mais leur Conscient est troublé par l'envie d'argent. Problème…

Et vous, avez-vous assez d'argent pour votre goût ? Si ce n'est pas le cas, soyez attentif à ce qui suit.

Savez-vous que les Indiens (des Indes) ont un proverbe qui dit : « La prière n'est pas pour les ventres vides. » Seuls ceux qui ont de quoi peuvent donner et aider autrui. Ceux qui n'en ont pas et y aspirent, non seulement n'ont probablement pas accès à une *véritable prière,* mais ne peuvent pas non plus aider les autres — pas même leur propre famille.

Pourquoi avoir démonisé l'argent ? Peu importe. Ce qui importe, c'est :

AVEZ-VOUS ACCEPTÉ CETTE *ILLUSION* DE LA DÉMONISATION DE L'ARGENT ?

Voici une autre *illusion* quant à l'argent : ce n'est rien

d'autre qu'un *moyen de donner à soi, aux proches et à d'autres encore. C'est un moyen d'être libre. C'est un moyen d'avoir l'esprit (et le ventre) assez dégagé de soucis matériels pour avoir accès à une authentique prière.*

L'avare, lui, a sur l'argent une autre *illusion* encore : il peut y voir la seule garantie de survie qu'il a par rapport à de possibles épreuves futures, par exemple.

Vous voyez que vous avez le *choix de l'illusion ?* Et vous vous souvenez que de changer d'illusion change la vie ?

Alors, si vous voulez de l'argent, pour vous, pour votre conjoint, pour vos enfants, pour l'avenir, pour la facilité et le plaisir, pour la liberté, pour aider vos frères humains, pour votre sérénité d'esprit permettant une vraie prière, ou pour ce que vous voudrez, offrez à votre Inconscient une autre croyance sur l'argent que celle qui lui a été communiquée — et qui module un comportement d'échec face à l'acquisition de biens.

— DOMINIQUE, le frère de Nadine, n'éprouve aucune honte à rouler en Mercedes ou à avoir offert pour home à sa femme une villa avec piscine. Il a beaucoup de plaisir à faire des cadeaux à sa filleule et nièce Karine — même s'il ne comprend pas pourquoi sa sœur et son beau-frère sont moins aimables avec lui qu'auparavant. Il a ouvert un compte qu'il alimente régulièrement et qui, plus tard, paiera les études de Karine — ce que ni Laurent ni Nadine ne savent.

Laurent est-il « meilleur » être humain que Dominique ? Qui en jugera ? En tout cas, Dominique est plus heureux et bien plus équilibré que Laurent. Pas parce qu'il a plus d'argent, mais parce qu'il est en accord avec lui-même, parce qu'il a plaisir à vivre, à être entouré d'un beau décor, à être actif et à récolter les fruits de son action : argent, oui, mais aussi employés contents, clients satisfaits, associé heureux, épouse épanouie et un fils qui part dans la vie avec le maximum d'atouts pour qu'il la réussisse, sa vie.

C'est pour tout cela que Dominique se bat — et ce n'est pas si facile que ça. La réussite de Dominique n'est due ni à la chance, ni au fait qu'il était fils à papa (il ne l'était pas). Mais Dominique a choisi *une autre illusion* quant à l'argent que celle de Laurent et de Nadine. Cela a imprimé certaines caractéristiques à son comportement, à sa façon d'agir. Son Inconscient et son RAS l'ont orienté sur tout ce qui allait dans la logique de son *choix d'illusion* : agir pour réussir, il le pouvait, il le devait, il le faisait…

Mais souvenez-vous : j'ai demandé à Nadine et à Laurent ce qu'ils étaient disposés à faire pour avoir plus d'argent et pour s'offrir ce qu'ils désiraient ? Et ils n'ont pas su répondre.

Il y a, dans une société comme la nôtre, beaucoup de choses que l'on peut faire pour mieux gagner sa vie. Dans les pires périodes, il y a ceux qui s'enrichissent et ceux qui croulent. La différence est probablement dans l'*illusion* qu'ils cultivent : gagner ou être vaincu. C'est une question de *façon de fonctionner,* pas de *conjoncture.*

Si vous voulez gagner plus d'argent, cessez de vous dire que la conjoncture ne le permet pas, que ce n'est pas le moment, que vous y penserez quand l'époque sera plus favorable — si vous raisonnez comme cela, elle ne sera jamais *assez favorable* pour que vous entriez en action !

Demandez-vous : « Qu'est-ce qui m'empêche de gagner plus d'argent ? »

Quand vous aurez épuisé toutes les raisons extérieures, telles que : « Je n'ai pas assez de diplômes, il y a trop de chômage, etc. », demandez-vous : « Qu'est-ce qui, *en moi,* dans le *choix d'illusion* que j'ai sur l'argent ou sur ma capacité à en gagner plus, m'empêche de m'enrichir ? Qu'est-ce que représente l'argent pour moi ? »

▶ Faites ce petit test *maintenant.*

Mettez-vous à l'écoute de vous-même, fermez les yeux et dites-vous, avec des mots silencieux et autant de conviction que vous pourrez : « Je *SUIS* riche ! »

Si à ce moment vous sentez le plus petit frémissement de refus, de négation, ou une petite voix là, tout au fond de vous, qui vous dit « Non, tu n'es pas riche », c'est que vous avez en vous *l'illusion* de ne pas pouvoir devenir riche, pour une quelconque raison que votre Inconscient connaît — et qui est liée à votre interprétation touchant à l'argent. Et vous manifestez nécessairement des comportements, dans votre vie, qui vous empêchent d'être plus riche.

A partir de là, si vous vouliez néanmoins changer votre comportement de manière à agir pour gagner plus, il vous faudra négocier avec votre Inconscient et lui communiquer une autre *illusion* sur l'argent que celle qui vous entrave. Alors, progressivement, votre comportement va changer, votre RAS va vous brancher sur tout ce qui passe à votre portée et qui peut (en fonction de ce que vous êtes et de vos possibilités) vous ouvrir des voies, vous donner des idées, vous faire agir vers votre but.

C'est à l'aide de l'autoprogrammation répétée que Maurice a pu ainsi communiquer à son Inconscient l'*illusion* qu'il était aussi *créateur de sa propre richesse* — et pas que créateur tout court. Aujourd'hui, Maurice a une nouvelle entreprise de vente par correspondance, il a payé les dettes résultant de ses échecs passés et il commence à asseoir son aisance financière. Il est actif, persévérant et toujours créateur, sauf qu'au lieu de changer d'objectif comme de chemise, il maintient sa créativité dans une direction homogène, pour viser la bonne cible : celle de sa réussite professionnelle et financière.

J'ai eu plus de mal avec Laurent et Nadine, à cause de l'ambiguïté de leur attitude vis-à-vis de l'argent :

1. la jalousie envers ceux qui en possèdent les rendait implicitement *inférieurs* à ceux-ci ;
2. mais le mépris pour l'argent les rendait implicitement *supérieurs* à ceux-ci.

Il y a là à la fois de la souffrance *ET* du plaisir. Liquider la souffrance, ils voulaient bien. Mais pas se priver du plaisir. Or dans leur *illusion*, les deux, plaisir et souffrance, étaient absolument intriqués et indissociables. Ce fut long de les amener — à leur demande — vers une nouvelle interprétation de l'argent et de ceux qui en ont, où n'entrait ni supériorité ni infériorité, mais bien une nouvelle compréhension. Celle-ci les a, tout naturellement, amenés à agir autrement, et ils ont aujourd'hui de bien meilleures rentrées d'argent et des perspectives matérielles tout à fait souriantes…

Et vous ?

Si vous avez des problèmes avec l'argent, changez l'interprétation que vous en avez communiqué à votre Inconscient, je vous le répète. Vous pouvez utiliser de façon réitérée le dialogue avec votre Inconscient qui est l'objet de tout cet ouvrage. Vérifiez l'efficacité de votre *reprogrammation* par le test de la « petite voix intérieure » (ou du frémissement) qui vous répond lorsque vous vous dites « je suis riche ». Lorsque vous ne ressentirez vraiment **plus aucune** objection intérieure à cette affirmation, vous serez en train de gagner.

Lorsque vous sentirez une approbation évidente, vous aurez gagné !

Votre comportement, face à l'argent et face à l'action qui permet d'en récolter plus, changera tout naturellement et vous vous verrez alors vous approcher de plus en plus de vos objectifs financiers. Cela est tout à fait certain, je vous le certifie.

N'essayez toutefois pas de communiquer à votre Inconscient *l'illusion* que c'est par le gain aux jeux de hasard que vous vous enrichirez. Votre Inconscient ne marchera dans la combine que si votre Conscient *y croit dur comme fer,* en toute certitude et *sans l'ombre d'un doute. Si* votre Conscient arrive à cela, alors là, chapeau, vous aurez tout ce qu'il faut pour gagner, l'intuition, le flair, etc.

Mais je vous déconseillerai de fonctionner ainsi : votre Conscient analyse et n'est pas idiot. Il sait que la probabilité est faible et il émettra des doutes. Alors, utilisez l'autoprogrammation pour des messages plus crédibles.

Et grâce à votre RAS, vous vous surprendrez à trouver des idées, des filons, des façons nouvelles d'agir et de gérer, qui vous enrichiront.

Je vous le certifie…

L'argent, c'est une base importante à la vie. Mais il y a aussi… **la réussite professionnelle.**

LA RÉUSSITE PROFESSIONNELLE

Au chapitre précédent, je vous ai parlé de Maurice qui échouait dans ses entreprises aussitôt que celles-ci commençaient à devenir rentables — et de ce qui entraînait ces « sabotages » répétés.

Savez-vous que vous ne pouvez pas réussir professionnellement si votre Inconscient estime que ce n'est pas bon pour vous ? Ici aussi, veuillez prendre en considération le fait que les bons prétextes habituels à l'échec ne tiennent pas la route : la conjoncture, l'air du temps, le chômage, etc. Dans cette conjoncture, cet air du temps et ce chômage, il y a tout de même ceux qui réussissent et vont de l'avant et ceux qui stagnent ou qui échouent. Alors, qu'est-ce qu'on va encore pouvoir accuser ? Le manque de diplômes ? Souvenez-vous de Dominique, le coiffeur avec un BEPC à la base, propriétaire à 30 ans d'une villa avec piscine et copropriétaire de huit salons de coiffure… Le manque d'intelligence ? Pensez à ce que représentent 28 milliards de neurones dans une boîte crânienne, et à tout ce que cela permet comme développements.

Ces arguments-là ne tiennent tout simplement pas.

Cherchons-en d'autres pour comprendre l'échec professionnel :

— la peur de réussir, car réussir signifie du changement — l'être humain préfère en général les problèmes connus aux problèmes inconnus, et le changement commence souvent par faire peur ;
— la peur de réussir, car cela signifie des responsabilités en plus ;
— ou la nécessité d'agir plus ;
— ou un investissement énergétique en plus ;
— ou un investissement-temps en plus ;
— ou de devoir mener plus de combats, faire plus ses preuves, assumer plus d'opposition…

Ces arguments-là tiennent mieux.

Cherchons encore un peu :

— une image de soi négative : « Je ne suis pas à la hauteur », « Je voudrais bien, mais je ne peux pas », « J'ai essayé, mais ça n'a pas marché », « Je n'aurai jamais l'énergie pour assurer à ce niveau » ;
— une *illusion* négative sur le sujet : « Il y en a de plus forts que moi qui s'y sont cassé les dents », « C'est le piège : j'ai vu tel cadre qui a bien progressé, et ça ne l'a pas empêché de se faire jeter à la première occasion », « C'est trop difficile », « Ce n'est pas dans mes cordes »…

« Tenir la barre »

> *« Quand vous ne savez pas tenir votre barre, la destination que vous essayez d'atteindre n'a pas beaucoup d'importance, parce que, de toutes façons, vous n'y arriverez pas. »*
>
> R. Bandler.

J'ai entendu tous ces arguments, et beaucoup d'autres du même tonneau, dans la bouche de gens qui « auraient bien voulu réussir, avancer, progresser, mais... ».

Comment voulez-vous que l'Inconscient donne le feu vert et appuie l'action si on lui communique ce genre d'interprétation de la question ? Au stade où vous en êtes de votre lecture, vous pouvez par vous-même bien saisir la mécanique auto-inhibitrice qui est ici à l'œuvre et comprendre que, ainsi, l'Inconscient va tout mettre en place pour que l'avancement ne se fasse pas. Pourquoi laisserait-il entrer la personne dans une démarche « trop difficile », dans laquelle elle n'est « pas à la hauteur » ?

Jusque-là, ce serait simple. Mais là où ça se complique, c'est que tous ces beaux arguments négatifs *n'empêchent pas l'envie, le désir conscient de réussir et d'évoluer professionnellement* — il n'y a rien de mal à souhaiter réussir une carrière. Et voilà que l'on se met en porte à faux entre le *désir et ce que l'on réalise.* La frustration, le sentiment d'échec, voire l'échec lui-même ne sont pas loin. Et on peut y ajouter le stress, les angoisses et souvent l'insomnie.

— MATTHIEU, 32 ans, travaille dans le service des ressources humaines d'une société. La perspective logique pour lui est de passer cadre, et pour cela il serait bon pour lui de préparer un certain diplôme, délivré dans le cadre de la formation pour adultes par l'université locale au bout d'un cursus d'un an. Ce diplôme est obtenu après soutenance d'un mémoire concluant un travail de recherche personnel. Matthieu a un niveau BAC+2, une bonne intelligence, une disponibilité suffisante. Tout serait OK pour que ce diplôme soit obtenu facilement, d'autant plus que notre homme aspire à ce statut de cadre, pour les finances certes mais aussi pour le prestige de l'avancement.

Matthieu s'inscrit donc, suit les cours et séminaires avec assiduité... et ne parvient pas à rédiger le mémoire. Il est donc recalé. Culpabilité, gêne, honte presque, puisque toute l'entreprise est au courant de son échec.

— THOMAS, 41 ans, cadre dans une entreprise d'import-export avec une cinquantaine de personnes à diriger, est sollicité par un « chasseur de têtes ». Le poste qu'on lui propose est de prendre la direction de la filiale locale d'une multinationale désirant s'implanter dans la région. Tout est à créer, ce qui est passionnant. Et surtout, c'est une grosse promotion qui lui est offerte là, salaire en conséquence, responsabilités idem.

Voici quelque temps déjà que Thomas parlait de changer de job et de se renouveler professionnellement. L'opportunité lui est amenée sur un plateau et... Thomas la refuse. Il ne sait pas pourquoi : c'est une très bonne opportunité, c'est dans ses cordes, c'est l'occasion rêvée... mais il refuse ou, plus exactement, il ne parvient pas à se résoudre à accepter (et le poste va à un autre, moins expérimenté et qui y réussit très bien). Il bloque et il s'en veut. Bien sûr, il est stressé de par son travail, mais ça ne suffit pas à expliquer ce blocage.

Du coup, Thomas se sent de plus en plus mal dans son job, entre le regret de ne pas avoir sauté sur l'occasion, le sentiment d'avoir « raté le super-coche », de ne pas avoir été à la hauteur, le malaise d'avoir manqué de cohérence et la connaissance du fait que, dans son entreprise, ses possibilités d'avancement futures sont des plus réduites, l'organigramme étant ainsi fait...

— FRANÇOISE est fonctionnaire. Elle a 29 ans et beaucoup de possibilités d'avancer sur le plan de sa carrière, par concours internes. C'est d'autant plus souhaitable qu'elle élève seule ses deux enfants et que la pension alimentaire mensuelle qu'est supposé lui verser son ex-mari ne rentre effectivement dans son escarcelle qu'environ trois ou quatre fois par an. De plus, Françoise n'est pas bien dans son environnement professionnel : certaines personnes autour d'elles lui « tapent sur les nerfs », et le seul moyen d'échapper à cela serait précisément de réussir un de ces concours. Ce sont là plein de bonnes motivations. Mais voilà : Françoise n'arrive pas à se décider à s'inscrire à ces concours. Et quand elle pense à enfin y aller, c'est trop tard ; la date limite pour les inscriptions vient de passer. Un an de perdu, au moins !

Alors, Françoise se fait des reproches, se sent emprisonnée — « encore un an dans cette ambiance ! », se désadapte encore plus de son travail où sa grise mine génère encore plus de tensions humaines...

Matthieu, Thomas, Françoise et beaucoup d'autres en sont là. Le moyen de réussir professionnellement est à portée de main, il suffit de le saisir — et cela n'a *réellement* rien de difficile, mais cela ne se fait pas. Ça coince, ça bloque, ça freine des quatre fers.

A l'examen, il s'est avéré que Françoise avait la « phobie de l'inconnu » (mieux vaut des ennemis connus que des ennemis inconnus), Thomas avait la « phobie du risque d'échec » (c'est beaucoup plus gros que ce que j'ai fait jusqu'à présent. Si j'échoue, je suis fini) et Matthieu avait la « phobie de son entreprise » (je vais être vissé à cette boîte !).

Je ne vais pas ici entrer dans les détails des raisons qui ont amené l'Inconscient de Matthieu, de Thomas et de Françoise à imprimer le comportement bloquant. Il est beaucoup plus intéressant *pour vous* de savoir comment ne pas être victime de ce genre de limitation, comment parvenir à « tenir la barre » pour arriver à la destination « succès ».

Sachez saisir, créer, les opportunités

Dans toute existence professionnelle, il y a des possibilités ou des opportunités, petites, moyennes ou grandes, qui passent par là, juste sous le nez, et il suffit de tendre la main pour les saisir. Qu'est-ce qui différencie ceux qui saisissent de ceux qui laissent passer ? Pas la difficulté de la démarche ! Mais la disposition de leur RAS à les « brancher » en fonction de leur choix d'interprétation de la situation présente et de la situation potentielle. Et aussi la disposition de leur Inconscient à les laisser agir dans ce sens, toujours en fonction de cette même interprétation.

En tout cas, ni le bagage, ni le milieu social, ni les moyens financiers de base ne sont déterminants. C'est le frein ou l'élan permis par l'Inconscient qui sont, eux, déterminants : je connais deux femmes qui ont commencé filles de salle en hôpital et qui sont aujourd'hui infirmières libérales, et gagnent très bien leur vie. Je pourrais vous parler d'un homme, issu d'une famille extrêmement défavorisée — père alcoolique et très violent, mère débile légère —, qui a commencé apprenti boucher et est aujourd'hui patron d'une boucherie charcuterie et emploie huit personnes ; ou bien d'un autre homme qui a commencé concierge en n'ayant aucun diplôme et qui est à présent le meilleur commercial, et le mieux payé, dans une entreprise de chaussures. Et j'arrête là, car il y en a bien d'autres...

Leur « personnalité », leur « caractère », ont réussi ces petits miracles ? Non : leur aptitude à donner à leur Inconscient la bonne interprétation, de manière à ce qu'il les oriente sur tout ce qu'ils rencontraient allant dans un sens évolutif. De manière aussi à ce que leur Inconscient leur rende *faciles et légères* les choses à faire pour réussir : travailler, agir, passer des examens, se montrer, oser, se lancer. De manière encore à ce que leur RAS, leur « tête chercheuse », attire leur attention à chaque fois que quelque chose concernant leur but passait à portée.

Vous voulez réussir professionnellement ? Vous ne vivez pas dans l'environnement professionnel que vous vous souhaitez ? Vous voulez progresser ? Vous voulez vous mettre à votre compte ? Vous voulez grimper les échelons ?

Si vous n'y arrivez pas encore, c'est que votre Inconscient n'a pas encore compris que c'est cela qu'il doit vous aider à réaliser. Il n'a pas encore compris que c'est cela qui est *bon pour vous.*

ALORS, DITES-LE-LUI !!!

Comment ? Vous en avez tous les moyens dans ce livre : l'autoprogrammation, ou (et) l'utilisation des submodalités, ou (et) le travail sur les niveaux logiques, à vous de choisir et de tester ce qui est le plus efficace pour vous ou le plus facile pour aboutir, ou le plus rapide dans les résultats. Au besoin, faites appel à l'aide de votre Entraîneur TNPro™.

En tout cas, sachez-le : avec l'aide de votre Inconscient au service de votre avancement professionnel, vous irez loin...

Et vous savoir plus intelligent, ça vous tente ? Alors voyez maintenant comment vous pouvez vous développer... **l'intelligence.**

L'INTELLIGENCE

MICKAËL a 14 ans. C'est un garçon charmant et intelligent mais il est dyslexique, nul en orthographe, ne lit pas et récolte des notes catastrophiques à l'école.

— HERVÉ a 13 ans. Échec scolaire. En plus, les enseignants ne l'aiment pas et le saquent d'autant plus. Il faut dire qu'Hervé le leur rend bien : effronterie, sarcasmes.

— GWENAELLE a 12 ans. Échec scolaire, laisser-aller, tendance à la rêverie et à l'inertie, manque d'attention et de concentration, étourderies.

— LAETITIA a 22 ans. Après un BAC très péniblement acquis, la voilà en DEUG de Sociologie car, dans sa famille, on se doit d'avoir des diplômes. Son problème : elle perd complètement les pédales lorsqu'il s'agit de passer un examen. Ainsi, elle n'a jamais pu avoir son permis de conduire, alors qu'elle conduit tout à fait bien lorsque son père est à côté d'elle. Quant à boucler les examens du DEUG, elle « sait » qu'elle n'y arrivera pas. Pourtant, elle suit les cours et les assimile et elle participe bien aux travaux pratiques. En fait, elle a la « phobie des examens ».

— JEAN-LUC vient me voir alors qu'il a 27 ans. Il n'a que le *niveau* du Certificat d'Études et un job manuel peu payé qui ne le satisfait pas. Il voudrait avancer intellectuellement pour suivre des formations et mieux réussir professionnellement, ce qui lui permettrait d'acheter la Mercedes de ses rêves et plus tard son propre appartement. Il a une orthographe et une grammaire épouvantables, et il ne lit pas. Il a peur de postuler pour des stages car il est paniqué dans une salle où on enseigne.

— ROBERT est né avec des forceps 24 ans avant d'arriver à mon cabinet de consultation. Sa mère est débile légère, son père travaille comme manœuvre. Robert, considéré comme débile léger lui aussi et sans bagage scolaire — il sait à peine écrire —, avait eu la chance, par « piston », de trouver un travail dans une cantine d'usine : peler les légumes, faire la plonge et nettoyer. Mais voilà, Robert a un eczéma aux mains, d'autant plus virulent que les produits chimiques qu'on lui impose d'utiliser pour la vaisselle et le nettoyage sont agressifs pour la peau. Il ne supporte pas non plus la moiteur à l'intérieur des gants de caoutchouc protecteurs.

Vu son absence totale de bagage, aucun débouché n'est possible pour lui. Vu son eczéma — ses mains étaient effrayantes à voir ! —, il ne peut pas non plus rester dans cette branche. En fait, tous contrôles faits, le cerveau de Robert est en bon état : 28 milliards de neurones comme vous et moi — mais ça bloque. Robert aimerait arriver à un job de coursier ou d'ambulancier, ou quelque chose comme cela. Il lui faut donc le permis de conduire et, je le cite : « Si possible plus de concentration, plus de mémoire, plus de facilités à lire et à apprendre. (...) J'aimerais aussi trouver une femme gentille pour créer une famille. Mais les filles ne veulent pas me parler. »

Les causes de l'échec

A l'examen, chacune de ces personnes s'est mise un jour à cultiver une *illusion* négative quant à l'école, à l'étude, à ses propres capacités de développement intellectuel :

— Robert, toute sa vie, a entendu sa mère lui déclarer : « Les médecins ont dit que tu as un retard mental à cause de ta naissance. C'est pas grave, on peut y arriver quand même, mais ils ont dit que tu garderas ce retard. » Belle programmation d'une *croyance* que voilà ! Si on y ajoute l'univers mental et intellectuel familial très pauvre...

— Jean-Luc raconte qu'à la maternelle, quelques jours après la rentrée, des élèves lui avaient baissé la culotte devant tout le monde et que l'institutrice riait à perdre haleine de ses larmes. Toute cette année-là, Jean-Luc a dû subir le rappel régulier de cette humiliation. Il se souvient : aller à l'école était pour lui un supplice quotidien et cet hiver-là, il s'était gavé des glaçons se formant sous les portières des voitures pour se rendre malade et rester ainsi à la maison. Tous ces sentiments de défaite et d'impuissance ont donné à son Inconscient une image horrible de l'école, et ainsi s'est développée une « phobie de l'école ».

— Laetitia se souvient qu'en passant son BAC la première fois, elle avait bien révisé et se sentait plutôt sûre d'elle. Elle s'était vantée auprès des camarades d'avoir l'examen « les doigts dans le nez », alors qu'elles-mêmes, vu leurs faibles prouesses de l'année, n'avaient aucune chance… Les copines réussirent, elle fut recalée. Sentiment d'injustice, humiliation, perte de repères, perte de confiance en elle, peur de la suite… Voilà du beau langage, bien compréhensible par l'Inconscient qui, pour protéger Laetitia, verrouille ensuite le comportement face aux examens en induisant la phobie.

— Gwenaelle, père et mère médecins, a un frère de huit ans son aîné et très brillant en classe. Les parents attachent beaucoup d'importance à l'intelligence chez leurs enfants — apparemment beaucoup plus qu'à leur équilibre, leur joie de vivre. Dès son plus jeune âge, on donne le frère en exemple à Gwenaelle : « Tu tâcheras de faire aussi bien que lui à l'école », « Lui, il est brillant, il réussit toujours, il est formidable »… La fillette croit comprendre que, si ses parents insistent tant, c'est parce *qu'ils ne la croient pas capable d'équivaloir son frère.* Bel exemple d'autoprogrammation d'une *croyance* négative. Et le principe de cohérence l'amène, bien sûr, de la croyance aux capacités, des capacités au comportement et du comportement à l'environnement, à l'échec scolaire.

— Hervé, enfant unique, a un papa self made man, « grande gueule », qui, parti de rien et avec seulement le Certificat d'Études, a monté sa propre entreprise et a très bien réussi grâce à sa poigne, sa personnalité impactante, son agressivité et son mordant. Il est aujourd'hui à la tête de plusieurs filiales, a de l'argent, du prestige, le respect d'autrui et une bonne dose d'autosatisfaction. Alors que son frère, l'oncle d'Hervé, qui a fait des études supérieures « végète dans un emploi de gratte-papier et ne gagne que 8 000 francs par mois ! ».

Vous comprenez ? Le père est si autosatisfait de sa trajectoire personnelle qu'Hervé en est venu à *croire* que, pour réussir, l'égaler, et donc lui complaire, il devait lui aussi suivre la même démarche : effronterie et résultats scolaires si mauvais qu'il ne risque pas de « finir gratte-papier à 8 000 francs par mois ».

L'ennui, c'est que son père, pour son propre prestige personnel toujours, veut qu'Hervé réussisse des études supérieures. Conflit en Hervé, car il est confronté à :

1. réussir des études = plaire à son père, mais ne jamais arriver à la cheville de celui-ci sur le plan de la réussite personnelle et matérielle ou

2. rater ses études = mécontenter son père, être humilié par lui, mais garder ses chances de réussir et de s'imposer à l'estime *future* du papa.

Ce conflit l'amène à confusément percevoir que son père veut qu'il échoue *dans le futur* et que c'est pour ça qu'il le pousse à de bons résultats scolaires *maintenant*... Ce n'est pas cornélien, ça ?

Que voilà un *choix d'illusion* tordu !

— Mickaël a acquis par « imprégnation progressive » la *croyance* qu'il était nul dans un certain nombre de matières. A chaque fois que ses résultats étaient médiocres, il « avalait » cette *illusion-là ;* à chaque fois que ses résultats étaient meilleurs, il y était aveugle et sourd. Peu importe ici le pourquoi de ce choix-là d'illusion, puisqu'il suffit de le changer en amenant Mickaël à *se raconter l'histoire autrement...*

Sortir de l'échec

Aujourd'hui, grâce aux techniques du TNPro, Mickaël n'est plus dyslexique et ses résultats scolaires sont très bons. En fait, dès la cinquième séance avec moi, il s'achetait (pour la première fois de sa vie) un livre d'aventures de plus de cinq cents pages et, de séance en séance, il m'a raconté toute l'histoire décrite dans ce livre et toutes les différences qu'il y avait avec le film tiré de cet ouvrage.

Hervé, Gwenaelle et Laetitia ont adopté un *choix d'illusion* bien plus positif et réussissent bien, eux aussi.

Jean-Luc ne s'est pas encore acheté la Mercedes de ses rêves, mais il est entré dans une formation qu'il poursuit tout en travaillant, et qui ouvre des perspectives très intéressantes pour son avenir professionnel.

Quant à Robert, il n'a pas encore trouvé la gentille femme à laquelle il aspire, mais il a compris que l'étiquette de « retardé de 3-4 ans » qui lui collait à la peau et au comportement n'était qu'une étiquette et ne l'engageait pas à s'y conformer. Il a obtenu son permis de conduire et conduit une ambulance — et il a ainsi échappé aux produits qui lui rongeaient les mains. Et ce n'est qu'un début…

Quelle étrange chose que l'intelligence…

On a vite fait de traiter quelqu'un de « débile », d'« idiot », de « crétin » — et cela en général pour des *comportements* ou des *réactions,* beaucoup plus que pour des choses qui relèvent réellement de la capacité intellectuelle de la personne : le type qui vous fait une queue de poisson sur l'autoroute et que vous traitez d'« imbécile », par exemple.

Qu'est-ce que l'intelligence ? A ma connaissance, nul n'est encore arrivé à la définir de façon pleine et satisfaisante et je n'y prétendrai pas non plus.

Binet[1] en a dit : « L'intelligence, c'est ce que mesure mon test. » Pour Bergson[2], l'intelligence est faite pour « créer des outils ». Clarapede[3] l'a définie comme la capacité d'adaptation la plus pointue de l'homme…

Aujourd'hui, on tend à penser que l'intelligence est une notion complexe, multiforme, irréductible à une définition fermée. Elle englobe l'aptitude à acquérir et à utiliser les connaissances et aussi les talents particuliers, les motivations, l'acuité de la Conscience, l'équilibre, la force et la lucidité de la personnalité globale. Elle peut être pratique, abstraite, sociale, analytique, synthétique, intuitive, logique, analogique, symbolique, large ou pointue. Elle permet de résoudre les problèmes, d'augmenter le rendement, de parfaire l'adaptation. Il y a des formes d'intelligence spécifiques : artistique, stratégique, inventive, créatrice, scientifique, littéraire, pédagogique, humoristique…

Pour ma part, j'ajouterai que l'intelligence, c'est l'aptitude à sortir de ses limites, à tenir compte des leçons du vécu, à se créer de nouveaux *choix d'illusion, à se raconter l'histoire autrement…* Cette intelligence rapproche de la richesse, de la joie, de l'équilibre, de la force, de la confiance, du bonheur…

Comment développer votre intelligence ? Autoprogrammation, submodalités, changement de croyances ou de valeurs… Vous avez les atouts en main en ce moment même. Utilisez-les.

L'argent, la réussite professionnelle, l'intelligence… Ça ne suffit pas pour être heureux. Encore faut-il, pour cela, réussir… **la vie sentimentale.**

---

1. Alfred Binet (1857-1911) : créateur du premier test d'intelligence.
2. Henri Bergson (1859-1941) : philosophe, prix Nobel en 1927, métaphysicien. Tous ses travaux intéressent la psychologie.
3. Édouard Clarapede (1873-1940) : psychologue suisse.

LA VIE SENTIMENTALE

Je vous ai déjà parlé de Marion-la-jalouse, qui gâchait sa vie et celle de son mari et menait ainsi son couple tout droit à sa perte. De disputes en réconciliations, voilà des années que ça durait. Souvenez-vous aussi de Greta, seule parce qu'elle pensait être non désirable.

— MARCEL, lui, estime que sa femme ne le respecte pas, car elle l'interrompt souvent. *Murielle*, ladite épouse, estime que son mari ne l'aime pas car « il ne supporte pas ma voix ».

— VÉRONIQUE, éprise d'*Éric*, se sent humiliée à chaque fois que son compagnon ne veut pas tout de suite accéder à ses demandes : aller au cinéma, prévoir telle chose, faire ceci ou cela… Alors, elle « fait la gueule ». Cela dure parfois deux ou trois jours jusqu'à ce qu'Éric fasse le premier pas.

— RAOUL l'aime mais ne supporte pas que *Valérie*, sa femme, soit si laxiste avec le fils qu'elle a eu d'un premier lit : « Elle lui passe tout, il peut faire n'importe quoi. Ce n'est tout de même pas à moi d'intervenir, je ne suis pas le père. » Résultat : conflits, bouderies ; et le plus souvent, vilaine ambiance entre les époux.

Vous en voulez encore ? OK.

— EMMANUELLE, plutôt maigre, aime son mari, homme politique local et bon vivant, mais ne supporte pas la façon dont il mange. De son point de vue à elle, il mange trop et elle le trouve écœurant lorsqu'il éprouve le besoin de se beurrer une tartine avant le repas qu'il a commandé copieux. Alors, c'est la scène ou le dégoût rentré, au choix.

— CHARLES adore sa femme. Et il a régulièrement envie d'un petit verre tout en n'étant pas alcoolique. Problème : sa femme ne supporte pas qu'il cède si facilement à ce penchant. Conflits, malentendus.

— CHRISTINE est parfaite. Parfaite femme d'intérieur, artiste, amie, amante, mère, sportive, collaboratrice... Mais aucun homme ne reste bien longtemps avec elle, bien que chacun de ses partenaires successifs lui dise qu'elle est super, qu'ils n'ont jamais été avec une femme aussi bien... Or, Christine aimerait bien se stabiliser sentimentalement et « communier avec un homme enfin durablement »...

— CAROLINE est médecin. Elle est éprise d'un confrère marié dont elle est la maîtresse depuis six ans. Elle voudrait qu'il divorce afin qu'ils puissent vivre ensemble et faire un enfant. La « limite d'âge » approche, 39 ans, bientôt 40. Le divorce ne se rapproche pas, lui, par contre, et faire un enfant sans que la situation ne change, Caroline ne peut s'y résoudre.

— VIVIANE a un amant gentil et disponible pour elle, et un mari alcoolique qui la bat souvent et lui prend son argent. Elle seule travaille pour subvenir aux besoins du ménage pendant que le conjoint traîne dans les cafés et y joue aux cartes avec d'autres inactifs. « Heureusement qu'on n'a pas eu d'enfants, car s'ils avaient dû vivre dans cette ambiance !... »

J'arrête là. Regardez autour de vous : le nombre de gens qui vivent mal leur vie affective et s'entre-déchirent « en s'aimant » est proprement affolant. Or, l'équilibre affectif est un des pôles majeurs de l'existence, la source potentielle des plus grandes joies, du plus grand épanouissement, du plus grand plaisir.

L'être humain n'est pas fait pour fonctionner seul. Biologie, instincts et culture s'allient pour vivifier l'élan et le besoin affectifs. Si l'instinct de procréation était le seul moteur, il n'y aurait ni poésie amoureuse, ni littérature, ni arts, ni mythes, ni symboles, ni rites amoureux. Il n'existe pas de culture humaine qui ne valorise, d'une manière ou d'une autre, le sentiment d'amour entre deux êtres, et le monde et l'humanité n'ont pas attendu le XIe siècle occidental et l'amour courtois pour s'enchanter et s'exalter du sentiment amoureux.

Sur ce plan, mon *choix d'illusion* — qui ouvre la porte à un vécu plein de jouissances, et pas que sexuelles — est le suivant : je pense vraiment qu'une vie sans amour est une vie médiocre.

Je pense vraiment qu'une vie avec des amours malheureuses est une vie plus que médiocre. Il y a mieux à faire pour le temps que nous restons sur cette terre que de se torturer affectivement.

Toutes ces illusions

Chacune des personnes qui ont été évoquées au début de ce chapitre, Marion, Véronique, Marcel, Raoul et les autres, avaient choisi une *illusion* néfaste à leur bonheur affectif. Et cette interprétation, communiquée à leur Inconscient, n'a pas manqué d'induire des comportements, des actions et des réactions pernicieux. Ce n'est pas ici le lieu d'entrer dans les détails, je vous donnerai donc simplement quelques éléments de compréhension quant aux problèmes de ces personnes, afin de vous guider dans la compréhension de vos propres difficultés sentimentales, s'il y avait lieu.

— VÉRONIQUE, par exemple, a pour *illusion* qu'Éric doit nécessairement lui céder aussitôt qu'elle demande quelque chose. S'il ne le fait pas, cela lui « prouve qu'Éric ne m'aime pas assez pour... », « ne prend pas en compte mes désirs, qu'il est égoïste (sic !) et qu'il n'a pas d'égards pour moi ». Elle se sent donc rabaissée, humiliée, dévalorisée, et se referme comme une huître. Et voilà comment on s'offre trois jours sinistres à deux pour pas un rond !

— RAOUL, lui, a pour *illusion* que Valérie doit faire ce que lui estime bon. Si elle ne le fait pas, il se sent rejeté. Son opinion n'est pas prise en compte, ce qui le dévalorise. Pour compenser cela, dévalorisons Valérie : « trop faible avec ce garnement ». Bonjour la communication...

— EMMANUELLE, quelque peu anorexique, a pour *illusion* qu'être un peu gras comme l'est son mari, c'est à la fois un manque de tenue, un manque de respect de sa propre personne à lui, un laisser-aller à un plaisir « coupable» qu'elle s'interdit à elle. Aïe, bonjour le dialogue…

— CHRISTINE a l'*illusion* qu'il faut qu'elle soit parfaite pour être aimée. Résultat : elle fait tellement bien passer ce message à ses partenaires dans son comportement et ce qu'elle dit que ceux-ci finissent terrifiés devant tant de perfection. Face à laquelle ils sont, eux, si imparfaits. Bonjour la fuite…

— VIVIANE a l'*illusion* qu'il faut qu'elle se sacrifie et se taise sous les coups pour aider son mari à survivre : « Si je le lâche, il est foutu. » Le petit bonheur de l'autosacrifice suffit-il à remplir sa vie ? Hélas non : Viviane aspire à un plus grand bonheur, tout à fait possible avec son amant. Bonjour le temps perdu…

— CAROLINE a l'*illusion* que son amant marié est le seul homme possible pour elle, le seul père possible pour l'enfant qu'elle n'aura ainsi jamais…

Amusez-vous, vous, pour vous exercer, à essayer de repérer le choix d'illusion de Marcel et de Murielle, de Marion, de Charles.

Offrez-vous le plaisir d'être heureux

Si vous avez, vous-même, des difficultés au niveau affectif, solitude ou conflits, insatisfaction ou manque de dialogue, que diriez-vous de modifier votre *choix d'illusion* pour être plus heureux ?

Autoprogrammation, langage de l'Inconscient, « éveil »

du RAS, niveaux logiques, voici les atouts dont vous disposez pour changer votre *choix d'illusion,* s'il est néfaste à votre bien-être, bien-vivre et bien-communiquer affectifs.

Pour vous encourager, je vais vous raconter la fin de l'histoire pour la si parfaite Christine. Après quelques mois de TNPro, son comportement s'est modifié. Elle a commencé à trouver fort agréable d'être parfois paresseuse et de ne plus éprouver le besoin compulsif de se jeter sur le nettoyage de son appartement. Après tout, le qu'en-dira-t-on quant à la propreté de ses vitres, qu'en avait-elle donc à faire ? Et puis, ce sport qu'elle se devait de pratiquer avec une régularité rigoureuse pour sa ligne et son prestige (club de sport huppé), c'était bien. Mais un peu de dolce farniente, c'était bien aussi. Au niveau de son travail, bien sûr, on peut toujours compter sur elle, mais elle n'a plus réponse à tout, elle ne trouve plus des solutions pour tout le monde, *ce qui permet à d'autres de s'exprimer, de s'extérioriser, de donner un avis, de se valoriser.* Elle écoute plus et mieux et ses contacts humains professionnels sont bien meilleurs, alors qu'elle prend moins de responsabilités ! Elle tient compte des avis de ses supérieurs qui l'apprécient beaucoup plus, maintenant qu'elle-n'a-plus-toujours-raison. Certaines de ses amies, qu'elle portait auparavant à bout de bras, la voient moins — et ça économise son énergie. Avec sa fille de 9 ans, elle est plus « cool » et tout se passe mieux.

Côté masculin, elle se laisse parfois porter, sait montrer sa part de vulnérabilité sans honte, ce qui valorise le partenaire qu'elle a rencontré. Celui-ci se sent utile — alors que, du temps de sa « perfection », ses partenaires se sentaient inutiles : quelqu'un de si parfait n'a besoin de personne !

Ce sentiment d'être utile donne un rôle et de la valeur au partenaire et une bonne base pour un échange réciproque. De plus, l'énergie qui n'est plus investie dans la fausse perfection passée, *vraie raideur,* peut maintenant servir à d'autres choses : projeter, rire, communiquer, aimer…

La dernière fois que j'ai vu Christine, il y a deux ans maintenant, elle venait de se marier. Les toutes dernières nouvelles que j'en ai sont bonnes…

Vous le voyez encore là : changez votre *choix d'illusion* **et vous changez la vie.**

Allons, je vous souhaite maintenant le plus grand des bonheurs, celui du sentiment partagé…

Et si nous parlions maintenant de la base absolument indispensable au bonheur ?…

LA SANTÉ

« Nous pensons que la médecine du XXIe siècle devra, pour exister, concevoir globalement les facultés physiques, mentales et paranormales de l'homme. »

R. Dutheil, Professeur de physique et biophysique.

Simone est sujette aux migraines depuis de longues années. Ses accès de migraine lui « gâchent la moitié de sa vie », selon ses propres termes. Elle sait toujours à l'avance quand une migraine va se déclencher, et elle pronostique souvent de façon très exacte combien de temps le mal de tête va durer (ces migraines peuvent durer jusqu'à deux semaines d'affilée).

En fait, il suffit à Simone de faire un excès de table ou un excès d'activité, ou une activité inhabituelle, pour qu'elle sache que la migraine va arriver :

— « Si je mange cet aliment, ma migraine sera là dans les deux heures et durera au moins trois jours ! »
— « Si je rentre trop tard du théâtre, c'est sûr que ça va m'en déclencher une bonne. »
— « Si mon frère viens encore m'embêter avec ce problème, je vais le payer par ma migraine. »
— « Si je me laisse aller à boire cette coupe de champagne, j'en ai pour une bonne semaine. »

Et puis aussi :

— « Les médicaments ne servent à rien contre ma migraine. De toutes façons, les médecins ne trouvent rien qui explique ces migraines. »
— « Tout ce que je peux faire, c'est de me coucher dans le noir et de subir. »

Et le reste à l'avenant.

Une tête claire et fraîche

— SIMONE sait très bien *dire* à son Inconscient qu'elle veut une migraine, à quel moment, de quelle intensité, de quelle durée. Et l'Inconscient, bon prince, satisfait à la demande. Bien sûr, les migraines de Simone lui servent aussi à repousser les avances de son mari, à refuser certains projets, à s'isoler lorsqu'elle ne veut plus voir personne, mais ça, elle ne le sait pas consciemment. Elles lui servent aussi à attirer la compassion et l'attention d'autrui et comme on la ménage quand elle souffre, elle a plus de pouvoir sur les autres *avec* sa migraine que *sans*. Mais ça non plus, elle ne le sait pas au niveau du Conscient.

Son Inconscient, lui, le sait et il fonctionne au quart de tour. Car Simone est trop honnête (au niveau de son identité et de ses croyances sur soi — cf. les niveaux logiques) pour *simuler* la migraine. Pour que ça marche, il faut qu'elle ait réellement mal, selon le principe de cohérence.

Entre les avantages que lui procure la migraine (qu'elle appelle toujours «*ma* migraine») et l'autoprogrammation (véritable auto-envoûtement) qui la provoque, il y a là d'excellentes raisons pour que rien n'agisse pour la guérir.

Rien? Mais si: changer le «programme-migraine» contre un «programme-tête-claire-et-fraîche». Ça consiste, bien sûr, à dire à l'Inconscient, dans son langage à lui et avec les méthodes que vous connaissez maintenant, que le nouveau programme est plus désirable que l'ancien. Là aussi, dès que le message sera passé, toujours bon prince, l'Inconscient le réalisera en peu de temps. Au prix tout de même d'un changement de comportement face à l'environnement et autrui.

C'est ce qui s'est produit pour Simone. Après 25 ans de migraines, elle n'a plus mal à la tête aujourd'hui. Elle a gagné bien plus encore: sa sensualité s'est équilibrée, sa confiance en soi a augmenté, elle est plus ouverte et il ne lui viendrait plus à l'idée de s'auto-envoûter en disant: « Si je fais ceci, ma migraine sera là en moins de deux»...

Des guérisons

> *«En étudiant ainsi tous les phénomènes où les processus biologiques impliquent l'intelligence, nous apercevons le lien entre événements du domaine de la conscience et phénomènes du plan matériel.»*
>
> B. Josephson.

Pourquoi croyez-vous que les travailleurs indépendants (professions libérales, commerçants) sont moins souvent malades que les salariés, ce qui est prouvé? Un élément important de réponse me semble : parce qu'ils savent — et leur Inconscient aussi — qu'ils ne peuvent pas se le permettre. Cela alimente en eux une meilleure résistance à la maladie.

— CATHERINE est avocate. Installée depuis peu, elle ne roule pas sur l'or. Arrive une épidémie de grippe asiatique, plutôt virulente, et Catherine se retrouve à grelotter de fièvre alors qu'elle a à plaider dans quelques jours. En trois jours, pas un de plus, et sans médicaments car elle « n'aime pas ça », la voilà de nouveau à pied d'œuvre alors que des personnes de son entourage, atteintes elles aussi et soignées médicalement, mettent huit à dix jours à s'en remettre.

— MARTHE, 55 ans, couturière à son compte, souffre depuis longtemps d'arthrite aux doigts, ce qui la handicape pour travailler. Elle a plus ou moins mal selon les moments, ce qu'elle assume. Mais voilà que son petit-fils, qu'elle a élevé, a un projet et il faut de l'argent pour que ce projet puisse se réaliser.

Pour cela, il faudrait que Marthe cesse de travailler au ralenti comme elle le fait, ce qui est suffisant pour ses besoins. Pour gagner plus d'argent, la clientèle est là, ce n'est pas un problème. Ce sont ses mains qui en posent, des problèmes. Comment faire ? Marthe ne peut rien refuser à son jeune bonhomme de 18 ans et là encore moins, car le projet est super pour l'avenir du garçon.

Sur mes indications, Marthe apprend à dialoguer avec son Inconscient grâce au pouvoir des images. Elle visualise plusieurs fois par jour ses mains en train d'éliminer l'arthrite et elle s'autoprogramme en état de conscience modifié. En cinq semaines, ses mains sont redevenues lisses et opérationnelles. Qu'est-ce qu'une mère — et son Inconscient — ne ferait pas pour un fiston !...

— PATRICE, malgré le traitement médical et le régime, est sujet à des douleurs thoraciques intenses dues à l'angine de poitrine. Il est amoureux aussi, et l'élue a 38 ans, soit 18 ans de moins que lui. Patrice n'a pas du tout envie d'être perçu par elle comme un « vieux schnock » et préférerait franchement jouer le joli cœur. Ayant ouï-dire des techniques de visualisation, il décide de mettre sa science toute fraîche en pratique pour améliorer son problème. A raison de quatre visualisations en état de conscience modifiée par jour, de quatre à cinq minutes chacune, il met 85 jours pour voir ses douleurs disparaître. Aujourd'hui, plusieurs années après, elles ne sont pas revenues…

Des récits comme ceux-là, il y en a d'innombrables. Il en vient de partout. Alors, on se demande s'il faut y croire ou ne pas y croire…

Le psychisme *autorise* la maladie

« Il fallut un certain temps pour qu'on comprît que les bactéries n'étaient pas la maladie et que les origines de celle-ci devaient être recherchées dans les réactions de l'organisme aux germes qui y sont introduits. »

R. Dutheil.

La santé, voilà un sacré domaine ! La santé, c'est la base absolue, car sans la santé, que peut-on réaliser, vivre ? Il n'est pas question, ici, de marcher sur les plates-bandes du médecin — qui doit toujours être consulté en cas de problème de santé. Mais on peut tout de même se demander ce que c'est que la santé et ce que c'est que la maladie.

On peut vraiment se demander si la plupart des problèmes de santé non génétiques ne sont pas d'origine psychosomatique. Ça veut dire quoi ? Que leur cause est dans le psychisme, autrement dit : *que c'est le psychisme qui les permet.*

Certains médecins américains parlent des cancéreux comme de personnes qui « ont développé un cancer » — on sait bien, et depuis longtemps, que les gens qui ont la phobie du cancer ont statistiquement plus de risques d'en présenter un.

Pendant les grandes épidémies de peste, au Moyen Age, quelque chose comme la moitié de la population européenne est passée de vie à trépas, et toutes les couches sociales ont été décimées. Il n'y avait alors ni hygiène, ni prophylaxie, ni antibiotiques, ni antiseptiques utilisés, et tout le monde a été, peu ou prou, en contact avec l'agent pathogène. Pourquoi les uns meurent-ils et les autres pas ?

Parmi les personnes séropositives, il y a celles qui développent très vite un sida, d'autres moins vite, d'autres pas encore et peut-être certaines pas du tout — le recul pour en juger n'est pas suffisant actuellement. Une Américaine a publié un livre dans lequel elle raconte comment elle est redevenue séronégative. Elle fait des conférences dans le monde entier pour soutenir le moral des séropositifs et ses certificats d'analyses médicales « avant » et « après » sont éloquents et prouvent ses dires.

La maladie est-elle une fatalité ? Ces exemples montrent bien que non. Tout se passe comme si la maladie s'installait dans un organisme *qui lui fait une place,* alors qu'elle ne parvient pas à s'implanter là où l'opposition se manifeste.

De bonnes conditions matérielles (hygiène et hygiène de vie, qualité des soins, niveau et mode de vie, etc.)

peuvent, bien sûr, être importantes. Oui, mais sont-elles déterminantes ? On peut en douter : nous connaissons tous des gens ayant bénéficié de ces conditions-là et qui sont morts bien avant l'heure « normale ».

La constitution, l'hérédité, le terrain, voilà également des paramètres à prendre en considération. Oui, mais… Mais rien de systématique n'a pu être démontré, seules des anomalies statistiques ont pu être dégagées et elles ne prouvent rien au niveau de l'individu. Elles « prouvent » seulement quelque chose au niveau de cette abstraction qu'est un grand nombre d'individus. Par exemple, qu'il y a plus de risques de développer un cancer s'il y a eu des proches eux-mêmes cancéreux.

Plutôt que d'accepter d'être soumis aux aléas de la constitution, du terrain, etc., ne serait-il pas plus fécond de se demander si l'homme a un pouvoir sur sa santé ou sur sa maladie ? Et si oui : lequel et comment l'appliquer ?

Les pouvoirs de guérison de l'imagerie mentale

« Il n'est que de constater le rapprochement curieux qui s'effectue depuis peu entre les thèses scientifiques les plus modernes avec celles avancées il y a fort longtemps par de très anciennes civilisations (…) pour comprendre que nous entrons dans une ère nouvelle de la médecine. »

R. Dutheil.

L'ethnologue que je suis sait que des « cures » chamaniques ont guéri des maladies de toutes sortes, avec ou sans adjonction de remèdes traditionnels. La cure chamanique, c'est un rituel avec des battements de tambours, des paroles et prières, souvent des chants, dansés ou non, un appel à des « esprits » et une gestuelle codifiée. Le tout dans le décor et contexte que la culture attache à un rite de guérison.

Là aussi, on en est revenu, du mépris pour ces « simagrées de sauvages », lorsque les chercheurs ont fait preuve d'objectivité et ont vu les résultats : des guérisons tout à fait effectives. Ces techniques peuvent donc guérir ? Et comment ça marche ?

Je ne prétends pas donner de réponse définitive. Mais je ne peux m'empêcher de penser que c'est là une *excellente façon de s'adresser à l'Inconscient pour lui dire d'enclencher le processus d'autoguérison.* Si le « pointage d'os » de ce coin d'Australie dit à l'Inconscient de la victime que c'est la mort, le rituel de guérison a tout pour dire à l'Inconscient du malade que c'est la vie.

Effet placebo ? J'ai du mal à saisir le dédain qui s'attache à cette hypothèse de l'effet placebo. Car s'il guérit, il n'y a rien de plus estimable et il faut le stimuler : vive l'effet placebo, donc…

> *« Et si le scientisme ambiant était une immense machine à refouler le paranormal ?… »*
>
> A. Nataf, écrivain.

Le Docteur Simonton, dont je vous ai déjà parlé, utilise la visualisation — le *pouvoir des images,* qui est un des aspects du langage de l'Inconscient, souvenez-vous-en — pour soigner des cancéreux condamnés par la médecine. Et il a des résultats étonnants.

Gérald Epstein, Docteur en médecine, Professeur de droit et de psychiatrie et, au début, « psychanalyste de stricte obédience freudienne » selon ses propres termes, découvre, en 1974 et à 37 ans, une technique de guérison par la visualisation, le rêve éveillé. Il rencontre alors un jeune homme « qui avait subi une psychanalyse, cinq fois par semaine pendant trois ans, pour tenter de se débarrasser d'une dépression chronique. Ce travail ne lui avait apporté que peu de soulagement. Après ces trois années infructueuses, il alla consulter une femme qui pratiquait une thérapie fondée sur "la visualisation", ou plus précisément le "rêve éveillé". Pendant un mois, il alla la voir une fois par semaine et se considéra comme guéri.

Avec mon expérience freudienne, il m'était presque impossible de le croire. Pourtant, on ne pouvait nier qu'en un mois, avec une thérapie différente, sa dépression l'avait quitté. Piqué au vif, j'allai trouver sa thérapeute (...). Cette rencontre transforma ma vie. » [1]

Le Dr Epstein s'initie auprès de cette femme. Puis il adopte cette approche et utilise ces techniques de visualisation dans sa pratique médicale pendant de nombreuses années pour soigner, et très souvent guérir, nombre de maladies. Voici ce qu'il dit : « Au cours de mes quinze dernières années d'expérience clinique, j'ai été témoin non seulement des effets du psychisme sur le corps mais aussi des pouvoirs de guérison de l'imagerie mentale, pouvoirs qui touchent un large spectre de désordres physiques. J'ai en particulier eu du succès pour des maladies telles que les rhumatismes arthritiques, les tumeurs de la prostate, les kystes ovariens, les cancers du sein, les éruptions cutanées, les hémorroïdes et la conjonctivite. » [2]

Il rapporte même ce fait à peine croyable : « Un de mes amis a réussi à se guérir par ce moyen d'un cancer

---

1. Visualisations de Guérison — Dr Gérald Epstein, Éditions Jouvence, Paris, 1991, page 7.

2. *Op. cit.*, page 10.

du foie. En 1982, les médecins lui avaient annoncé qu'il y avait peu d'espoir de guérison, malgré la chimiothérapie. Il a donc décidé d'associer les techniques de l'image mentale à son traitement. En 1984, il abandonna ce dernier pour ne plus se soigner que par des exercices de visualisations. Aujourd'hui, il est encore le seul patient dans sa condition toujours en vie recensé au centre anticancéreux de New York, le Memorial Cancer Sloan-Kettering Center »[1].

Aujourd'hui donc, des médecins ouverts redécouvrent les effets du psychisme sur le corps et les pouvoirs de guérison de l'imagerie mentale, un des aspects du *dialogue avec l'Inconscient.* Deux revues scientifiques, éditées par des universités américaines (Yale et Marquette), sont consacrées à la recherche sur la visualisation.

En réalité, à part notre médecine officielle actuelle, aucun système médical dans le monde (pas même en Occident avant le XVIIe siècle) ne sépare dans leur démarche le corps et l'esprit. Chez nous, ce n'est que depuis peu, avec les recherches en particulier des médecins behavioristes et des psycho-neuro-immunologues, et les études sur l'hypnose, que l'on redécouvre ce lien, cette interaction.

Donc, rien de nouveau sous le soleil. Les cultures traditionnelles d'autrefois et d'aujourd'hui, là où l'Occident ne les a pas laminées, les pratiques médicales ethniques (en Afrique, en Sibérie, en Mongolie, au Tibet, en Inde, en Corée, au Japon, en Amérique chamaniste, et même toujours en Chine, en Australie aborigène, dans les terres du Pacifique, dans l'océan Indien, chez les Inuit...), sans négliger l'apport éventuel de plantes et minéraux théra-

---

1. *Op. cit.*, page 10.

peutiques, savent très bien *parler le langage de l'Inconscient.*

En effet, dans ces pratiques médicales :

1. elles « donnent à voir » à l'Inconscient du malade (*le pouvoir des images*) : feu, couleurs, mouvements, sacrifices parfois...

2. elles « donnent à entendre » à son Inconscient (*le pouvoir des mots*) : tambours, rythmes, prières, chants...

3. elles donnent à ressentir dans le corps (*le pouvoir des sensations*) : on fait bouger le patient, on le touche, on l'asperge, on le badigeonne...

4. elles « donnent à sentir » : odeurs, parfums, alcools, fumigations, encens...

5. elles « donnent à goûter » : nourritures ou boissons rituelles

6. elles provoquent des états de conscience modifiés par les rythmes sonores des instruments et des voix, et parfois par l'ingestion de substance (alcool, lianes, champignons, cactus, hallucinogènes)

7. elles utilisent donc à fond le *pouvoir de l'émotion et des sentiments :* usage de symboles, de mythes, du contact avec l'homme ou la femme « qui a le pouvoir », avec le Sacré, les Esprits, les Dieux...

Il y a vraiment là tout ce qu'il faut pour, dans le contexte des *croyances* (le *choix d'illusion,* la micro-réalité) d'une culture donnée, *dire* à l'Inconscient du patient que le rite, ou le Dieu, l'a guéri — et pour que les forces d'autoguérison soient ainsi mises en route, dans la *cohérence interne* la plus imparable.

On sait qu'il y avait en Grèce et en Égypte anciennes des centres, appelés Asclepeion, où se pratiquait la guérison. Des rites et pratiques divers cherchaient à provoquer chez le malade un rêve de contact avec la divinité guérisseuse, Asclepios. Et lorsque ce rêve apparaissait effectivement, le patient guérissait.

Dialogue avec l'Inconscient...

Et aujourd'hui, dans certains mouvements plus ou moins religieux, en Occident et ailleurs, des guérisons sont obtenues, étonnantes également (groupes de prières, mouvements charismatiques, par exemple).

Hystérie, hypnose, charlatanisme, obscurantisme ? Je vais encore dire que peu importe l'étiquette pourvu qu'on ait le résultat : car vivre ou mourir, ça fait tout de même une sacrée différence !

S'ouvrir aux médecines

Aucune médecine ne guérit à tous les coups. Pas plus l'occidentale que n'importe quelle autre. N'attendons donc pas de ces approches autres de la vie et de la santé d'atteindre des résultats que nous ne pouvons fournir nous-mêmes : l'immortalité ! Mais cultivons la tolérance, l'ouverture d'esprit, et surtout la *curiosité* et l'*envie d'apprendre :* on a de meilleurs moyens de soigner et de guérir lorsqu'on s'enrichit des techniques qui marchent des autres peuples. L'acupuncture chinoise, méprisée jusque dans les années 1960, est aujourd'hui enseignée dans les facultés de médecine.

Aucun de nos médecins ne prétendra que c'est lui qui guérit : s'il est lucide, il saura que ce qu'il fait en prescrivant son ordonnance, c'est de donner à l'organisme du malade de quoi se guérir lui-même, de quoi activer ou réactiver ses propres forces d'autoguérison.

Est-ce à dire que la médecine occidentale ne vaut

rien ? Non : elle a réalisé des prodiges ! Elle a aussi fabriqué des maladies iatrogènes (provoquées par les médicaments). Elle a éradiqué la variole, même si la tuberculose qu'elle a cru avoir éliminée revient à grand pas dans les pays développés (USA, Europe). Il y a de plus en plus de souches de bactéries et de bacilles résistants aux antibiotiques. Quant aux virus, la plupart du temps la médecine se contente de donner des antibiotiques pour éviter des surinfections par des bactéries, lesquels antibiotiques n'ont aucune action sur le virus lui-même — et on compte alors sur l'organisme pour régler son compte aux méchants virus. Il en est ainsi du rhume jusqu'au sida. A ce jour, seule la vaccination préventive — qui augmente le pouvoir de l'organisme de lutter contre la maladie — est efficace contre les virus. C'est pour cette raison que des laboratoires, dans le monde entier, cherchent un vaccin contre le sida.

Une longue vie

La médecine occidentale a effectivement réalisé des prodiges et des merveilles sur les plans diagnostique et thérapeutique. Elle a aussi mis en évidence l'importance de l'hygiène et de la nutrition, elle a abaissé le taux de mortalité infantile et de décès des femmes consécutivement à l'accouchement (décès autrefois surtout lié à la saleté des mains de l'accoucheur, entraînant des infections aiguës).

Mais il est probablement faux qu'elle ait significativement augmenté l'espérance de vie de l'individu. L'espérance de vie est calculée sur des bases statistiques et augmente en fonction de l'abaissement du taux de mortalité infantile. Aujourd'hui, comme autrefois, on meurt à tout âge et le mythe de l'espérance de vie ne vous engage pas en tant qu'individu : ce n'est qu'un chiffre abstrait. Non : on ne mourait pas systématiquement avant 40 ans au Moyen Age, ni dans les cultures traditionnelles. Non, ce n'est pas parce que l'espérance *statistique* de vie pour les femmes en France est de 82 ans que vous atteindrez cet âge nécessairement (mais si vous branchez votre Inconscient sur cet objectif, vous pouvez y arriver et aller bien au-delà).

Voyons quelques augustes vieillards des temps passés et leur âge à la mort[1] :

— Albert le Grand meurt en 1280 à 87 ans
— Roger Bacon en 1294 à 80 ans
— Arnaud de Villeneuve en 1313 à 73 ans
— Raymond Lulle en 1315 à 80 ans
— Nicolas Flamel en 1418 à 88 ans
— Bernard le Trévisan en 1490 à 84 ans
— John Dee en 1608 à 81 ans

Moyenne d'âge : 81,8 ans.

Bien sûr, ce sont là des alchimistes, des gens dont l'Inconscient était branché sur la « longue vie ». J'ai eu la curiosité de feuilleter un dictionnaire au tout début de la lettre A pour repérer des dates de naissance et de mort d'hommes du passé. J'ai trouvé bien d'autres vieillards. Par exemple :

— Lucius Accius, poète latin, mort en 84 av. J.-C. à 86 ans
— Abu Bakr, successeur de Mahomet, mort en 634 à 61 ans
— Abu Hanifa, théologien musulman, mort en 767 à 71 ans
— Abu Alala Al Maarri, écrivain arabe, mort en 1057 à 84 ans
— Abélard, théologien français, mort en 1142 à 63 ans

---

1. Cités par Jacques Sadoul dans *Le Trésor des Alchimistes*, J'ai Lu, Paris, 1970, page 364.

— Claudio Acquaviva, mort en 1615 à 72 ans.

Pour éviter que l'on dise que seuls des vieillards ont eu le temps de laisser leur trace dans l'histoire, je mentionnerai aussi :

— Abd Allah, père de Mahomet, mort vers 570 à environ 25 ans
— Niels Abel, mathématicien norvégien, mort en 1829 à 27 ans
— Karl Abraham, médecin, mort en 1925 à 48 ans
— Otto Abetz, homme politique allemand, mort en 1958 à 55 ans.

J'arrête là, car chacun peut s'amuser à faire la même recherche dans les pages du Petit Larousse. En fait, lorsqu'un enfant dépasse l'âge de cinq ans dans toutes les cultures et que les conditions locales sont suffisantes (qu'il n'y ait pas de conflit armé ou la famine, par exemple), cet enfant a toutes les chances de « faire de vieux os ».

Je vous ai fait cet exposé, non pas pour jouer avec des chiffres, mais pour vous dire que vous aussi, vous avez tout ce qu'il faut pour vivre longtemps en force, santé et beauté, et que ce n'est pas que grâce aux progrès de la médecine officielle,

SI VOUS METTEZ VOTRE INCONSCIENT SUR CETTE PISTE-LÀ !

Cela ne vous invite pas à négliger les soins médicaux lorsque vous êtes malade : les traitements médicaux, à leur manière, « parlent » eux aussi à votre Inconscient pour votre guérison.

Prenez votre santé en charge

« Prévenir est mieux que guérir. » Autrefois, en Chine, le médecin était payé et honoré tant que son patient restait en bonne santé. Et il était stigmatisé, voire puni, lorsque le patient tombait malade. Là, il y avait une « obligation de résultats » et pas qu'une « obligation de moyens » ! Le médecin chinois se devait de maintenir une harmonieuse circulation de l'énergie vitale, garantie de santé et de longévité, dans l'organisme du patient.

Alors, à titre préventif, prenez-vous en charge pour vous maintenir au maximum à votre meilleur niveau énergétique, pour augmenter votre immunité naturelle contre les agents pathogènes et améliorer votre résistance au stress, aux « poisons » ingérés (pollution de l'air, de l'eau, des aliments, etc.) et à la maladie…

Lorsqu'il est trop tard pour la prévention et que la maladie s'est installée, suivez le traitement proposé par votre médecin, et amplifiez et accélérez votre guérison en stimulant vos propres forces d'autoguérison.

La maladie n'est pas une fatalité. On a vu des cancéreux condamnés guérir chez Simonton et chez d'autres thérapeutes ; ailleurs, des scléroses en plaques ont régressé durablement ; on a vu d'autres terribles maladies disparaître chez des malades.

Et sans aller à ces maux extrêmes, pourquoi devriez-vous accepter d'être « patraque », d'avoir la gorge qui racle, mal au ventre, mal au dos, mal à la tête, etc ?

Allons, vous savez maintenant utiliser le *langage de l'Inconscient* pour lui dire ce que vous voulez qu'il fasse pour vous. Communiquez-lui le message de votre guérison en utilisant l'autoprogrammation, les différentes facettes de son langage que vous avez apprises ici ou (et) les niveaux logiques. Si la maladie est possible, elle n'est qu'un aspect des multiples *illusions* possibles. La guérison en est un autre. La bonne santé en est un autre…

Choisissez l'*illusion* que vous préférez. La bonne santé, la force, l'énergie, l'élan, ça vous dit ?…

Il me reste encore une chose à vous dire : désolée, mais…

VOUS ÊTES RESPONSABLE DE CE QUE VOUS VIVEZ

« Ne faites pas comme la plupart des gens qui décident de commencer à vivre quand ils sont déjà à moitié morts. »

K. Tepperwein — hypnothérapeute.

« Mais, c'est affreux, ça ! Moi ? Responsable de mes échecs, de mes déceptions, de ma tristesse, de ma dépression, de ma pauvreté ? ! Mais vous n'y pensez pas ! Vous dites cela pour m'humilier, vous aussi. Vous m'en voulez, comme mon père qui était méchant avec moi, comme ma mère qui ne m'aimait pas, comme mon conjoint qui me traite plus bas que terre, comme mon patron qui m'en veut, comme mon banquier sans pitié…

Vous le savez pourtant bien : je ne suis pas responsable du tout des ennuis qui m'adviennent. C'est la faute à la malchance, au mauvais sort, à la conjoncture, à la situation mondiale, à... »

Eh bien si ! C'est affreux, mais je persiste et signe : *vous êtes responsable de ce que vous vivez.*

Ce n'est peut-être pas *tout à fait* vrai, mais je vais vous dire : c'est la seule façon que vous ayez d'analyser ce qui vous arrive de négatif *qui vous donne du pouvoir.*

QUI VOUS DONNE DU POUVOIR

Car, si vous maintenez que c'est la faute aux autres ou à pas de chance, vous voilà définitivement fichu, sans pouvoir aucun d'en sortir. Vous faites un constat de *fatalité :* vous choisissez une *illusion* pernicieuse, qui contribuera à vous abattre.

Tout ce livre vous a parlé du fait que vous avez le *choix de l'illusion,* que vous pouvez vous *raconter votre histoire autrement.* Ce livre vous a donné des techniques pour y parvenir. Que vous utilisiez ces techniques seul, en suivant les procédures que je vous ai indiquées, ou que vous le fassiez en séances ou en stages chez votre Entraîneur TNPro™, peu importe : vous avez maintenant les moyens d'être plus riche, plus fort, plus sain, plus lucide, plus intelligent, plus réussissant, plus heureux.

Alors, sauf si vous jouissez de vos misères (ça arrive), souvenez-vous-en : cela vous donne du pouvoir d'admettre que vous êtes responsable de ce que vous vivez.

VOUS ÊTES MAINTENANT APTE À CHANGER VOTRE VIE

Alors, choisissez ce que vous voulez maintenant et obtenez-le. Alliez-vous à votre Inconscient et redevenez un être humain complet, qui va de l'avant avec vigueur et santé, optimisme, joie de vivre et de communiquer. Expérimentez le *plaisir qu'il y a à changer,* à aller du moins-être au plus-être.

Surprenez-vous, surprenez votre entourage et amusez-vous : la vie est aussi un jeu

ET VOUS POUVEZ FAIRE PARTIE DES GAGNANTS

Quelqu'un m'a demandé un jour :

« Mais si c'est si facile, pourquoi tout le monde ne change-t-il pas ? »

La réponse est simple et tient en peu de mots :

« Parce que seulement peu de gens utilisent les techniques pour le faire. »

Il est tellement plus simple de laisser courir, de geindre que l'on est une victime du destin et que l'on n'y peut rien. Il est tellement plus simple de descendre la pente savonneuse de ses propres limites — au lieu d'agir pour les écarter. Il est tellement plus simple d'être la feuille qui vole et virevolte dans les sautes du vent d'automne — au lieu de se rendre maître de sa propre trajectoire.

Je vous le redis encore :

C'EST FACILE DE CHANGER

En quelques mois vous serez une autre femme, un autre homme :

— autoprogrammez-vous pour l'essor ;
— décidez de ce que vous voulez vraiment et programmez-le ;
— dialoguez avec votre Inconscient et alliez-vous avec

cette partie de vous qui vous est la plus bénéfique, la plus puissante, la plus grande ;
— ajustez vos niveaux logiques et éliminez vos croyances limitantes.

Vous avez 28 milliards de neurones, comme Camus, comme Einstein, comme Spielberg, comme Edison, comme Rockefeller, comme Rodin, comme Napoléon, comme n'importe qui que vous admirez. Il y a là, dans votre boîte crânienne, un capital énorme, colossal, qu'il ne tient qu'à vous de faire fructifier…

ALORS, FAITES-LE. PAS DEMAIN, PAS APRÈS-DEMAIN.

FAITES-LE MAINTENANT…

CONCLUSION

Voilà. Vous êtes au bout de votre lecture et de notre voyage main dans la main. La fin d'un voyage, la fin d'une ère, est la promesse d'un nouveau voyage, d'un nouveau monde.

Je souhaite vraiment être parvenue à vous ouvrir des horizons et des perspectives.

Vous savez maintenant qu'il n'y a pas de domaine qui vous soit fermé. Vous pouvez maintenant négliger ce qui ne vous intéresse pas et vous diriger à fond vers vos objectifs.

ET LES ATTEINDRE

En effet, vous pouvez avoir une âme de chef politique — et ne pas être attiré par le fait d'être peintre. Ou vous pouvez avoir une âme de peintre — et ne pas être attiré par le fait d'être un chef en politique. Vous devez maintenant faire vos choix.

La vie est courte. Trop courte pour vouloir tout faire et se disperser. Trop courte pour se contenter de médiocrité et d'insatisfaction.

La vie est longue aussi, pour : bien vivre, en jouir, en profiter, être fort, être heureux…

Choisissez vos intérêts, vos objectifs, vos préférences. Et atteignez-les : vous avez tous les atouts en main à présent. Vous savez comment obtenir dans votre vie plus de santé, plus d'intelligence, plus de réussite, plus d'argent, plus d'amour…

Je vous salue à présent, en vous remerciant de m'avoir accompagnée jusqu'ici : cela me fut un plaisir d'avoir votre main dans la mienne. Et j'aurai encore plus de plaisir si des nouvelles de vous et de vos succès me parviennent (j'ai choisi d'aimer le plaisir, alors ne m'en privez pas).

J'aimerais vous dire maintenant, comme on dit à un ami : « A bientôt. » Au fil d'un prochain livre ou d'une rencontre, qui sait ?…

A bientôt…

BIBLIOGRAPHIE

Si vous voulez en savoir plus sur :

■ **La PNL**

R. BANDLER, *Un cerveau pour changer,* InterÉditions, 1992.

A. CAYROL, J. de SAINT-PAUL, *Derrière la magie,* InterÉditions, 1991.

R. de LASSUS, *La communication efficace par la PNL,* Éd. Marabout, 1992.

■ **L'hypnose**

M. ERICKSON, *L'hypnose thérapeutique,* E.S.F., 1990.

J.-A. MALAREWICZ, *La stratégie en thérapie,* E.S.F., 1992.

J. MESSINGER, *Les étonnants pouvoirs de l'énergie positive,* Éd. First, 1993.

■ **Les capacités humaines**

A. ROBBINS, *Pouvoir illimité,* Éd. Godefroy, 1990.

J. SILVA, P. MIELE, *La méthode Silva,* Éd. Greco, 1990.

S. OSTRANDER, L. SCHROEDER, *Les étonnants pouvoirs de la mémoire,* Éd. Robert Laffont, 1992.

■ La santé et la guérison holistiques

C. SIMONTON, R. HENSON, *L'aventure d'une guérison,* J'ai Lu, 1994.

G. EPSTEIN, *Visualisations de guérison,* Éd. Jouvence, 1991.

R. et B. DUTHEIL, *La médecine superlumineuse,* Éd. Sand, 1992.

M. BORREL, R. MARY, *L'homme médicament,* Éd. L'Age du Verseau, 1989.

■ L'ethnologie, l'anthropologie

J. SERVIER, *Les techniques de l'Invisible,* Éd. du Rocher, 1994.

S. NICHOLSON, *Anthologie du chamanisme,* Le Mail, 1991.

C. HARDY, *La science et les états frontières,* Éd. du Rocher, 1988.

■ Les nouveaux paradigmes scientifiques

R. SHELDRAKE, T. MCKENNA, R. ABRAHAM, *Trialogues aux confins de l'Occident,* Éd. St-Michel, 1993.

L. WATSON, *Supernature,* J'ai Lu, 1990.

La science et ses doubles, Revue Autrement n° 82, septembre 1986.

TABLE DES MATIÈRES

Vos notes personnelles

Vos notes personnelles

Vos notes personnelles

Vos notes personnelles

Vos notes personnelles

Vos notes personnelles

Vos notes personnelles

Vos notes personnelles

Au catalogue Marabout

PSYCHOLOGIE

- *Un large éventail de livres qui couvrent tous les aspects de la psychologie.*
- *Des grands classiques, des ouvrages de référence pour une bonne initiation à la psychologie et à la psychanalyse.*
- *Des tests pour mieux se connaître et connaître les autres.*
- *Des livres pratiques pour développer sa personnalité et enrichir ses capacités mentales.*
- *Une nouvelle série,* ***"Voie positive"****, qui vous aide à mieux vivre.*

■ *PSYCHOLOGIE - PSYCHANALYSE*

- Daco P.
  Les prodigieuses victoires de la psychologie
  3504 40-0145-9 M9
- Daco P.
  Les voies étonnantes de la nouvelle psychologie
  3502 40-2044-2 M9
- Daco P.
  Psychologie et liberté intérieure
  3503 40-0298-6 M9
- Azouri Ch.
  La psychanalyse
  3522 40-1149-0 M7
- Daco P.
  Les triomphes de la psychanalyse
  3505 40-0144-2 M9
- Moscovitz J.-J. - Grancher P.
  Une psychanalyse pour quoi faire ?
  MS8 40-0562-5 M6
- Destrube L.-F.
  Est-ce fou de voir un psy ?
  3508 40-1018-7 M9
- Hannot H.
  Le guide marabout des psychothérapies
  3521 40-1136-7 M7
- Dr Renaud J.
  Quand ça ne tourne pas rond
  3618 40-1191-1 M7
- Daco P.
  L'interprétation des rêves
  3501 40-1430-4 M7
- Julien N.
  Vos rêves sont des messages
  3622 40-1290-2 M7
- Uyttenhove L.
  Le dictionnaire des rêves
  3542 40-4046-5 M6

- Daco P.
  Comprendre les femmes
  3500 40-0170-7 M9
- Marson P.
  25 grands livres de psychanalyse
  8519 40-1073-2 M9
- Marson P.
  25 mots clés de la psychologie et de la psychanalyse
  3519 40-0922-1 M9

■ *VOIE POSITIVE*

- de Lassus R.
  A la découverte de soi
  3614 40-1127-6 M9
- de Lassus R.
  Oser être soi-même
  3603 40-0663-1 M7
- de Lassus R.
  Oser être gagnant
  3520 40-1243-1 M7
- Branden N.
  Ayez confiance en vous
  3609 40-0918-9 M6
- Clifton D. - Nelson P.
  Jouez à fond vos points forts
  3616 40-1154-0 M7
- Anderson K.
  J'y tiens, je l'obtiens
  3612 40-1153-2 M9
- Diagram
  La force de l'esprit
  3602 40-0263-0 M12
- Hopkins T.
  Partez gagnant
  3604 40-0865-2 M7
- Peale N. Vincent
  La puissance de la pensée positive
  3607 40-0905-6 M7
- Dr Jampolsky G.
  Le pouvoir de l'amour
  3625 40-1408-0 N
- Guilane E.
  Vous n'aimez pas ce que vous vivez ? Alors changez-le !
  3626 40-11449-4 M9
- Hendlin J. S.
  Les pièges de la perfection
  3628 40-1393-4 M9
- Storr A.
  Solitude
  3613 40-0964-3 M9
- Wassmer A.
  Se faire des amis
  MS2005 40-0888-4 M7
- Tietze H.
  Votre corps vous parle, écoutez-le
  3617 40-1058-3 M7
- Bury J.
  Je vis ma vie comme je vis mon corps
  3611 40-0990-8 M7
- Fanning P.
  Se guérir par la visualisation
  3610 40-0944-5 M9
- Alexandre R.
  Votre maison, vous-même
  3621 40-0975-9 M9

■ PSYCHOLOGIE ET PERSONNALITÉ

- Diagram
  Qui êtes-vous ?
  MS5 40-0261-4 M12
- Guttmann B. - Juès J.-P.
  Se connaître par la morpho-psychologie
  3525 40-1263-9 N
- Pacout N.
  Le langage des gestes
  4124 40-0499-0 M7
- Juès J.-P.
  Les 10 piliers de la caractérologie
  3619 40-1190-4 M9
- Boone M.-A. - Kestemont F.
  Les secrets de votre écriture
  4150 40-0951-0 M7
- Juès J.-P.
  Les techniques modernes du développement personnel
  3540 40-1346-2 M9
- de Lassus R.
  L'analyse transactionnelle
  3516 40-0561-7 M9
- de Lassus R.
  La communication efficace par la PNL
  3510 40-0664-9 M9
- de Lassus R.
  Oser être gagnant par l'Analyse transactionnelle
  3620 40-1243-1 M7
- Blinster Ph.
  La thérapie cognitive
  3549 40-1449-4 N
- Coué E.
  La méthode Coué
  3514 40-0208-5 M7
- Brand Hetzel C.
  Training autogène
  3511 40-0945-2 M7
- Helmstetter S.
  Choisir !
  3623 40-1352-0 N
- Azzopardi G.
  Développez votre intelligence
  3513 40-0114-5 M9
- Bacus A. - Romain C.
  Développez votre créativité
  MS43 40-0670-6 M7
- Diagram
  Le cerveau, mode d'emploi
  3520 40-1124-3 M12
- Dr Renaud J.
  Training cerveau
  4149 40-0894-2 M9
- Picard A.
  Décuplez votre mémoire par la méthode Memori
  3523 40-1152-4 M9
- Dr Renaud J.
  Comment acquérir une super-mémoire
  3536 40-4091-1 M7
- Dr Renaud J.
  Une super-mémoire en 10 points clés
  3541 40-1342-1 M7
- Werneck T. - Ullmann F.
  Comment acquérir une super-concentration
  4161 40-1064-1 M7
- Dr Renaud J.
  Avoir de l'assurance en 10 points clés
  3550 40-1390-0 N
- Picardat J.-F.
  Le grand guide du timide
  3547 40-1424-7 M9
- Dr Cowan C. - Dr Kinder M.
  Les femmes qu'ils aiment, les femmes qu'ils quittent
  3515 40-0290-3 M7

TESTS

- Klausnitzer J.-E.
  Les tests d'intelligence
  3529 40-0891-8 M7
- Klausnitzer J.-E.
  Les tests de logique
  4143 40-0892-6 M7
- Caprili P.
  Les tests psychologiques
  3533 40-1151-6 M6
- Bacus A.
  Tests sans stress
  3524 40-1198-7 M7
- Gauquelin M. et F.
  20 tests pour se connaître
  GM20 40-4020-0 M6
- Gauquelin M. et F.
  15 tests pour connaître les autres
  GM15 40-4015-0 M6
- Bacus A.
  Mensa, le livre des tests
  3506 40-0898-3 M7
- Azzopardi G.
  Mesurez votre Q.I.
  3527 40-4102-6 M6
- Azzopardi G.
  Développez votre intelligence
  3513 40-0114-5 M9
- Azzopardi G.
  Réussissez les tests d'intelligence
  3512 40-3023-5 M7
- Dansel M.
  Tester et enrichir sa mémoire
  3518 40-0868-6 M9

SANTÉ - FORME - SEXUALITÉ

Indispensables dans tous les foyers !

- *Des livres-conseils pour comprendre.*
- *Des guides pratiques pour agir.*

MÉDECINE - SANTÉ

- Pacout N.
  Guide des premiers soins
  GM106 40-0217-6 M4
- Pacaud G. - Gaillard A.
  Guide santé du voyageur
  2750 40-1353-8 M12
- Delahaye M.-C.
  Le livre de bord de la future maman
  2717 40-1604-4 M9
- Delahaye M.-C.
  Le livre de bord de la future maman (édition cartonnée)
  HC 40-0524-5 140FF
- Guérin S.
  Questions de futures mamans
  2760 40-1506-1 N
- Delahaye M.-C.
  Le livre de bord de la femme
  2721 40-0414-9 M9
- Cornic A.
  La médecine prédictive
  2710 40-0976-7 M9
- Dr Fieve R.R.
  Prozac : questions et réponses
  2752 40-1403-1 M7

MÉDECINES DOUCES

- Dr Maury E.A.
  Dictionnaire familial d'homéopathie
  2703 40-0508-8 M7
- Dr Pacaud G.
  Se soigner seul par l'homéopathie
  2727 40-1212-6 M9
- Dr Bourgarit R.
  Soignez votre enfant par l'homéopathie
  2716 40-0812-4 M6
- Dr Pacaud G.
  L'homéopathie et les oligo-éléments pour les enfants
  2728 40-1224-1 M7
- Dr Gary-Villet C.
  Vaincre l'anxiété et le stress par l'homéopathie
  2713 40-1061-7 M6
- Dr Moatti R.
  Les oligo-éléments
  GM35 40-4035-8 M6

- Mulot M.-A.

  Les 200 réponses de l'herboriste

  2734 40-1339-7 M7

- Dr Maury E.A.

  Soignez-vous par le vin

  2702 40-0521-1 M7

DIÉTÉTIQUES - RÉGIMES

- Dr Tarnower H. - Baker S.-S.

  "Scarsdale" régime médical infaillible

  2706 40-2013-7 M6

- Leconte M.

  Maigrir avec les hautes calories

  2700 40-3723-0 M6

- Nugon-Baudon L.

  Toxic-bouffe

  2757 40-1558-2 N

- Valmont A.

  Une santé de fer - Les vertus de 34 fruits et légumes

  2749 40-1349-6 M6

■ *FORME - MIEUX-ÊTRE*

- Laty D.
  La gym au quotidien
  4119 40-0395-0 M7
- Klatzmann
  La marche pour être en forme
  4154 40-1059-1 M7
- Bury J.
  Je vis ma vie comme je vis mon corps
  3611 40-0990-8 M7
- Raisin L.
  Remodelez votre corps
  2730 40-1291-0 M7
- Raisin L.
  Remodelez votre corps au masculin
  2756 40-1560-8 N
- Corvo J.
  Le lifting au naturel
  2731 40-1292-8 M6
- Dr Pacaud G. - Fromond G.
  La colonne a bon dos : la méthode Mézières
  2753 40-1481-7 N
- Jouy A.
  Devenez l'artisan de votre santé
  2735 40-1340-5 M7
- Tietze H.
  Votre corps vous parle, écoutez-le
  3617 40-0907-2 M6
- Vasey Ch.
  Manuel de détoxication
  2725 40-1192-0 M7
- Dr Moatti R.
  Découvrez les bienfaits de la nutrithérapie
  2726 40-1193-8 M9
- Moatti R. - Musarella P.
  Vitalité à tout âge
  2724 40-1076-5 M12
- Dr Renaud J.
  Guide anti-stress
  4121 40-0400-8 M7
- Brockert S.
  Managez votre stress
  2729 40-1067-4 M7
- Dr Abrezol R.
  Vaincre par la sophrologie
  2754 40-1407-2 M7
- Dr Renaud J.
  Training cerveau
  4149 40-0894-2 M9
- Fanning P.
  Se guérir par la visualisation
  3610 40-0944-5 M9

SCIENCES PARALLÈLES

• *Astrologie, arts divinatoires, ésotérisme, parapsychologie...*
• *Des livres explicatifs pour mieux comprendre l'influence des astres, pour prédire l'avenir et pour vous initier à l'occultisme.*

■ *ASTROLOGIE*

• de Caumon Paoli D.
ABC de l'astrologie
2314 40-4026-7 M4

• de Gravelaine J.
Connaissez-vous par votre signe astral
2301 40-1396-7 M7

• Gentile S.
Astro-enfant
2312 40-1337-1 M7

• Julien N.
Horoscopes 1995

• Julien N.
Ces planètes qui vous gouvernent
2310 40-0971-8 M7

• Teissier E.
Vos étoiles jusqu'en l'an 2001
2318 40-1361-1 M9

■ *ARTS DIVINATOIRES*

• Blau D.
Le livre des oracles
MS1435 40-0639-1 M7

• Fermier J.-D.
ABC de la numérologie
4127 40-0571-6 M7

• Deckers L.
Votre avenir par les runes
2320 40-1426-2 M9

• Maisonblanche F.
Le guide Marabout de la cartomancie
2313 40-4019-2 M7

• Sciuto G.
Votre avenir par les tarots
2302 40-0565-8 M6

• Silvestre C.-H.
ABC des tarots
2315 40-0142-6 M6

■ *ÉSOTÉRISME*

- Burnham S.
  Le livre des anges
  2319 40-1402-3 M9
- Julien N.
  Le dictionnaire des mythes
  2303 40-0676-3 M12
- Julien N.
  Le dictionnaire des symboles
  2304 40-0015-4 M12
- Pacout N.
  La franc-maçonnerie Initiation
  2308 40-0630-0 M7
- Garibal G.
  Etre franc-maçon aujourd'hui
  2311 40-1205-0 M7

■ *PARAPSYCHOLOGIE*

- Diagram
  Qui étiez-vous ?
  MS6 40-0262-2 M12
- Aurive M.
  Vous êtes médium
  MS1431 40-0197-0 M7
- Curcio M.
  L'auto-hypnose
  2306 40-0274-7 M7
- Mandorla J.
  ABC du magnétisme
  4126 40-0570-8 M7

IMPRIMÉ EN FRANCE PAR BRODARD ET TAUPIN
1123N-5 - Usine de La Flèche (Sarthe), le 18-12-1995

pour le compte des
Nouvelles Éditions Marabout
D.L. décembre 1995/0099/421
ISBN : 2-501-02232-7